教学高手系列

语文学科案例教学法

教学案例的应用

蔡 伟◎著

华东师范大学出版社

写在前面

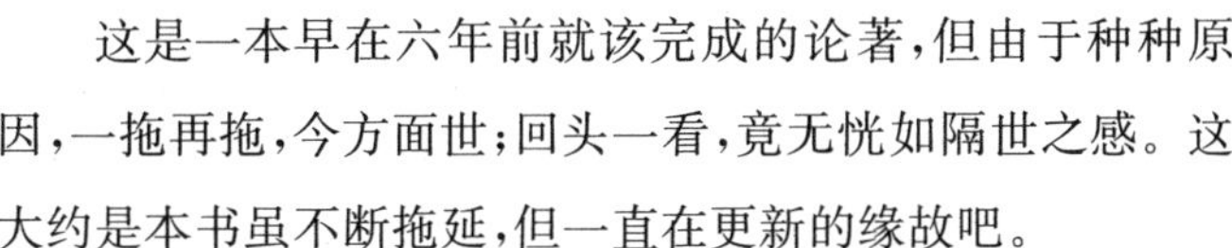

这是一本早在六年前就该完成的论著，但由于种种原因，一拖再拖，今方面世；回头一看，竟无恍如隔世之感。这大约是本书虽不断拖延，但一直在更新的缘故吧。

大约在2007年，浙江师范大学设置了“学科案例教学的理论与应用”课程，开国内为本科生设立案例教学课程的先河。但说实在的，当初对什么是案例，什么是教学案例，什么是案例教学，如何撰写教学案例，如何开展案例教学……我们学科论的众多教师也是“糊涂账”一笔，亟需专业理论与教材来支撑。然而，市面上适合本课程理论指导的论著少之又少，可为各学科教学之用的教材则几乎为零。在此之前，笔者虽然已经成功申报了浙江省学科案例教学精品课程，但心里也是相当没底，毕竟这是一个从零出发的工程。后来我担任了教师教育学院课程与教学系主任一职，领着一帮新老教师开展了轰轰烈烈的“案例教学运动”。最终的成果是由浙江大学出版社出版了一套“学科案例教学精品”丛书：蔡伟的《语文案例教学论——课堂导入与收束》、朱欣欣的《小学数学案例教学论》、杨光伟的《中学数学案例教学论》、郭满库的《英语案例教学论》、朱铁城的《物理案例教学论》、陈伟强的《通用技术案例教学论》、包建新的《语文综合性学习案例教学论》。

而这也正是我的浙江省重点建设教材《学科案例教学开发与应用》本该在2011年完成而未能完成的重要原因。

原本想在出版了"学科案例教学精品"丛书后，再一鼓作气，搞定这本省重点建设教材。但是，在此期间，我相继担任了学院课程与教学系主任、社会服务中心主任和浙江省师范技能竞赛办公室主任，繁杂的琐事压得我透不过气来，而我又不是一个善于指挥别人的人，因此，最终改为一个名称好听却没有任何压力的虚职——中小学教师专业发展促进中心主任。虽然学院没有给我任何的压力，但我总觉得有点对不住学院，加之我看到中国师资发展的不平衡，及教师培训力量的薄弱，因此，将全部精力转向了教师培训，努力建设一个全新的教师培训体系。我以国培计划项目为核心，不断尝试全新的培训模式，其中"角色转换"与"多师培训"模式经《中国教育报》报道，产生了极好的社会反响。而我组织的培训项目也越来越多，2015 年达到高潮，一年中我个人设计实施的各级各类培训项目达到二十余个。但我个人的牺牲就是：除了几篇无足轻重的论文外，我在语文学科专业研究方面全面衰退，每年出一本书的计划就此搁浅，包括《学科案例教学开发与应用》《艺术化语文教学论》等都成了半拉子工程。因此，进入 2016 年，我下决心改变只述不作、只培不研的状态，适当减少培训任务，增加研究投入。好在六年中，我虽然没将精力放在书稿上，但也注意不断汲取最新研究成果。因此，突击了几个月，终于顺利完成《语文案例教学的开发与应用》一书。根据刘佳编辑的建议，此书将分为独立的两本书出版。于是在《语文学科案例教学法：教学案例的撰写》的基础上，完成了《语文学科案例教学法：教学案例的应用》一书。

需要指出的是，在实际教学过程中，我发现案例教学放在学生具有了一定的教学经验之后来实施成效较好，那时候学生已进入毕业冲刺阶段，他们已不需要再选修任何课程。因此，我逐步将本课程转移到专业学位教育硕士的课程中，目前已有了独立的选修课程。而这些年来，我教会了专硕教学案例撰写与开发，专硕也为我提供了诸多的新鲜养料。特别是我的研究生余丹、惠晨、程畅灿、韦娜、王雨恬、应慧敏、黄燕，我的夫人卢兰姣还为本书进行校对。在此予以感谢。

还需解释的是，二十年的中学教学经历及在八届全国新语文教学尖峰论坛上的公开课，足够构成一本书的教学案例，但这显然会使此书显得偏狭。因此，除了部分使用我本人的案例外，还大量使用了其他中小学教师的教学成果，已一一加以标示，在此感谢！

当然，在我从教三十余年中，众多好领导、好同事给予了我无私的支持与帮助，在此不一一感谢。我相信他们能够感受得到我内心的真诚谢意。也许有一天，我会静下心来，写一个好人系列，此为后话，就此搁笔。

蔡　伟

2017 年 4 月

目录

序　教学案例

——教师专业成长的阶梯

刚入职的教师最感苦恼的是什么？为何相比其他职业，教师更易产生“七年之痒”？特别是当我们终于可以理直气壮地说教师也是一种专业而且是一种不可替代的专业时，我们却陷入了无法摆脱的尴尬：教师不如其他的专业如医生，特别是中医生，会随着时间的累积、经验的丰富变得更加成熟而不断有所突破。因此，在普通民众的心目中，医生年龄越大，经验越丰富，就越可相信。换言之，在老百姓眼里那些鹤发童颜的名医可谓货真价实。而教师的专业成长却很难与时间成正比：有的教师教了多年没有较大的长进；有的教师慢慢变成一个“教书匠”；有的教师自感越教越不会教；有的教师成为名师以后，人们反而觉得他的书教得差了；市面上有关教育方面的论著汗牛充栋，从理论到实践，从方法到模式，不一而足，但似乎很少有能够广泛应用的，或者说教师这个专业的可复制性和操作性较差；都说名师出高徒，可某些名师传授的经验却把一些青年教师“带到了沟里”……而令人尴尬的是有的教师并非师范出身，但书教得比师范生还好；查查中国语文教学界三大名师——于漪、钱梦龙、魏书生——甚至未进过像样的高等师范院校。正因为如此，有的人就否定教师的专业性，甚至不愿承认教育是一种科学。对于此类谬说，我们自然可以嗤之以鼻，但我们却不能不反思教师专业成长的问题，不能不去寻找更适宜每个教师专业发展的有效方法与路径。

其实，论到教师的重要性，没有人敢加否定词，因为，党和国家领导人对此已经有了充分的肯定。邓小平指出：一个学校能不能为社会主义建设培养合格的人才，培养德智体全面发展、有社会主义觉悟的有文化的劳动者，关键在教师。江泽民强调：百年大计，教育为本；教育大计，教师为本。胡锦涛认为：教师是人类文明的传承者。没有高水平的教师队伍，就没有高质量的教育。习近平强调：一个人遇到好老师是人生的幸运，一个民族源源不断涌现出一批又一批好老师则是民族的希望。而专家学者们，则更具体地多角度地论述了教师的地位与作用，例如叶澜教授就从四个方面作了阐述：没有教师的生命质量的提升，就很难有高的教育质量；没有教师精神的解放，就很难有学生精神的解放；没有教师的主动发展，就很难有学生的主动发展；没有教师的教育创造，就很难有学生的创造精神。从上述论述中，我们不难得出这样一个结论：教师专业发展与教师队伍建设直接决定着教育的质量，攸关社会发展、国家振兴与民族兴旺，不可等闲视之。说到底，教师的作用就在于：以奉献的精神去感召学生；以渊博的知识去培育学生；以科学的方法去引导学生；以真诚的爱心去温暖学生；以垂范的言行去影响学生；以高尚的师德去塑造学生。

但是，人们口里、笔下光荣神圣的“教师”，为何没有在大众的职业判断中树立起一块丰碑？原因很多，例如，教师的职业发展缺乏科学的衡量标准——虽然出台了中小学教师的专业标准，但评价标准的模糊仍然令人莫衷一是，导致什么都是说说容易，做做难。以专业标准中的“奉献精神”为例，这种精神说起来每个教师都有，问题是教师的奉献是实实在在的体能还是虚无缥缈的精神、思想、情感？一个以校为家、恨不得分分秒秒把时间倾注在学生身上，但学生却觉得“鸭梨山大”的教师敬业呢，还是那些看上去轻轻松松，与学生若即若离，却总能给学生带来惊喜，为学生所敬重的教师敬业？再从知识层面来考察，有的教师学富五车，著作等身，然而，其所带的学生不愿进他的课堂，听他的教诲，考试成绩也总是“殿后”；而有的老师，自己参加学科考试，常常“名落孙山”，但其所带学生却是虎虎生威，所向披靡。一般说来，成熟教师经验丰富，在教育领域总能胜过刚出道的新手教师。大家到各校去查看一下各校历年中、高考平均成绩就会发现，新手胜老手，徒弟超师傅的现象比比皆是。在中、高考平均分，升学率上，青年教师可以全面碾压包括特级教师在内的各级经验丰富的名师。这种在教育界呈常态的倒挂现象在其他领域恐怕是不可想象的。于是，我们只能作这样的解释：教育是一种特殊的技能，教学过程是一种特殊的认识过程，教师职业也就成为特殊的职业，因为特殊，我们不能以普通的眼光看待，不能以常态的方法对待。例如在师范教育，在教师职后培训等问题上，教育一定得走出自己的特色。

目前教师教育中广为流行的“案例教学”被实践证明是一种促进教师专业发展的好方法，关于案例教学的功能与价值，论者已有较多的阐述。我们不妨罗列几位研究者的论述：

1. 激活与展现教学实践智慧，解构与重构课堂教学实践，显化与提炼教学理论知识，直面与聚焦课程教学改革。①
2. 案例教学可以缩短教学情境与实际工作情境之间的距离；案例教学可以发展教师的创新精神和实际解决问题的能力；案例的运用也可以促使教师很好地掌握理论；案例教学使学习者获得处理各种可能的教育教学突发事件的能力训练，增强他们直面教育教学实践的本领；案例教学可以通过案例的编制，开展案例讨论，撰写案例分析等提高教师的反思能力。②
3. 案例教学不仅能帮助学生获得概念性和原理性知识，更重要的是有助于学生将所学知识进行内化，帮助学生对复杂的和劣构领域的知识进行建构；案例教学提供了第一手资料和真实的教学情境，极大地缩短了教学情境与实际生活情境之间的差距；案例教学关注培养学生的创造能力和解决实际问题的能力。面对案例所呈现的问题情境，学生不仅要获得相关知识，更要掌握处理问题的方法和技能/技巧；案例教学有助于提高学生表达、交流和讨论的能力，增强面对困难的自信心；案例教学可以帮助学生深度理解教学中的疑难问题，深入分析和反思教学过程。通过讨论案例中出现的各种问题，学习分析问题和解决问题的方法，形成反思的行为习惯。③

以上论述，剔除重复性成分，基本可以概括新时代案例教学的功能与意义。然而，无论案例教学有多么的重要，其实际应用价值有多大，教师教育的现实却不容乐

---

① 参见罗新兵. 数学教育研究：从理论思考到热点聚焦[M]. 西安：陕西师范大学出版社，2006：152—156.
② 参见翟慕华. 教师专业化背景下案例教学的新功能[J]. 商丘师范学院学报，2006，22(6)：163—164.
③ 参见钟志贤. 信息化教学模式[M]. 北京：北京师范大学出版社，2006：239.

观——开设案例教学课程的师范院校寥寥，已开设的也往往因学生不了解案例教学而选课者寥寥。但令人欣喜的是在师范类课程及教师职后培训中使用教学案例开展教学的教师越来越多，师范生及参训教师对教师教育类课程的认可度越来越高。对师范院校执教师范类课程的老师和各级各类培训机构的培训师(包括承担培训任务的中小学名师)来说，目前最需要考虑的是：

1. 如何理解教学案例的本质，把握教学案例撰写与应用的原则。
2. 如何搜集、积累、辨别、改编与撰写教学案例。
3. 如何使搜集、改编与创作的教学案例变得科学规范和可操作。
4. 如何引导学生(员)正确而高效地阅读教学案例，最大程度避免误读错解教学案例。
5. 如何掌握教学案例的应用方法，并能根据案例的性质、类别及对象特点应用教学案例。
6. 如何辨析教学"病例"，并能化废为宝，使教学"病例"成为教师专业发展的借鉴。

总之，教育事业无论多么复杂，教师专业发展无论多特殊，都是有规律可循的，这些规律往往就浓缩在教学案例之中。因此，要取得教师专业发展，要让自己的教育获得成功，就必须树立案例意识，重视案例教育，让一个个教学案例铺就教师的辉煌之路。本书则要帮助语文教师完成以下目标：

1. 在《语文教学案例的撰写》的基础上，探讨教学案例的课堂应用的原则问题。
2. 了解语文教学案例应用的主要类型，并掌握不同类型应用的具体方法。
3. 指导实习师范生及参训教师在新课程理念指导下高效使用语文教学案例。
4. 通过教学案例的应用，提高师范生与广大教师的教学研究水平与能力。
5. 帮助新老教师及时发现、分析自己与他人教学中存在的问题，重视教学"病例"的研判、制作与教学应用。

第一章 语文教学案例应用概论

本书将着重从三个方面来具体论述语文教学案例的应用。为了节省篇幅以及方便读者阅读，帮助读者在最短的时间里，能够快速高效地应用语文教学案例，我们先对语文教学案例的应用作一个综合概述，以便读者在速览的基础上决定是否需要深入阅读本书，或者通过本章的综述，引领读者科学拓展、有序深化，使本书提供的各项操作更加具体化、系统化，真正达到理论与实践的高度融合。

第一节　语文教学案例应用总原则

我们在《语文学科案例教学法：教学案例的撰写》一书中，已经对语文教学案例撰写的原则曾作多角度多层次的论述。在此我们将再对语文教学案例的应用原则作必要的阐述。与教学案例撰写原则相同，教学案例的应用原则也可概括出数十条甚至数百条，但总有那么几条是特别重要的，其中包括科学性原则、适切性原则、便捷性原则、效率性原则。

一、科学性原则

科学性原则是基础性原则，是任何学科领域都必须遵循的原则。只不过教学案例的撰写有撰写的科学性原则，应用有应用的科学性原则。对于语文教学案例应用而言，科学性主要表现在三个方面。

1. 目的明确，目标正确

无论是选择还是具体的应用，作为教学案例的使用者心里一定得明白，我选择并使用某个教学案例的目的是什么，要实现一个怎样的教学目标。无论是师范生的常规课程教学，还是教师培训的讲座报告，执教者或主讲者在使用教学案例的时候，一定要先问下自己，这个案例在这个环节或时段使用，究竟是为了什么？是为了制造情境、调节气氛，还是为了证明理论、阐明道理，抑或增加一点实践成分？当目的明确了以后，我们的目标确立也就容易得多了。例如，当我们为着活跃气氛，凝聚人心，那么我们使用教学案例的目标就必须确定为：废除旧有的满堂灌的教学方式，建立新鲜有趣、通俗易懂、深入浅出的教学形式。而当应用教学案例的目的确定为证明理论、阐明道理，那么我们的目标就得改为：通过与理论密切相关的教学案例，帮助学生掌握教育原理的精髓，理解各种概念，实现理论学习无死角的理想目标。而无目的地使用教学案例，只会使案例湮没在杂乱的资料中，难以帮助学生构建知识体系。

2. 内容正确，对应明确

所谓内容正确，包含两个方面：一是指教学案例本身应该是没有任何硬伤的，其内容应当符合教育教学的发展规律，没有知识性的错误；一是指教学案例使用的程序、层次等具有科学性，先说什么后讲什么，哪个要深讲，哪个要浅说，都不是凭感觉而为，而是有着科学的规则作指导。所谓对应明确，也包含两个方面：一是指教学案例的内容与所教内容具有对应性，例如老师给师范生或参训学员讲解现代智慧教育，而案例讲的却是传统的教育智慧，这就风马牛不相及了；一是指教学案例的主题与教学目标对应，如果教学案例的主题是"'翻转课堂'在差异化教学中的应用"，而你课堂教学确立的目标却是掌握"翻转课堂"的本质特征，则教学案例与教学目标之间是不对应的。

3. 对象明确，分析正确

科学地使用语文教学案例，一定要做好学情的了解工作，要把握教学对象的各种情况，做到有的放矢。例如、对于毫无经验的师范本科生来说，教学案例应该尽可能地形象具体，确保师范生能够把握课堂教学的主体，同时还能了解课堂教学的相关细节。对于经验丰富的骨干教师来说，教学案例也许就不必说得太仔细，点到即可，启发教师对教学案例的亲切感，概括叙述不但能够节省时间和篇幅，而且能够留有足够的空间，让教师自己去填补。相比师范生，教师对于教学案例的分析更需要讲究科学性。任何教师在拿到一个教学案例后，都不应该机械地去袭用，而是要经过科学的研究分析，汲取其养分，创造性地去改造加工，然后用于教学。

二、适切性原则

适切性原则与科学性原则有诸多共同点，适切基于科学，科学指向适切。从某种意义上说，它们就是孪生兄弟。但如果细细地去分辨，它们还是有着诸多的不同，科学着重于是非对错，适切着眼于合适恰当。总体适切的教学案例也许会出现知识上的某些硬伤，而没有任何科学性问题的案例也许不一定适切。适切性同样表现在三个方面。

1. 程度的适切

一般来说，优秀的语文教学案例应该有广普性，即无论读者是谁，都能感受到案例本身的魅力及其应用的力量。但是，某些文本教学或某些实验性教学案例，可能就不是人人皆适合的，这里除了知识程度的不同，更有经验程度的区别。例如，当下最为流行的语文生成教学，就是一种特别需要有经验支撑的教学模式，并不一定适合师范生甚至是新教师。一些生成性教学案例，在经验丰富、应变能力强的老师那里容易成功，但准教师或新手教师往往容易机械模仿，这就有可能弄巧成拙，导致班级的混乱。再以本人教历为例，在长期的教学实践与探索中，我形成了重视预设基础上的生成教学。但我的预设不留在纸上，只存于心中，而且预设也是根据对学生的了解和对教学内容的深化而不断改变的。如此，我的教学就只有提纲，没有详细的教学设计。有了电脑后，就只设计 PPT。具体的课堂教学完全针对学生的实情，随着课堂的发展而变化。为此，我曾与一位强调检查老师教学设计的副校长发生过激烈的冲突。但我反对新手教师这样做，因为他们的经验不足以应付课堂各种状况，按部就班对他们来说还是必需的。如果他们看了我的教学案例后，照抄照搬，那课堂只会乱成一锅粥。我并不是说我的教学案例程度有多深，但对于缺乏教学经验的教师来说，我的某些教学案例显然是不合适的。我也不会拿到课堂上去讲，如果要讲，那也是和其他名师的课堂案例比较着分析。

2. 频度的适切

所谓频度，词典义是指频率，这里指在一定时间内使用教学案例的次数。教学案例无疑是教师教育的有效手段，优质教学案例的介入，可以大大提高教学的趣味性，增强教师理论阐述的说服力，同时也有利于学生（员）理解抽象的概念、深奥的理论。但诚如人们常说的“审美疲劳”，最好的东西，见多了，用多了，都会生腻。教学案例如果不加节制地频繁使用，就容易变成教学案例堆砌，不但达不到教学案例应用的功效，相反，它有可能引起副作用。特别是同质的教学案例在频度上不适当的使用，更易引起受教者反感。问题在于教学案例使用频度的把握是非常困难的。一节课究竟使用多少教学案例才是合适的，至今无人能拿出科学的依据来。我们的建议是：教学案例的使用频度不必以一个具体的数字来框定，使用频度是否恰当，完全根据课堂教学的实际状况来衡量。当学生对教学案例表现出浓厚的兴趣的时候，频度是合适的；一旦学生开始出现无所谓的神情，则教师应当控制教学案例的使用，确保学生对教学案例保持必需的兴趣度。

3. 时机的适切

除了使用频度，教学案例使用的时机也是非常重要的。事实上，教学案例使用的频度不是均衡的，不同的时候，使用的频度应该是有变化的。用得恰当，多几个教学案例感觉不到多；用得不恰当，少用几个也令人烦不胜烦。因此，教学案例的应用还要看时机的适切。关于教学案例使用时机问题，我们后面还会提到，这里先强调教学案例必用的三个条件：在理论晦涩或深奥处，必用教学案例来诠释，化难为易；在论述的繁杂处，必用教学案例来整合，化繁为简；在讲解的枯燥平淡处，必用教学案例来调剂，化理为趣。

三、便捷性原则

教学案例有多种类型，也有许多功能。但是，对于教学者来说，在课堂中应用案例总是要讲究它的便捷性的，如果太复杂，用起来不顺手，那么，大家会觉得烦、累，就不会有人喜欢，更不会有人主动去应用。因此，强调教学案例应用的便捷性，更利于案例教学的推广。

1. 工具的便捷

教学案例需要使用一些工具介质，以使案例能够顺利传递给学生。最便捷的工具应当属于语言。也就是说，在选择使用教学案例工具介质的时候，我们首先应该考虑语言。而通过语言文字来传递案例，也是教学案例的常态。当然，除了语言文字，还可以通过音、视频来传递教学案例；当然，还可以通过各种实物如挂图等来传递教学案例。但从工具的便捷性来看，我们应当把关注点更多地落实在语言文字中。通过书写、讲解，快速传递各种教学案例。只有当语言的力量不足以完整清晰地传递教学案例的时候，我们才考虑第二甚至第三选项。

2. 组织的便捷

教学案例应用的组织主要是指案例应用者，如何对案例进行加工改造，根据一定的顺序将不同的教学案例应用于特定的课堂。这一组织过程应当越简便越好，也就是每个人都能很便捷地接触到各种教学案例，教师也能从教学案例自身的发生顺序，逻辑严密地加以应用，使各部分、各因子都能经过简单的处理，而各得其所。

3. 表达的便捷

教学案例绝大多数是需要表达的，只不过表达的方式有所不同罢了。在这里，主要是指语言的表达。教学案例的语言，不能像文学作品那样，可以根据作者的情感变化而发生不同的态度变化；但同时，它也不能像说明文、议论文那样用抽象枯燥的数字、语言来陈述。教学案例的语言表达必须符合下述三个要素：教学案例的语言应该是极为简明扼要、言简意赅的；教学案例的语言应该是能够快速切题、引人入胜的；教学案例的语言应该是生动活泼、准确自然的。总之，无论是听还是读，教学案例给我们的感觉应该是经典的，经得起时间和历史的考验的。

四、效率性原则

效率性原则属于案例教学目标指向，教学案例在课堂中的应用目的在于帮助学生更深刻更正确地理解理论，更快速地记住所学的知识，更有利地提升学生的专业素养与教学技能。因此，教学案例在课堂中应用必须重视其效率性。没有效率，使用的案例越多，课堂教学效果就越会南辕北辙。

1. 助讲的效率

教师给学生（员）讲教育教学的理论，往往有三条途径：从理论到理论、从理论到实践、从实践到理论。第一条道，就是传统的“满堂灌”，也就是当下课程与教学论教学效果低下的原因。因此，要提高教师教育课程的效率，就必须采取理论与实践结合的方法，也就是走第二条或第三条道路，但走这两条道路，都需要与一线联姻，这又是相当困难的。现实中我们可以看到，教师带学生（员）偶尔去下一线见习可行，倘若教师每讲到一种理念、一个概念、一种方法、一个模式就要到一线课堂去考察、体验，那是不现实的。这就需要介入仿真度较高的教学案例。然而,教学案例可以帮助教师讲解,但效用有多大,却值得思考。因此,教师无论是选择案例,还是确定案例运用的时机和方法,首先要考虑教学案例作为教学实践的替代品,其对课堂讲解效率的作用如何,努力以最小的代价,获取最高的教学效果。

2. 助研的效率

这里的研有两层意思:一层是研究,即第二章重点要分析的语文教学案例在教育研究中的应用效率;另一层是研读,即课堂教学中学生(员)对于某个教学文本、教学理论的分析理解。我们这里说的助研是指研读。理论是枯燥的,尤其是当教学理论是学生(员)初次接触的时候,那就更难理解。无论是教师的讲解,还是学生(员)的自读,都需要介入一定的案例来加强分析。有的时候,教学理论专著自己带有案例,便于读者理解,但更多的理论专著不提供教学案例,这就需要教师引导学生自己去寻找、比较、选择。即便自带教学案例的理论专著,其案例的数量也是有限的,学生(员)即使读了这些少量的案例也不一定能真正理解,这就需要教师来补充。当然,无论是引导学(员)自寻自选,还是教师选择提供的,都必须注意教学案例的针对性与适切性,能够真正帮助学生高效地研读。

3. 助行的效率

这里的行,是指践行,即教学实践。众所周知,教学案例助读助研并非其最主要的功能,其真正的功能实际是在引领学生进入真实课堂,快速适应课堂并开展有效的教学。但事实上,一些劣质的教学案例,不但不能为学生(员)提供示范,帮助学生(员)开展教学,反而对学生(员)进行了错误的引导,使学生看了案例不是错误地选择低效地教学,就是方法难以在课堂教学中落实,仿佛屠龙之术,一无用处。因此,强调教学案例使用的助行效率,实质是讲究案例教学实践的有效性,让学习者可仿、能仿,直到仿而创新。

第二节 语文教学案例应用模式

关于“模式”与“教学模式”等概念，不同的研究者各自提出一些解释，角度不同，但各有特色。例如，吕渭源认为：“教学模式是从教学的整体出发，根据教学的规律原则而归纳提炼出的包括教学形式和方法在内的具有典型性、稳定性、易学性的教学样式。从静态看，教学模式是一种教学的结构，它包括多个部分、各部分的定位及它们之间的关系。从动态看，它是一种教学的程序，即教学各部分前后的编排、进行的流程。教学模式看得见，可操作，好学，好用。”① 刘鹤松认为：“教学模式是建立在一定的教学理论基础之上，为实现特定的教学目的，将教学的诸要素以特定的方式组成具有相对稳定的结构、具有可操作性的教学模型。”②李佩武、李子鹤认为：“模式是依据实践活动及其思想与理论指导，表达事物或行为过程的一种模型或范式。”“教学模式是在一定的教学思想、教学理论指导下，基于教学活动并在一定环境下，围绕特定教学目标而形成的具有相对稳定结构的、理论化的教学模型或范式。”③综合论者关于教学模式的阐释，我们作如下界定：

教学模式是依据一定的教学原理与规律，总结已有的教

---

① 吕渭源. 教学模式・教学个性・教学艺术[J]. 中国教育学刊，2000(2)：29—32.

② 刘鹤松. 教学模式的选择与应用[J]. 黑龙江高教研究，2003(3)：76—77.

③ 李佩武，李子鹤. 论教学模式及其演变[J]. 教育探索，2010(8)：33—35.

学行为与过程，从中提炼并概括出可供推广的教学图式（或用模型、范式、样式等表示）。

这一界定意味着，教学案例在课堂教学中的应用，若要产生规模效应，那就必须在模式理论指导下进行。在一定的框架内，使用一定的教学模式，可使教学案例在课堂教学中的应用达到事半功倍的效果。虽然案例教学引入中国时间不长，语文教学案例在课堂教学中应用的经验积累也不多，但是，专家学者与一线名师，在进行教师教育与中小学课堂教学中，逐步摸索出一些规律，建立了一些可能还比较模糊的模式。虽然，它们并未构成明确的模式图，甚至少有文字的表述。但从教师的现场教学中，我们能够看到已成形的各种模式。这些模式是我们推广案例教学，或在教学中应用教学案例的重要推手。为便于表述，我们将出现在课堂上的多种模式分类加以概括，将之归纳为三大类，即：传统课堂模式、网络课堂模式、智慧课堂模式。

一、传统课堂模式

传统课堂模式是指不借助任何外界媒体形式，在课堂教学中，使用师生共同搜集来的教学案例，在适当的时间，展开合适的讨论、分析和研究。这种研讨模式的基本流程如下。

（一）目标定位

教师在课前确定课堂教学的总目标和分目标，然后要求学生根据教学目标去搜集相关的教学案例，以利于课堂有针对性地使用。对于语文领域内的教师教育而言，课堂教学目标无外乎出自以下几个方面：文本内容、教学形式、培养目标、教学活动等等。

1. 文本内容

语文主要由读写听说四个方面组成，读主要是文本教学，但其他几个方面，同样离不开文本。因此，根据文本内容来确定教学目标，制定案例搜集选择的标准也就是十分自然的事了。例如，当我们从文本的字词句教学出发来确定教学目标，那么，我们选择的教学案例就必须是关于教师在字词句方面具有某种典型性的教学片断。

2. 教学形式

这里的教学形式不是指课程与教学论方向课程的教学，而是指中小学课堂教学，也就是说，当我们对师范生和参训教师进行课程与教学论方向课程教学的时候，如果确定的重点是教会学生掌握并运用基本的教学形式，那么，我们就会对介入的教学案例提出这样的选择目标，确保学生能够在规定的时间内学会基本的教学形式。

3. 培养目标

与教学形式相同，这里的培养目标同样是指中小学课堂教学的培养目标。当然，培养目标有大有小，有总有分，有长远有短期，但无论是哪一种目标，对其确定的正误都决定着课堂教学效果的高下。因此，教师在课堂教学或培训中，必须帮助学生（员）了解并把握一堂课、一门课程的正确目标，如此，在选择与使用教学案例的时候，就应该考虑语文名师在目标定位方面的成功或新手教师在课堂目标定位方面的错误来指示学生（员），帮助他们掌握课堂教学规律，在任何课堂设计与实施中，都能做到目标的正确定位。

4. 教学活动

教学活动的设计、组织是中小学语文课堂教学最重要的组成部分，自然也是案例教学的重要内容。案例教学研讨的传统模式，在确定教学目标时，要考虑教学活动，包括活动目标的确定、活动方案的设计、活动方案的实施等等。

（二）案例编辑

案例教学的核心自然是教学案例，我们在《语文教学案例的撰写》一书中已经提到过教学案例的多种来源。但总的来说，课堂上使用的教学案例不是来自教师就是来自学生（员），至于教师或学生（员）是怎么得到教学案例的，那只有拜托诸君去翻阅拙著了。这里就教师指导学生搜集、选择并编定案例再提供几点做法。

1. 建组

教学案例的搜集可以是个人的行为，也可以是小组的行动。就教学的角度看，最好是通过小组去搜集。因为，接下去的案例应用，也大多以小组为单位进行的。因此，就需要建立案例搜集或编制小组。建组的原则仍然是：组内异质，组间同质，确保每个小组都能搜集到或编制出适切的教学案例，并能有效地应用于小组研讨中。

2. 定向

教学案例多如牛毛，但并不是所有的教学案例都能应用于特定的教学。因此，教师不能盲目地放手让学生(员)自己去做,而是要为学生(员)指明搜集或编制的方向。换言之,教师在一节课前,必须告诉学生(员)这节课讲解的内容是什么,要求学生(员)掌握的技巧或方法是什么,也就是一节课的教学目标是什么。然后根据教师的规定有目的地去搜集或编制。

3. 选择

学生(员)将各人搜集或编制的教学案例在小组内进行交流比较,然后每组每次推选一个优质教学案例交给老师,再由老师从中确定,引入到课堂教学中。比较选择的原则和标准自然需要事先告诉学生(员),最后打印成条例发给学生(员),或在教室的墙上粘贴,使学生能够时时刻刻学习并掌握。

4. 编定

老师阅览各小组上交的代表性教学案例,并提出修改意见,然后返回各小组进行修改;再次上交后,教师根据教学的需求进行简单编辑,然后送交打印成册。这些案例册子将在上课之前发到每位学生(员)手上,每个小组至少应该有一份教学用的案例汇编。

(三) 小组讨论

1. 组内交流

案例的编定需要依靠小组的力量,而在具体实施过程中,小组的作用更大。老师在教学过程中,使用到一个案例,可以采取两种方法:一种就是教师将教学案例作为一个例子证明自己的观点,重在学生(员)理解;一种就是将案例交给学生(员),小组内对案例进行多角度解读分析,得出一些结论,这种方法不仅仅在于学生(员)理解,更注重学生(员)应用。相比较而言,后一种是案例教学的重点。因此,在教学案例实施中,要多进行小组的交流。

2. 代表发表

每个组交流结束,需要得出一些结论。这些结论不是简单地公布,而是要说明理由。另外,一个案例本身质量如何,也要加以分析。每个小组对于教学案例的分析判断肯定是不一致的。这就需要加强组间成果交流,交流的重要一步,就是小组代表发言——这种发言实质是一种特殊的发表形式,因此称之为发表更恰当。为确保每个人学有所得，不固定小组代表，采用轮换制，人人都要至少承担一次代表职责。

3. 组间辩论

小组代表发言，亮出一个组的重要观点及分析思路，但光摆出组的观点是不够的，每个小组还要接受其他小组的质询。质询的过程，其实就是小组之间的一场辩论。因为，发言组不但要回答各小组的问题，而且要进一步证明别人质疑的错误与本小组研究分析的正确。有时候，这种辩论可以作为专题来进行。即就某个案例的不同观点，直接展开组与组之间的辩论，通过辩论加深同学对于案例的认知。

（四）成果总结

1. 个人小结

每次案例研讨结束，每个人都要写出感悟体验。在小组交流与辩论的基础上，运用新的分析方法，对教学案例重新加以分析，深化认识，提出自己更新更深的观点。

2. 小组总结

每个小组根据各组员的总结，重新加以梳理，提炼出一个小组的总的观点。并对案例分析的原则、方法也重新加以思考，完成一个论文式的小组总结。

3. 教师总结

作为教学案例实施的最后一环，教师必须在参与学生（员）案例讨论全过程及阅读学生全部总结后，提出自己的看法与设想，以利于进一步校正学生（员）的认知，巩固教学成效。

以上小结和总结，既可以口头进行，也可以书面呈现。内容主要集中于：教学理念的整合、教学规律的把握、学科知识与学科教学知识的掌握、教学行为的校正等等。

二、网络课堂模式

网络课堂一般属于远程教学，但一段时间高校流行“慕课”，学生（员）不与教师见面，纯粹通过网络进行听课学习。当然，我们这里的网络课堂是指学生（员）在教师指导下开展的网络学习，基本上属于课堂教学的一种补充。网络课堂主要分五个步骤进行。

1. 宣讲

教师要通过一两节课的时间，加强对网络课堂的宣传，包括告诉学生(员)实施网络课堂的重要性和必要性、网络课堂的涵义与特点、网络课堂平台的上传与下载、材料上传类型与标准等等，从而引起学生的高度重视，基本掌握网络课堂学习技巧。

2. 制作

教师或教师指导下学生进行教学视频、教学图片以及教学文字制作。这里我们通过 TED-ED 的介绍，以启迪教学案例的相关材料的制作。TED-ED 是由 TED 大会面向教育者推出的一个频道，目的在于将 TED 的演讲视频及其方式应用到基础教育中。TED-ED 中的大多数视频都控制在 10 分钟内，最长不超过 18 分钟，堪称短小精悍。此外，视频中穿插了大量的动画，有趣的文字，从而增强学生的学习趣味。TED-ED 中视频的制作具有相当大的交互性，它可以留给学习者自由选择、自行改编、自主参与等的空间与权力。如果开设教学案例的网络课堂，就可通过这一功能促使教学案例在学生的参与下变得更加丰富。

3. 观看

网络课堂自然以学生(员)自学为主，即学生通过观看电脑中教师上传在学习库中的视频、课件及其他材料进行学习。因为师生制作的案例材料已经比较完整，因此，学生(员)观看这些案例材料就不会发生实质性的障碍。观看与思考结合在一起，要求学生(员)在观看时，能够随时将自己的想法上传到学习平台，以加强交流。

4. 强化

网络课堂最大的弱点就是缺乏氛围，学生(员)很难形成学习的自觉性。因此，网络课堂除了加强自身材料的生动性、思想性和启迪性外，还要注意给予学生(员)适度的思考压力。因此，在材料与材料之间，教师得设计一些思考题，学生(员)只有完成了上一道的问题，才能进入下一道。通过强化训练，巩固所学知识。

5. 总结

每个学生将自己一个阶段的教学状况加以思考，形成文字，上传至平台进行交流。这既能获得他人的评价，以利于扬长避短，也可从别人的总结里汲取养分，以改进自己的学习分析，从而使网络课堂变得更具动态性和互动性。

三、智慧课堂模式

纯粹的传统课堂与网络课堂都存在着比较大的问题，因此，将两者结合起来就成为教学案例成功应用的最佳选择。这种将传统课堂与网络课堂结合起来的教学，可以称作“混合式教学”，用更大的概念来概括，可以称为“智慧课堂”。这种智慧课堂的教育模式与传统教育模式的一大本质区别，就在于前者大量使用现代教育技术，充分依赖网络的高度发展。而与网络课堂相比，它又具有更多的线下指导，面对面教学，具有更强烈的教学现场感。可以说智慧课堂模式既保留了传统课堂的实在、实战、实效的特点，又发挥了网络课堂的开阔、丰富、灵活的特点。智慧课堂的过程更为复杂，类型也更为丰富，效果也更为显著。从主流上看，教育案例应用的智慧教育模式，主要包括五个过程：在线交流、翻转课堂、线下交流、在线作业、线下总结。

1. 在线交流

智慧课堂的第一步不是在实体的课堂里面对面进行，而是在虚拟的课堂里进行。当特定的学生（员）组成一个教学集体的时候，执教者首先搭建一个平台，简单的可以是 QQ 群或微信群，更高级的则是建设专门的教学网站。学生（员）与学生（员）、学生（员）与老师在一个虚拟的空间里先进行交流，加深相互之间的了解，明白各自的兴趣爱好与能力特长等等。

2. 翻转课堂

在线交流到一定的程度，教师可以在课前发布教学目标，同时上传一些教学案例，布置一些任务，让学生于课前率先接触一些优质的教学案例，通过教学案例的预学，明白教学的特定环节中的特定要求，理解并掌握教学的基本方法。而学生（员）通过线上的学习，提出一些问题，准备在线下交流分析与解决。

3. 线下交流

这一步就相当于传统的课堂教学。在教师主持下，学生（员）分成几个学习小组，学习小组的组成原则与方式基本同于传统教学。只不过智慧课堂的线下交流，主要是围绕翻转课堂这一步骤所得体验与发现的问题来进行。先是各小组成员之间交流问题、讨论分析后，解决能够解决的问题，然后小组把认为最难解决、最有价值的问题提出来，再进行组间交流。最后，选出几大问题在全班发布、交流、研究、分析，并得出一些有价值的规律性的观点或结论来。

4. 在线作业

教师通过线下交流，根据小组内与组间的研讨情况及最后得出的某些观点与结论，设计一些阶梯性问题放到线上。每位学习者都要在线上完成一定阶梯的作业，以达到巩固知识、积累经验的作用。

5. 线下总结

在学习者完成作业后，进入到最后一步。这一步就是老师根据对学生(员)作业的批改情况，寻找学习者在教学案例学习过程中的成长优势和不足之处。安排一定的时间，专门开设课堂教学总结课。总结分为学生(员)总结和教师总结。最后把所有总结的内容挂到交流平台，供学习者互相交流。

第三节　语文教学案例应用方法

在平时的教学与研究中，我们经常发现有老师将教学模式与教学方法混为一谈，但其实两者既有共同点，也有很大的差异。相较来看，教学模式属于教学的结构或范式，有着起承转合的结构特点，换言之，任何一种模式都具有一定的系统性，而教学方法从不同的角度分类，会呈现不同的形态。例如，语文教学中的“点拨教学”，从大里看，它是一种模式，包含了多种具体的教学手段；往小里说，它自己就是一种具体的操作手段。这也正是有人不能区分教学模式与教学方法的重要原因。下面我们从师生在教学任务中的角色、不同角色之间的相互关系以及每一角色的具体任务（控制强弱）的角度，将之分为教师指令型、学生自主型和师生互动型三大类，并加以陈述。

一、教师指令型

教师指令型是指在教学过程中，主要通过教师发出信息、学生接受信息的方式进行教学，主要包含两种：讲授和展示。

（一）讲授

讲授法又称讲述法，是教学案例应用中最便捷、最常用，而且也是使用最广泛的方法，它主要通过教师的语言叙述来实现，类似于讲故事。在讲授式教学法中，教师作为专家向学生发出信息，学生作为学习者，在整个过程中以被动接受为主。在讲授式教学环节中，教师的主要任务就是：传授知识、指导思考、评价学生；学生的主要任务则是接受知识、复制知识、应用知识。运用讲授法进行案例教学的好处就是简便易行、速度快、容量大。教师可在课堂教学中随机穿插教学案例，让教师掌握的知识快速转换为学生需要接受的信息。讲授是否具有生动性和吸引力，不但取决于教学案例本身，也取决于教师的讲述。因此，其对教师的语言表达要求比较高。也正是这个原因，有的教师进行变通，让学生自己来讲解自己搜集的案例，避免教师讲述案例过多，导致学生“审美疲劳”，而让学生自己来讲，也更能体现学生的主体地位。讲授又根据不同的表达方式所占比例分为描述型、说明型、分析型三大类。

1. 描述型

描述型讲授，是指教师在课堂教学中主要通过描述性语言，讲述一个较为生动而有意义的教育故事，这是最受学生欢迎的方法。只不过描述的时候，还是需要教师进行情感与细节的控制，否则案例教学就变成了故事教学，性质就不同了。此类讲授，主要运用于大学师范生课程与教学论的课堂，通过对中小学教师在具体的课堂教学中生成的事例的概括叙述，来让学生明白如何进行教材处理、活动组织、教学评价等等。在中小学课堂教学中，则较多地用于学科史教学或进行学习典型介绍等。通过描述学科发展史上某些著名人物的故事或者学生中的学习典范的事迹，来激励学生探索真理、寻找规律，从而促进发展。

2. 说明型

说明型讲授，是指教师在课堂教学中主要通过说明性的语言，来讲清楚一个事实，主要指用具体的图表数据来说明问题。例如，为说明情景教学在中国语文教学界的发展，教师通过各阶段公开发表的论文、论著数量，各实验学校的实验数据等来加以阐释说明。此外，用说明性的语言来讲述一个事例发生的时间、地点，相关人物、主题，过程与结果等等，都属于说明型讲授。

3. 分析型

分析型讲授，是指教师在课堂教学中主要通过议论性的语言，来论述某个故事中隐含的某个道理。在分析型讲授中，不是不用描述与说明性的语言，因为教师的主要任务不是摆事实，而是讲道理，所以有意淡化事例的叙述说明，在简要地呈现事实后，着重进行多角度、多层次的分析论证。

（二）展示

展示法主要通过图片、照片、多媒体等来实施，具有很强的直观性和可感性，能够吸引学生的注意力，特别是视频案例，如果设计合理，拍摄得当，将不仅具有较高的欣赏价值，更具有较强的可仿性。当然，使用展示法也存在着一些困难，其最大的问题是图片、视频等案例来源较之文字案例来源面要窄，数量也更有限，寻找到合适的案例来展示不容易。展示法主要包括三大类：实物展示、实体展示、技术展示。

1. 实物展示

教师在课堂教学中通过具体的实物来说明某种事实与教学处理。如果是中小学课堂，则主要出示的是与课堂教学内容相关的实物，例如，在执教人教版曾经入选的《南州六月荔枝丹》一文时，给学生发一陈一鲜两颗荔枝；执教沈括的《雁荡山》时，向学生出示雁荡山地貌图或模型等等。通过实物的展示可调动学生的学习兴趣，加深学生对文本的理解。在大学的师范课堂里，实物则主要指一线教师创造的教具、学具如挂图、模型等。

2. 实体展示

实体展示对一线教师来说，就是模拟文本中的某些动作性词语，包括文本中人物的一颦一笑、一举一动。例如，在执教庄子的《庖丁解牛》一文时，教师通过表演“手之所触，肩之所倚，足之所履，膝之所踦”四个动作，来帮助学生理解文本，加深印象。实体展示对于师范院校的老师来说，则是指执教教师对一线教师教学行为（也包括学生在教学中的行为）的模仿，以此来说明某种教学主张，证明某种教学理论。也就是说，教师通过自身的神情、肢体的表演来再现教学案例的某些情境。这种实体展示在讲解“教师的肢体语言”一章时，得到特别广泛的运用。

3. 技术展示

所谓技术展示是指应用各种数码产品及网络技术，将各种信息展示给学生（员），这是在案例教学中应用最为广泛的展示手段。相比实物与实体展示，它更突出虚拟性，在声光电的配合下，会产生更强大的视觉冲击力和心灵震撼力。而且技术展示能够全面突破时空的限制，适应面广，使用灵活。这对中小学教学具有特别强的功效。例如，执教王羲之的《兰亭集序》，可以根据需要插入各种教学案例，包括历代名家书法图片、兰亭美景图片、音乐家们诵唱的视频等等。在师范院校的案例教学中，则可通过网络技术，直接与中小学现场课堂教学对接，展示课堂教学实况，或通过网络上传视频进行选择性教学。至于各种教例那更是可以“信手拈来”。

二、学生自主型

与以教师为中心的讲授型相反，学生自主型教学案例介入教学的方法，则主要从学生角度出发来组织教学，教师虽然仍在发挥作用，但因教师已退居幕后，故其作用主要是隐性的。从大的方面看，学生自主型教学主要分为两大类：观照型教学与体验型教学（现场体验与虚拟体验）。

（一）观照

观照的含义相当丰富，但这里主要是借自佛教哲学与美学用语，指三个方面的意思：仔细观察、审视的思考比较、智慧而照见事理。简单地说，就是观察、比较、生成。

1. 观察

观察与调配是学生自主型案例教学法的常用手段。即学生（员）在整个教学过程中，对某一课堂（现实的和录播的）进行认真的观察，然后截取其中适宜的片断来解释教学中的某种现象。观察还包括深入到具体的课堂中进行调查研究，通过学生的角度来考察一堂课某个教学环节的优劣。观察是后面两个环节的基础，观察得是否仔细，直接决定了比较的正误与生成的高下。

2. 比较

比较一般是在观察调研基础上来进行的，因此，我们一般把它看作是观照的第二个环节。比较既可以在观察中进行，也可以在观察摘录课例片断，以形成案例后进行比较；另外，比较可以是同一课的不同片断间的比较，也可以是不同课的案例片断间的比较。比较案例的异同，并加以对照分析，从而使学生（员）对案例中课堂教学的处理是否科学有效，有一个清晰的、正确的判断。

3. 生成

生成应该产生在观照的最后阶段，它是观照中具有最高价值的方法。所谓生成，是指学生在自主研习中，发现新的问题，产生新的想法，找到新的结论等等。学生(员)在案例教学中的最为成功之处，就是找到了自我，实现了自我价值。当然，这些生成只有在课堂中得以应用，其价值才能体现；同时也只有学生拥有了生成，案例的价值才能得以实现。

（二）体验

所谓体验，是指学生亲自去经历、去尝试，从中得到某些经验与感悟。任何的观点与思想，只有经过学生(员)亲身的体验，才会产生真实感与现场感，并在记忆中留下深刻的印象。体验主要有两种形式：真实体验与虚拟体验。

1. 真实体验

真实体验，又称为现场体验，它是指学生(员)在现实中亲自去说与做。真实体验最能锻炼人，也最使人难忘。在师范教育与培训中，真实的体验主要包括：微格、说课、模课与下水。

(1) 微格。微格又称微型、小型，它是目前常用的而且是重要的一种教学实践方式。其基本特征就是分小组、分环节进行教学尝试。微格教学虽然没有中小学生在场，但由于其所提供的练习环境具有极强的真实感，更主要的是同伴充当了学生的角色，因此，其真实性超出了一般的教学与培训。

(2) 说课。说课目前不但是教师教育的常用手段，也是教师职后培训的重要内容。说课的关键在于“课”，重要技能是“说”。说课，实际上是教学的预演。通过说课，学生能够进一步发现问题，并通过不断的分析评价来增强教学的学术含量。通过说课的方式来介入教学案例，更利于学生(员)成长。

(3) 模课。模拟授课的省称，模课较之微格与说课更接近真实课堂教学。模拟授课与真实课堂的唯一差别就在于对象的不同。模拟授课没有与教学内容相应学段的听课学生，如果有，往往也是同伴模拟或者由听课的老师甚至评委来客串。模课虽然较真实课堂略逊真实性，但灵活性要强于真实的课堂教学。且由于模拟学生任务的是同伴甚至是更高层次的人士，因此，可以获得更多、更深刻、更具针对性的意见和建议。

(4) 下水。下水又称试水，是指学生(员)去真实的课堂尝试真实的教学。“下水”的这个意思，在各种词典中似乎找不到。例如，《现代汉语词典》对“下水”的解释有六个，但没有一个能确切地表达出我们所使用的概念的含义。也就是说，这个概念的内涵是教师教学领域生造出来的。作为教学案例在课堂中应用的一种方法，是指在教师的指导下学生(员)将案例中所学到的一切用之于课堂，在课堂真实的体验中，得以证实与深化。

2. 虚拟体验

与真实体验相比，虚拟体验少了时空的限制，具有更广泛的适应性。虚拟体验中，学生(员)在场又不在场。所谓在场是指学生(员)的思想情绪意识都处在教学的现场；所谓不在场则是指学生(员)的言行举止并非在真实的现场发生，或者说他其实并没有真实的言行发生，一切皆在脑海中呈现。虚拟体验主要分两类：一类为冥想式体验，一类为基于技术的体验。

(1) 冥想式体验。《现代汉语词典》关于冥想的解释是：深沉地思索和想象。但在心理学或哲学上，冥想还有更丰富的内涵。我们这里所说的冥想式体验是指一种意念力训练，即学生(员)根据一定的目标任务，集中注意力，凝聚思想，使自己进入到一种忘记现时的“我”的状态，使“我”进入到一种想象的课堂环境中，展开课堂过程，实施课堂教学。在冥想状态下，学生(员)的潜能可以得到最大限度的开发，能够完成自己在现实中无法完成的任务，从而对所体验的教学案例获得更深刻的理解。

(2) 基于技术的体验。现代技术给了教师教育与教师职后培训以丰富的体验手段。例如，我们最常见的音、视频分析法，就是借助多种播放工具，特别是播放软件，呈现源于各种途径尤其是网络途径的教学音、视频，在反复观看后进行分析研讨。现在较为流行的另一种技术体验就是网络课堂。在网络虚拟空间里(最主要的就是 QQ 群、微信群)进行虚拟讲座或讲课，也能使学生对于所要理解掌握或仿用的教学案例达到相当深刻的体验。随着现代技术的发展，网络课堂的现场感会更强，甚至可以达到真实课堂的效果。

三、师生互动型

其实在语文教学案例的应用中，教师或学生纯粹单方面控制的课堂是没有的。最多只是某一方占据主导地位而已。如果我们的课堂能够平衡两方的控制权，将师生双方的主动性都能全面激发出来，那就可以称为师生互动型课堂。在师生互动型课堂里，主要的方法有四类，即：对话、探究、游戏与表演。

（一）对话

教学中的对话不同于日常生活中的人与人之间的交谈，它是一种有十分明确的教育目的指向的意义活动。对话作为一种教学方法，集中体现为民主平等的师生观念、强调多边互动合作共进的思想、充分体现学生的主体地位三大特征。而具体的操作方法可概括为“四互”，即：

1. 互问

作为教学方法的对话，特别强调师生间的互问，这就突破了传统的师问生答的模式，面对一个教学案例，不再只是老师说什么，学生记什么，而是将学生作为教学中另一个具有主导功能的主体，即由学生寻找并提出问题。传统教学中教学案例使用不佳的重要原因就在于教师的分析替代了学生的感悟，导致学生出现听时明白做时糊涂的状态。而当学生具有了真正的发问权，那么课堂形态就会发生质的变化，学生不再是仅仅带耳朵听课，更重要的是带着脑袋来发问。师生互问，也可使教师的教学更为完备，避免出现因教师一人的思考而挂一漏万的毛病。

2. 互答

互问必须有互答来配合才能产生真正的效应。互答并不能机械地理解为教师问学生答和学生问教师答。互答是一种全动的状态，不分你我，共生共融。也就是说，老师提出问题，不再是学生答后，老师重新修正，一锤定音，而是老师可在学生的回答中随时发表自己的意见，但这个意见不是唯一的，而是融在学生的回答中，供学生参考之用。反之，学生提出问题，也是师生在交互回答中共同完成的。

3. 互助

互助主要是指资源或佐证的提供，以辅助师生完成对案例的分析与问题的回答。例如，当师生面对钱梦龙执教《死海不死》时，有一个追问片断是师生共同关注的，或者说作为教学案例介入课堂教学，无论是教师在分析还是学生在回答，师生都可在此过程中不断提供钱梦龙执教其他文本时有关追问的片断加以比较，也可提供其他在追问方面做得更出色的老师的教学片断加以对比。从而，使课堂追问这一教学主题能够为学生（员）完整地把握。

4. 互评

互评为对话教学的最后环节，也是一次对话教学的收束。之前教学评价都由教师做出，而教师的评价又往往成为替代学生全部分析的重点内容。或者说，传统教学的弊病往往出现在教师评价中，教师的一个评价可以摧毁学生的全部努力，导致学生对同伴在学习过程中的表现漠不关心。而在对话教学中，评价不再是教师的专利，而是学生（员）与教师在教学中主体平等的沟通。

（二）探究

师生互动的最高境界体现在探究上，师生之间在教学中的共同分析思考、探索研究，使语文课堂教学不再是知识的传声筒，而成为促进发展的平台。师生互动中的“探究”主要体现在“三共”上。

1. 共读

师生共读是传统教学中很少出现的，一般的教学流程是教师讲案例给学生（员）听，然后学生（员）分析，教师纠正，任务完成。但在互动型教学中，共读案例将成为教学的重要一环，也是互动探究的第一步。“共读”决定了教师不是简单地出示案例、讲解案例了事，而是要以真诚之态和学生（员）重读案例，并且根据学生的需要反复细读、精读、美读，读出新意和深意。

2. 共析

共析环节在对话中已有体现，但在探究中的表现有所不同。共析是在共读基础上的教学深化行为。共析与互答不同之处在于前者重过程，后者重结果。共析是在教学过程中，师生之间以一种平等的态度共同探讨，分析每个环节与细节，努力从中发现问题和寻找问题解决之途。

3. 共研

研与析本是二位一体、密不可分的。但为了论述及操作便利，我们将研与析分开阐述。研在程度上较析要深，析只是一般性的讨论辨析，而研则是从理论的高度进行学术批判。一般来说，析只需要有一个议论的过程，而研则需要有分析的结论，甚至师生之间经过分析讨论，最终形成研究性文字。

（三）**游戏**

一般认为游戏法只适合于低年级学生，但教学现实证明，不但高中生、大学生喜欢，即便是参训教师也是喜欢游戏教学的。当然，受教学目标与内容的限制，通过游戏介入案例的教学更多出现在中小学课堂上。这里列举师范教学与教师培训中三类常见的游戏教学。

1. 模拟教学案例中游戏的游戏

此类教学游戏方法主要是针对教学案例中所作用的游戏而言，即案例使用者重演执教教师在课堂中所使用的游戏。例如，当案例中反映的是教师让学生进行角色扮演来教学《雷雨》，在师范教育与教师培训课堂中，让学生（员）来体验这一角色扮演游戏，让他们感受角色扮演的教学魅力。

2. 理解并掌握教学案例的游戏

绝大多数教学案例自身并无游戏成分，但教师为了增强教学案例应用的情趣性，设计游戏环节，让学生（员）对教学案例产生浓厚的兴趣，并在游戏中理解与掌握教学案例。例如，围绕某个教学案例设计多个问题，开展抢答游戏；或者挖去原案例结果内容，让学生（员）进行案例结局猜猜猜游戏；或者将教学案例中的人物做成转盘，转盘转到哪个人物上面，学生（员）就模拟该人物说一句话或做一个动作等等。

3. 体现语文智慧与素养的游戏

有的游戏目的不在于激趣而在于导学，它较一般的游戏更具知识性和能力性，通过游戏可以培养学生的语文智慧与语文素养。例如，开设案例诊所，为教学案例把脉诊断，发现并提出教学案例存在的问题；开展拟题大赛，即为无题的教学案例拟一个合适的标题，或者更改教学案例的原标题；组织案例辩论会，对教学案例问题解决方法的优劣提出各自的看法，并重设方法；设计案例探险，即预想教学案例所提供的事实可能出现的其他结果等等。

上述游戏活动可以由课程教师提供设计，也可在教师指导下学生自行设计，但组织实施一般应由学生自主进行，充分发挥教师的主导作用和学生的主体潜能，实现师生互动的最大目标。

（四）表演

表演法是教学案例应用中最具冲击力和实践性的方法。它兼具上述游戏、体验等教学案例应用类型特长，实现案例教学的教学性和娱乐性的高度统一。表演法是指通过示范模拟等途径，来展示案例、启迪学生的方法。它的应用从不同的角度也可有不同的类型，例如从对象的角度，可分为：教师直接示范表演和学生在教师指导下的模拟表演。从内容角度看，可分为对课堂表演的表演和对教学过程的表演。

1. 对课堂表演的表演。这是指教学案例本身介绍的是表演法，在课程与教学论教学中，应用此类案例时，师生的主要任务是对案例表演情境的重演。例如案例中执教教师采用表演法来讲解《阿 Q 正传》，在介入此教学案例时，教师教育课程或培训课程的执教者引领学生（员），分组进行角色扮演。这种表演不在“教”，而在“学”，重点在于培养学生（员）的感知力和肢体协调力。

2. 对教学过程的表演。为了帮助学生（员）理解、掌握某种教学原理、方法，教师或学生（员）扮演案例中的执教者，模仿其一言一行，将某个教学过程惟妙惟肖地模拟出来，它与一般的模拟授课或说课不同，要求教师、学生（员）有极强的猜测、填补与模仿能力，能够最大程度地还原特定的教学课堂与环节。它虽然没有明确的创造性要求，但对案例的分析、课堂台本撰写、角色扮演，每个人都能品尝教学的现场感与创造的乐趣。

第四节　语文教学案例应用类型与价值

第三节我们实际上是从方法的角度对教学案例的应用进行了分类，这是因为教学案例应用方法实在重要，必须独立阐述。但方法类型不能涵盖教学案例的全部分类，故在此我们再从其他角度对教学案例的应用进行分类，并进一步论述教学案例的应用价值。

（一）教学案例应用的分类

要科学有效地应用教学案例，首先得了解教学案例应用的类别。根据对象、目的与范围的不同，教学案例的应用可有不同的分类。

1. 从对象的角度分类

根据教学案例应用的对象不同，我们可以将之分为：中小学生教学案例的应用、准教师教学案例的应用和教师教学案例的应用。

中小学生教学案例的应用是指基础教育阶段，教师为加深学生的印象和提高学生的理解力，在课堂教学中应用古今中外的一些图片，故事，音、视频等案例作指导，帮助学生开展有效学习。例如，有教师在讲到“语言的多义性”或“说话要得体”时，经常会使用下面一个案例：

有这样一个故事：有一个人请客吃饭，到了开餐时间，还差一个客人没来，他边看表边焦急地说：“怎么搞的，该来的还不来?”在座的一位客人听了，随即起身告辞。他见挽留不住，便说：“唉，不该走的又走了。”其中一位客人听到，也赶忙起身告辞。主人无奈地对最后剩下的一位说：“唉，他怎么就走了呢，我又不是说他。”最后一位一听，也急忙离席。

如果仅仅把故事一讲，那它还不属于案例教学，最多只能称为课堂故事引用，或称故事法。要构成案例，就必须针对故事提出核心问题，引发学生思考理解。

例如，有位老师在作“说话要得体”专题复习时，不但引用了上面这个故事，还加上了一个现代事例：

某教育局请一位学者来讲学，等他讲完，某领导作总结说：“某某的报告颇有见地，真正起到了抛砖引玉的作用……”话未讲完，台下一片哗然。

讲完两个故事后，该教师列出了如下问题：

问题 1：那位请客的朋友和那位领导都落个尴尬的局面，主要问题出在哪里?

问题 2：请结合自己的生活体验，说说怎样才能做到说话得体?

问题 3：请你说一个发生在你身边的因说话不得体而闹笑话或落得尴尬局面的故事。

问题 4：遇到以下情况，你会怎么说?

A. 批评老师的不修边幅。

B. 别人向你的获奖表示祝贺时。

C. 别人大声唱歌，干扰了你的学习时。

D. 你拿起话筒，却发现是对方拨错了电话时。

E. 你学习到九点钟，才打开电视机，却被妈妈训斥了一顿时。

F. 你花大力气帮助别人，别人向你道谢时。

G. 朋友弄坏你的新书，还你时连声对不起都没说时。①

---

① 冯辉梅. 语文案例教学探微[J]. 语文教学与研究，2001(19)：26—27.

应当说，这已比较接近我们所说的教学案例，但严格来说，这仍然只是用作学生训练的分析材料，应该属于学习案例应用的范畴。而该教师使用这些材料引导学生思考的过程，较为典型，可供其他教师学习仿效，那才是我们概念中的教学案例。换言之，凡中小学教师在课堂上为启迪学生学习所应用的事例与本书所说的教学案例应用不是一回事。但是，由于这类案例客观存在，对中小学教学来说也不无裨益，因此，我们后面会有所概述。

准教师教学案例的应用主要是指师范教育阶段，教师在师范课程教学中应用古今中外一些成功的教学例子，指导师范生理解教学的基本原理、掌握教学的基本方法、形成教学的基本技能，为顺利走向教学岗位奠定良好的基础。例如，在《语文课程与教学论》的课上，教师比较喜欢使用下面这个案例：

几个学生正趴在树下兴致勃勃地观察着什么，一个教师看到他们满身是灰的样子，生气地走过去问："你们在干什么?""听蚂蚁唱歌呢。"学生头也不抬，随口而答。"胡说，蚂蚁怎么会唱歌?"老师的声音提高了八度。

严厉的斥责让学生猛地从"槐安国"里清醒过来。于是一个个小脑袋耷拉下来，等候老师发落。只有一个倔强的小家伙还不服气，小声嘟囔说："您又不蹲下来，怎么知道蚂蚁不会唱歌?"①

故事讲完，教师会请学生运用现代教育理论对该教师的行为作评析。最终形成一致的结论：教师需要有正确的教育观和学生观，即教师必须尊重学生的学习行为，尊重学生的主体地位，相信学生，平等地对待学生；教师要废除教学中的权威主义、命令主义，通过民主教学充分满足学生的好奇心，重视学生的自主发现，引导学生走向生动活泼的个性发展之路。

显然，这个案例对于师范生树立正确的教育观和学生观是具有积极作用的。当然，这样的案例同样适用于普通中小学教师的学习应用。

另有一种案例，则仅仅适用于师范生教师教育类课程的学习，那就是高校教师在教育类课程教学中所产生的某些案例，包括老师是如何在课堂上高效运用案例教学来

---

① 辛晓明，章业树．"蚂蚁唱歌"的启示[J]．人民教育，2002(10)：30．

指导师范生提升教师技能。这类案例虽然也可供中小学教师学习，但其主要使用方向及开发目的还是在高校或培训机构。例如，有教师将一线名师请进课堂，通过他们的真实示范，来帮助师范生感受一线名师的风采和教学技能，此类案例显然就不适合普通中小学教师学习仿效。这样的案例集中起来，大概可以命名为“怎样上好《语文课程与教学论》”或者“《语文课程与教学论》教学案例精编”等等。

教师教学案例的应用主要是指教师（含师范毕业尚未走上岗位的新教师）培训过程中，专家学者与一线名师应用古今中外一些成功的教学例子，指导受训教师更新教学理念、创新教学方法、构建教学模式、形成教学风格，为受训教师从合格走向卓越提供有力的支持的方式。例如，在诸多初中语文教师培训中，经常会使用钱梦龙老师执教《愚公移山》的经典片断：

师：啊，很好。愚公和智叟都是老头子。那么，那个遗男有几岁了？

生：七八岁。

师：你又是怎么知道的？

生：从“龀”字知道。

师：噢，“龀”。这个字很难写，你上黑板写写看。（生板书）写得很好。“龀”是什么意思？

生：换牙。

师：对，换牙。你看这是什么偏旁？

生：“齿”旁。

师：孩子七八岁时开始换牙。同学们不但看得很仔细，而且都记住了。那么，这个年纪小小的孩子跟老愚公一起去移山，他爸爸肯让他去吗？

（“他爸爸肯让他去吗？”此问的本意在于了解学生是否掌握“孀妻”、“遗男”二词，问在此而意在彼，谓之“曲问”。前面问“愚公有多大年纪？”“智叟是年轻人吗？”都是曲问的例子。问题“拐个弯”，容易激发思考的兴趣。）

生：（稍一思索，七嘴八舌地）他没有爸爸！

师：你们怎么知道？

生：他是寡妇的儿子。孀妻就是寡妇。

师：对！遗男是什么意思？

生：（齐声）死去父亲的男孩。

师：对了！这个孩子爸爸去世了，只有妈妈。你们看书的确很仔细！再请你们计算一下：这次参加移山的一共有多少人？①

然后，师生从建构主义的理论高度来分析钱梦龙这一课例所体现出来的教学民主性价值和启发式教学特点。此类应用与第二类基本相同，但前者较偏重理论学习，重在证明；后者更关注教学实践，与受训教师的大量经验结合。

2. 从目的的角度分类

从教学案例应用的目的来看，可以将教学案例应用分为：调节课堂的应用、加强论证的应用、模仿操作的应用。

调节课堂的应用不是案例教学的主流，但却像大餐中的配料，也是不可或缺的。调节课堂的应用是指教师在课堂教学中为调节气氛、激发兴趣而使用一些点缀性的案例，它不一定与教师所讲的内容或主题直接相关，但能够激活课堂，集中学生的注意力。可以说任何一位教师执教的任何一堂课，都不可能始终高大上的，那会使学生精神紧张，压力生发，这就需要制造一些缓冲带。特别是当教师发现学生因为教学内容过于枯燥、繁难而产生学习困境，学生的注意力游离于课堂之外，此时，教师应该使用一个既有趣，又有启发性的教学案例来吸引学生的注意力，从而起到调节课堂的目的。

加强论证的应用是指教师在教学中阐释了某种教学理论、方法或模式，为了帮助学生理解并向学生证明此种理论、方法或模式的正确或错误，可穿插使用某个成功或失败的例子，从而使学生的学习更具直观性。

模仿操作的应用是指教师在课堂教学中，由于条件所限，难以让学生直接体验教学方法在实际的语文课堂教学中的应用，因此，有教师便会在课堂教学中组织一些虚拟的课堂教学活动。最简单的方法，就是提供一个相关的教学案例，帮助学生进入一个虚拟的教学情境，想象自己就是教学案例中的那位教师，从而起到模仿操作的作用。

---

① 钱梦龙. 愚公移山教学实录[EB/OL]. http://www.chinadmd.com/file/rzeuapzvovoiar3xuoxezpxp_1.html.

3. 从应用的范围分类

从教学案例应用的范围来看，分为教学案例在课堂教学中的应用和在教育研究中的应用两大方面。

教学案例在课堂教学中应用，是教学案例应用的最主要的价值，前面所列的种种案例应用，基本属于课堂教学中的应用。它是指在教师教育类课程或教师培训课程中，直接开设案例教学课，或在师范生教学课堂、受训语文教师培训课堂上，专家学者及一线名师在学术讲座过程中有机地使用语文教学案例进行教学。它包括了语文知识、阅读与写作教学案例的应用、语文教学活动设计教学案例的应用、语文教学方法与模式教学案例应用等等。师范生、培训教师通过对各种案例的阅读、分析、探讨、研究，把握教学真谛，明确教学规律，掌握教学方法，其最终指向和最高目标都是通过反复的分析、演练，使受训教师（准教师）能够（有朝一日能够）将先进的语文教学理念、高效的语文教学方法、精妙的语文教学模式运用到日常的语文教学中去，提升教学效率、提高教学质量，促进语文教育的全面发展。

而将教学案例应用于教育研究，应当是教学案例的高级应用，当然也是一种务虚的行为。它虽然不能直接影响课堂，但对师范生掌握教师技能和对参训教师的专业发展能起到积极的作用。案例相同，但目的不同，案例的价值也就有差异。当教育工作者使用一个教学案例来证明自己的教学主张，阐述自己的教学理念的时候，案例实际上成为证明材料，是教师研究中引证法的重要组成部分。通过教学案例来指明语文教学的优劣，证明某种方法的有效与否，分析某个模式的应用范围，论证某种理论的真伪等等，更具有说服力。当然，有的研究者也将语文教学案例作为引子，通过案例运用引出对语文教学理论的研究。

（二）教学案例应用的意义

撰写教学案例，其最终目的是将其恰当地应用于课堂，从而提高课堂实效性。或者说，凡撰写教学案例的价值，在教学案例应用中都能得到体现。

对于普通的在职教师而言，学习应用教学案例，不但可以对自己的教学进行回顾和反思，从中了解自己在教学方面的特点，保留优点、改进不足，更重要的是通过应用，可以发现自己搜集或撰写的教学案例是否科学有效。我们知道，为了能够撰写出优秀的案例，学习者必定会查阅各种资料，学习各种理论，从而在有意与无意中提升自身的专业素养，而通过教学案例的应用，则可强化学习者对于教学案例的认知，提高对教学案例的价值认同，激发学习者研究分析案例的兴趣。如果说，通过搜集并撰写教学案例，可以积累大量的教学经验，从而为自己在教学中做到扬长避短提供了基础，那么，通过教学案例的应用，教师在教学实践中保留自己优点，汲取他人的亮点，突破课堂教学的习惯樊篱，实现高效教学；通过实践中的尝试，学习者更好地把握教学案例的精髓，发现教学案例中存在的问题，并通过实践加以改进，使教学案例得到更有效的修正，从而更具有可操作性和实效性。总之，教学案例的撰写与应用，是二位一体的，经过案例的撰写更懂得教学经验的积累，而能够在课堂应用，才更懂得案例教学的本质与价值。只有会写会用教学案例，才能更好地把握教学的特点，并能针对不同的交际内容，设计不同的教学方案，在教学中体现目标，抓准重难点，很好地落实教学目标。进一步讲，更容易走进学生，调动学生的积极性，在课堂中充分体现积极、合作、探究的学习方式，体现学生的主体地位，体现新课标中的相关理念。

对于高校教师或培训教师而言，撰写教学案例是必备的技能，它既能充分展示自己的理论功底，也能帮助自己积累和提高实践经验，更重要的是能够为基础教育教师提供更多有效的指导材料。但如果光会写不会用，那么，这样的教学案例有可能是脱离实践的，其功能的发挥会受影响，甚至会对学生产生误导。如果教师自己能够在教学实践中应用教学案例，就会使教学案例既建立在扎实的理论基础上，又能更好地指导教学实践。教师在教学实践中较好地应用教学案例，可以大大提高教师教育类课程或教师培训课程的针对性和有效性，能够帮助师范生和受训教师快速掌握前沿教学理论，指导他们及时发现自己在语文教学体验中存在的问题，提升师范生和受训教师的语文教学素质，帮助他们明了什么是优秀的有价值的语文教学，促使他们掌握各类语文教学的特点、方法、形式等，抓住重点，采用灵活的方式进行交际训练，从而取得良好的课堂驾驭能力。

对于师范院校的学生而言，案例教学的运用更为重要。因为师范生毕竟缺少实际的教学经历与经验，让他们自己去撰写有价值的创新型教学案例可能性较小，从撰写的角度看，他们做得更多的只是整理搜集工作，这种改编整理是必需的，但相比较而言，应用的需求与价值也许更大。当然，师范生的应用更多的是模拟，常用平台是微格教室。虽然，这是一种缺乏中小学生的虚拟课堂，但即便如此，师范生也可以通过对教学案例的多角度、多方法应用，间接地丰富教学经验，进一步了解语文教学的性质、特点，更好地把握语文教学的基本内容，基本模式，基本方法、类型和优秀的教学技巧。虚拟虽不如真实的课堂，但多少也使师范生将所学的语文教学理论与语文教学实践联系在一起，从而更有效地学习教师教育类课程，更深入地体会理论知识，也能更快地掌握教学技能。可以说，这种虚拟应用是师范生提前接触教学实际，职前积累教学经验，加速自身成长的重要途径，是他们成功入职的保障。

第二章

语文教学案例在教育研究中的应用

第一章我们概括阐述了教学案例的应用原则、方法、类型与价值。下面我们将具体谈谈教学案例的应用问题。语文教学案例就其应用的对象与范围看无外乎四类：一是在教育研究中的应用；一是在语文课程与教学论的课堂上应用，即应用于师范生与参训教师课程教学；一是在中小学语文教学课堂上应用，即语文教师参照语文教学案例的方式方法，实施教学，指导学生学习，从而提高学生的学习能力和教学效果；一是教师专业成长中的自主应用，即教师自主学习、研讨教学案例，促进专业成长。由于后两者在应用方面有着密切的关系，我们将后两者合为语文教师的应用一章来分析。

语文教学案例在教育研究中的应用有三种形态，即：语文教学案例原理研究；对具体的语文教学案例的研究；将语文教学案例作为例证应用。

第一节　语文教学案例原理研究

语文教学案例原理研究，是指以语文教学案例为核心，对其内涵与本质、类型与原则、功能与价值、撰写与应用等做多层次研究。换言之，它主要研究语文教学案例的基本理论问题，寻找语文教学案例的一般原理与规则，为语文教学案例与案例教学的发展提供最新的研究成果及必需的理论依据。

一、语文教学案例原理研究的意义

（一）明确概念，突出科学性

1. 概念是学术的基础

任何的理论研究，都是基于一些核心的概念展开的，在人的思维尚未产生概念之前，或者人们对必要的概念缺乏理解的时候，是不可能有学术的，而有了概念，倘若不清，研究也是难以为继的，甚至会走上歧途。我们研究语文教学案例，自然必须先得掌握与语文教学案例相关的重要概念，而概念往往隐含着重要的问题，也就是说，对于概念的理解与把握，就是解决问题的过程，或者说，每一个概念的界定，都意味着有多个问题的解决。

2. 概念不一意味着研究的不成熟

并非所有的概念都能在其产生之初就清楚，有的概念可能会在较长的时间内存在或大或小、或多或少的争议。

可以这样说，越成熟的研究，概念内涵越明晰，越幼稚的研究，概念的争议就越大。如前所述，案例教学相对其他教育研究来说，还是一个新生事物，尚不成熟，因此，像案例、教育案例、教学案例、案例教育、案例教学等我们所要借重的概念，目前基本没有什么权威的定义，自说自话的现象非常严重，以至于课例、实录、教学设计到底可否算教学案例都是一个问题。而我们在研究中也只能兼收并蓄，只要大家比较多地把它们当案例，我们也就给予案例的地位，予以举例阐述。但这样做的问题就是案例是个筐，什么都可往里装。因此，我们认为，有加大力度，研究案例概念的必要，确保教学案例与案例教学的研究能够体现科学性，至少要符合基本的逻辑。

3. 概念的正确与否直接决定了研究的质量与方向

有人说理念正确了，人就对头了，人对头了，世界就不会颠倒。人的理念是由多个概念组成的，也就是说，只有概念正确了，理念才不会产生谬误，研究的方向才有可能正确，质量也才能得到提升。当下的诸多语文教学案例的编写与应用，都是根据他们自己所给定的对于概念的理解来进行的，但究竟谁的理解是正确的、谁的有偏差、谁的是错误的，难以判定，这种情况下，我们也就很难辨别它们的研究成果之良莠。因此，只有不断加强对语文教学案例的原理研究，理清各概念的内涵和外延，我们的研究才能沿着正确的轨道前行。而且，只有当我们弄清楚了教学案例及其相关概念，我们才能确信这种研究具有科学性，我们才会有奋斗的目标，也才会有研究的方向和动力。

（二）寻找规律，指导实践

1. 规律是实践的基础

开展语文教学案例原理研究的重要任务就是寻找规律。众所周知，任何一项有价值的理论研究，都是能够重复验证的，而能够验证的成果，一定是有规律的。也就是说，我们对于语文教学案例的研究，目的在于通过不同的途径，不同程度地应用于实践，如此，我们在研究中获得的成果才是真正有价值的；我们强调对语文教学案例原理的研究，目的在于寻找语文教学案例撰写与应用的基本的或特殊的规律，找到了这些规律，我们才能指导教师或师范生将其应用于教学实践中。如果我们不能寻找到必要的规律，就难以在课堂教学中重复应用，也就达不到指导作用。

2. 规律是指导的主核

将语文教学案例撰写与应用的理论应用于实践是一项复杂的工作，不是人人都能掌握的，特别是缺乏语文教学经验的学生与新手教师，常常是空有一肚子的语文教学理论知识，却不知如何在教学实践中施展，这就需要有经验的人来指导，而指导的内容不应该是杂乱无章的东西，而应该是具有规律性的。越有规律的指导，被指导者掌握的速度越快，质量也越高。

（三）提升经验，以利推广

1. 经验需要理论提升

有一个尴尬的事实：在语文教学领域有一大批名师，他们往往具有二三十年的教学功力，他们的课非常优秀，然而，他们的影响力却十分有限。原因很简单，他们无法将自己的成功经验上升到理论，没有形成规律。这除了需要他们自己努力外，还需要有一批研究者相助。而通过研究者对于语文教学案例原理的研究，可以有效地帮助名师提升实践经验，使其优质的教学实践具有先进的理论因子。

2. 理论概括下的经验更利推广

为何理论的参与能够提升经验的价值呢？因为一旦有明显的理论参与，经验就有可能产生质变，这里包括从随意走向逻辑，从散漫走向主题，从无序走向规律等等。而一旦语文教学案例的撰写与应用具有了高度的理论概括，那么，它就可以宣讲，可以示范，可以试验，而学习者或参训者就更容易识记、理解和掌握。

二、语文教学案例原理研究的原则

（一）跨学科整合

1. 从案例的源起看

案例教学是舶来品，而且其本身也并非产生于基础教育，对于其具体的发展历程，我们在《语文教学案例的撰写》一书中已有较全面的阐述，此处不再赘述。语文教学界明确提出“案例教学”和“教学案例”这两个概念相当晚，国内最早大约出现在 2000 年。经搜索，我们发现山东济宁师专教育系胡志坚老师 2000 年发表在《济宁师专学报》的论文《教育学与语文教学法结合教学案例》算是最早的研究成果，同年第 10 期《学科教育》发表了北京师范大学阎苹老师搜集的一组教学案例。然而，其他学科领域早在 1982 年就引入了案例和案例教学。作为后起的语文教学案例必须从其他学科领域中汲取养料，才能获得真正的发展；对语文教学案例的应用研究必须具有跨学科的眼光，通过对不同领域不同学科案例进行比较、综合，才能取得成功！

2. 从发展的深广度看

语文教学案例或语文案例教学虽然出现较晚，但发展迅速，成为基础教育领域里的佼佼者。语文教学案例之所以发展如此迅速，与一大批语文教学工作者的艰苦努力是分不开，但更与研究者们的开阔胸怀与眼界密切相关。语文教学工作者和研究者们，突破语文教育领域的局限，大胆将研究的触角伸向社会学、文化学、心理学、技术学、协同论、文艺理论等广大领域，并且将基础教育中除语文外的其他各门学科纳入自己的研究视野，产生了一大批创新成果。例如：唐锋卢的《从文化转型看语文教学——透视三个作文教学案例》、赵世华的《环境教育在语文教学中的有机渗透——〈奇怪的东南风〉教学案例》、吴英杰的《网络条件下的语文课堂教学案例》等等。由此可见，语文教学案例的研究中，如果能够做到各学科之间的融合，那么，研究的深广度如果得到加强，就不会陷入作坊式研究的泥淖。

（二）遵循上位理论

1. 理论层次具有阶梯性

任何理论均有层次之分，必须搞清楚理论的层次，才能使研究沿着正确的轨道前行。关于理论的层次性，中国现代学者从上个世纪就开始关注。就理论所处的领域层面来看，可以分为基础理论、应用理论、决策理论，而每一个具体领域里的理论，又有各自的层次之分。例如，有人认为领导学理论有三个不同的层次：其最高层次是元领导学理论，即马克思主义；中间层次是一般领导学理论，即领导科学；第三层次是具体领导学理论。[①] 不同层次的理论并无优劣高下之分，各有其作用，不可偏废。

---

① 那仁敖其尔. 领导学理论的层次性[J]. 领导科学，1988(1)：16—17.

2. 上位理论具有指导性

任何一种理论的各个层次是互相关联、缺一不可的,但在我们看到理论各层次之间的平等性的同时,还要特别注意某种理论所居的上位理论的指导价值。上位理论往往不对具体的实践起直接的作用,但上位理论对具体理论的指导作用是十分显著的。那么语文教学案例的上位理论是什么呢?可以说有很多个,但其直接的上位理论应该是教学案例论,再上位的是教学论,更上位的是教育学、教育心理学、教育技术学等等。因此,当我们在进行语文教学案例原理研究的时候,不应忘记汲取教育学、教育心理学等上位理论的最新成果,并以此指导语文教学案例原理研究的成功实施。例如云南师范大学文学与新闻传播学院孙卫新老师撰写的《信息化视角下的语文教学案例研究》,就将现代信息技术与语文教学案例进行很好地融合,在现代教育技术理论指导下,其研究显现出不同于一般语文教师研究的特点。

(三) 多元化创新

1. 创新令研究常新

不可否认,语文教学案例与案例教学的研究成果众多,甚至可用"蔚为大观"来形容,但我们也看到,其中有一大部分的研究是重复的,或者研究成果是老旧的,它们对于师范生教育及教师专业发展作用不大,相反,会在一定程度上浪费师范生与参训教师的时间和精力。任何理论研究均需要有创新,只有持续地创新,才能使研究不断深入发展,才能永葆青春。就像中国的红学研究,虽历经百年而始终不衰,就在于红学家们在研究理论与方法上的不断创新。而语文教学案例研究,虽然从数量上看,仍在起伏中前行,但从其研究方法与研究内容等看,却呈现较严重的疲态,这与其原理研究缺乏新意,跟不上时代发展有较大的关系。

2. 创新带来研究活力

任何研究者,对任何一个问题的研究都会出现厌倦期,即研究到一定的程度,就会产生思考疲劳,逐步丧失研究的动力。这也是大多数研究者不断更改研究主题和研究方向的重要原因。当然,从另一个角度讲,这也是研究者不满足研究一个主题,而欲寻找新的研究方向和主题的表现,属于教育创新的范畴。只是研究如果不能从一个主题深挖,就有可能前功尽弃。语文案例教学目前已经进入瓶颈期,如果缺乏对教学案例原理的创新研究，很多老师将会浅尝辄止，最终语文教学案例研究会处于低水平重复。

三、语文教学案例原理研究的方法

（一）文献研究

任何学科的原理研究都必须对该学科的文献加以研究，同样，对语文教学案例原理研究自然也要从文献研究入手。关于语文教学案例原理研究的文献分两类：本体文献和相关文献。

1. 本体文献

所谓本体文献，就是指直接研究语文教学案例或语文案例教学的文献，这些文献属于语文教学本体，与语文教师的教学工作密切相关，有的甚至从背景到环境到操作都与教师的实际相契合，也由于这个原因，本体文献基本不需要转换就可以被教师直接使用或引证，因此，本体文献特别容易引起共鸣，受到语文教师的欢迎。当然，语文教学案例在中国兴起较晚，因此，已有的语文教学案例成为公认的经典文献比较少见。因此，在对语文教学案例原理研究中，还需要有相关文献的支撑。

2. 相关文献

所谓相关文献，就是指那些虽然不直接源于语文教学，但能够对语文教学案例研究，甚至语文教学产生积极影响的教学案例，其中与语文教学有些关系的称为近相关，毫无关系的称为远相关。前面已经提到，国内案例教学与教学案例诞生已近四十年，其间积累了大量的资料，其中有大量的优质教学案例已经成为历史文献。这些文献虽然不涉及语文教学甚至远离基础教学，属于另一个领域的案例或案例教学，但其中的经验、规律等为语文教学案例的研究提供了依据与基础，也能在一定程度上实现学科融合。例如，陈蕾在《营造和谐的师生关系——运用人际关系理论之语文教学案例分析》一文中，使用了9条引文，其中本体文献只有一条，即方智范、赵志伟拟定的《走进新课堂——初中语文新课程案例与评析》，近相关文献也只有一条，即韦志成、韦敏撰写的《语文教育心理学》，其他7条均为远相关文献，分别属于教育学、教育心理学、教学论、课程论等范畴。

（二）调查研究

语文教学案例的原理研究是否科学，不能仅仅由研究者说了算，还要听听相关人员的意见与想法，相关人员的经验积累、行动感悟，与研究者的研究越是接近，则研究成果越接近真理。同时通过调查研究，可更清晰地了解理论指导实践的效果。调查研究分问卷调查和访谈观察两种。

1. 问卷调查

根据需要，编制调查问卷，向学生和老师发放，以此了解语文案例教学或教学案例的相关情况，并得出一些结论，从而实现研究的深入。例如，大连理工大学周英男、王斌曾通过调查问卷，了解现有案例教学的教学情况，并从七个方面加以分析，即：现有案例教学方式存在的问题、案例教学的适用范围、案例教学的时间分配、案例教学的硬环境准备、案例教学的软环境准备、案例教学的课堂组织、案例教学的考核。同时提出提高案例教学质量的三大建议，即加大投入力度，加强科学化、规范化，完善考核制度。[①] 这些内容不属于语文教学案例原理研究中的问卷调查，也并非都是案例教学或教学案例的原理问题，但它对语文教学案例原理的研究提供了足资借鉴的参考材料。

2. 访谈观察

访谈与问卷调查相类似，都是给出一些问题让被调查或访问者来回答。但相比较而言，访谈可根据需要随时增删或修改问题，调查也更直接，研究者更易把握被访者的真实想法。有些东西依靠问卷题的选择是没法正确反映出来的，但却可以通过聊天的方式，慢慢激活，正确表达。观察既是一种独立的研究方法，也可归到调查研究的范畴。为节省篇幅，我们将之与访谈合在一起论述。观察法可以有多种不同的分类，如：自然观察法和实验观察法、直接观察和间接观察、参与观察法和非参与观察法、有结构观察法和无结构观察法、个体观察与群体观察。通过访谈与观察，可以判断我们对于语文教学案例或案例教学的原理的研究是否科学或是否有效。

（三）实验研究

实验研究是教育研究的主要方法，是指研究者为了解决某些教育问题，运用科学

---

① 周英男，王斌. 大连理工大学 MBA 案例教学现状的问卷调查[J]. 辽宁教育研究，2008(10)：71—73.

实验的原理和方法，根据一定的教育理论或设想(实验因子)，有目的地组织教育实践，到一定时间后，观察教育理论或设想与教育效果之间的因果关系，从而得出有关实验因子的科学结论的一种研究方法。[①] 实验研究的类型较多，这里仅介绍判断性实验研究与对比性实验研究两类。

1. 判断性实验研究

什么是判断性实验研究呢？所谓判断性实验研究是指通过语文案例教学实验来判断语文教学案例的某种观点是否成立，某种方法是否正确，某种关系是否合理，某个因素是否起作用的研究方法，它着重探讨语文教学案例具有怎样的性质和结构。这类实验就是为了解决“有没有”“是不是”这类问题，它往往肯定一种事实，产生一种新的观念，通常是在典型或极端的条件下进行实验。[②]

2. 对比性实验研究

什么是对比性实验呢？对比性实验就是研究者选定 2 个或 2 个以上的小组(群体)，进行实验，目的是开展差异性比较。两个小组一个称之为对照组，主要起到“参照物”作用，另一个称之为实验组，主要通过与对照组的实验比较，来探求实验因素对实验组的影响。这种实验研究比较的方式有多种，其中主要的有：对两个或两个以上不同小组(群体)在不同时间或不同条件下选用同一个语文教学案例进行教学，以此判断教学案例的适用性和抗挫性；对两个或两个以上相似的小组(群体)在相同的时间和条件下选用不同的教学案例进行教学，以此判断教学案例的可操作性和实效性。

---

① 王鑫. 教育研究方法全攻略　教育研究加速教师教学与科研相长[M]. 长沙：湖南少年儿童出版社，2013：110.

② 根据余来文编著的《MBA 论文写作与研究方法》相关内容修改。

第二节 对具体的语文教学案例的研究

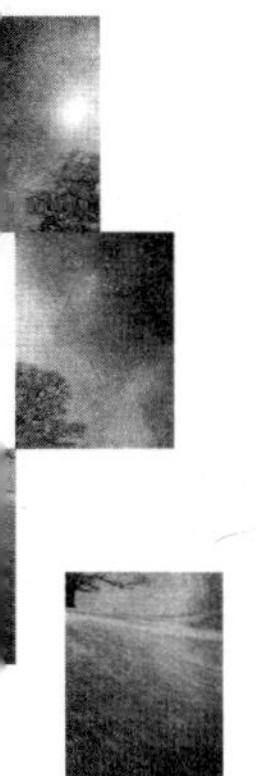

对具体的语文教学案例的研究是语文教学案例理论研究的核心，它是指研究者面对一个具体的完整的语文教学案例（也有可能是一组教学案例，也可能是某个教学案例中某个点），指出该案例撰写的目标、思路、方法等是否正确，是否具有应用价值，以及为实际的应用提出某些建议。这种研究与语文教学案例的原理研究具有相似性，但具体的研究过程、研究内容等方面还是有所区别的。那么，具体的语文教学案例的研究应当研究些什么呢？我们试从案例描述、案例分析与案例特色等方面加以简单地论述，以帮助读者全方位掌握语文教学案例的研究。

一、对案例描述的研究

案例描述是教学案例的核心，案例的可读性、启迪性及可操作性，基本决定于案例的描述。但目前对案例描述的分析研究，主要是案例撰写者附着在案例之后的分析来进行的，较少有其他研究者作二度分析。如此，容易使教学案例的研究陷入片面和狭隘。因此，我们鼓励研究者对已成形的教学案例展开更广泛深入的研究。从而充分揭示一个案例的内核、问题、理念、方法与功用。那么，对于一个具体的案例描述，我们可从哪些方面来研究呢？归结起来，无外乎两个方面：一是对教学理念的分析，一是对案例叙事的分析。

（一）对教学理念的分析

一个规范的语文教学案例，一定有执教者或案例编写者的教学理念蕴含其间，这种理念往往通过执教者的教学处理和言行举止表现出来，在案例文本中则是通过编写者的某些描述甚至是片言只语表达出来。理念是否前沿、是否正确，又决定了语文教学案例质量的高下。

1. 理念的前沿性

一个教学案例能否吸引人，关键在于它是否新颖，而教学案例的新颖性，又常常表现为理念的前沿性。社会已进入信息化时代，教育的发展速度也超越了人们的想象。课程改革、教学改革、评价改革几乎从未间断；改革的结果就是大量新理论、新模式与新方法的产生。以前的教育工作者哪怕一辈子不学习，都不会有落伍之虞；今天，即使经常参加培训，都会有观念落后的感慨。例如，当有的人刚刚接触建构主义，有的人已经在教学案例中融入了慕课、翻转课堂和智慧教室等方面的理念了；有的刚接触智商、情商，有的已经通过国际视野用“乐商”、“动商”、“灵商”、“健商”等来说话了。因此，当我们评价一个语文教学案例的时候，首先应当考虑这个教学案例所蕴含的理念的先进程度。当然，我们强调在对案例描述的研究中加强理念前沿性的考察，并不是完全排斥传统的理念，只要案例所反映的那些既定的、成熟的理念，不会束缚教师的手脚，限制教师的创新，能帮助教师形成规范，或者能够发挥传统的优势，那仍然是值得研究的。

2. 理念的正确性

需要指出的是当下语文教学界不是没有前沿的理念，而是因为某些理念太超前，不能为教师所接受。这个问题不是太大，因为随着时间的推移，经验的丰富和实践的成熟，任何前沿的理论都能被大众接受，甚至消化吸收。但问题是前沿的理念有可能是错误的，那么，在错误的理念指导下，我们就可能产生诸多错误的教学和错误的教学案例，最终抑制教师专业的良性生长，甚至有可能导致教学的失败。有人梳理了课改十年来王策三与钟启泉的争论，指出课改中的一些错误理念，例如轻视知识、反传授式教学、机械主义、庸俗主义、抽象人性论等等。我们必须承认课改中确实或轻或重地存在着这些理念问题，因此，我们当下看到的某些语文教学案例不可避免地出现某些教学偏差，甚至误把一些错误的做法当成正确的方法通过案例加以传授推广。

我们这里仅举一位语文专业学位教育硕士生编写的教学案例作简单说明(隐去校名、姓名)。

案例背景:

教学实习时,实践导师要我开设一堂汇报课,我选择执教了朱自清的《荷塘月色》一文。

案例主题:

问题式导入

案例描述:

上课前,我设计了三十个问题,并通过追问的方式,最终进入教学主题。这些问题分三类。第一类为文学常识,例如:作者是谁?他还有哪些代表作?此文写在什么时候?在哪里写的?当时作者做什么工作?他在文学史上有什么地位?他为什么要写这个日日走过的荷塘?第二类为文本知识,例如:文眼是什么?荷塘的特点是什么?除了荷塘还重点写了什么?本文的主题是什么?结句说明了什么?第三类为写作知识,例如:作者用了哪些比喻?这些比喻可以分为几类?通感与移用有什么区别?本文插叙有什么特点?三十个问题大约用了12分钟的时间,果然不出我所料,将近有一半问题学生无法回答,于是,我借机将这些问题作为研究课题,交给学生分组研讨。

案例分析:

这节课我个人觉得比较成功,分析原因有三:一是它符合新课程理念,尊重了学生的主体地位,通过学生自主解决问题,帮助学生建构知识。二是较好地应用了问题教学法,问题既有层次,又环环相扣,紧紧吸引住学生,避免学生走神。三是注重问题的难易阶梯,使每个学生都有选择的机会,帮助他们获得成功的体验。

从这位教育硕士的案例分析来看,他是十分认可自己这个教学设计的,并将它作为教学案例加以推广。表面看来,该生案例主题明确,案例描述清楚,而且在案例分析中也表明了自己的新课程理念。但事实上,这个案例的最大问题,恰恰在于其理念理解与使用错误。该生以为,问题教学就是采用大量提问,尊重学生主体就是让学生自己来回答问题,问题有了梯次就体现了针对性。确实,问题教学法就是要以问题为载体贯穿于教学的全过程，帮助学生在问题中萌生自主学习的动机和欲望。然而这里有两个前提，一是问题的发生不应该只是教师，还需要学生自己设问；二是问题必须是有意义和有目标的，而不是随意乱问，甚至是推磨式提问。在该案例中，实习生形式上采用了问题教学法，但一是问题过多；二是问题杂乱无章，找不到中心；三是浅层次甚至是无意义的问题过多。一次导入30多个问题，不要说把学生问晕了，可能教师自己最后也搞不清问了什么，为何问，更不要说以此提高学生发现、解决问题的能力和培养自主学习的习惯了。

3. 理念的现实性

前沿的理论、先进的思想、科学的理念、正确的主张都需要以现实为前提，即超前的理念如果不合国情、地情和校情，那么无论它有多么地科学，都需要适可而止，甚至应该暂时摒弃。由于中国国土幅员辽阔，经济和教育发展层次众多，对于理念的现实性的判断也应该多样化。影响到教学案例的撰写，就需要明确适用对象。但目前搞一刀切的情况比较多，以至于有人感叹目前语文教学乱象百出，纷争不断。另外，关于文本解读，对于低年段的学生来说，线性的浅层次的阅读也许是必要的，但对于高中段的学生来说，就需要提倡全息的深层次阅读。这样的理念都具有现实性，一旦倒过来，则全部背离教育现实，一方会因繁难而退避三舍，一方会因粗浅而兴趣全失。但目前语文教学案例编写者们普遍没有注意到这一原则，一味站在自己的立场上，坚持自己的理念而否定他人的理念，结果其案例适合一部分人，而不适合另一部分人。当然，一个案例是不可能适用或满足所有老师或学生的，我们在编写的时候，也要注意不搞绝对主义，在坚持自己理念的同时，也要考虑其对其他地区师生的影响与价值。

（二）对案例叙事的分析

教学叙事是教学案例的主体，案例的成败很大程度上决定于案例的叙事。叙事的拙劣，故事本身的错误都有可能造成教学案例或可读性不强，或引导错误。那么，我们在研究教学案例的时候，该如何来分析案例的叙事呢？

1. 叙事角度

案例中的故事虽然与小说的虚构不同，但在叙事技巧方面，也有异曲同工之处。或者说，案例的叙事同样可以分为二大类：第一人称叙事角度和第三人称叙事角度。

由于叙事角度的不同，案例叙事也显出较大的差异。下面我们试以《烧饼？哨兵》一例对两种人称的叙述进行比较。

案例一：第一人称

师范大学刚毕业，自以为满腹经纶，学富五车，颇有点目空一切的感觉。教师没当几天，莫明其妙地沾染上师道尊严的毛病，只许自己批评学生，容不得学生有半点不同意见。

那天教的是《荷花淀》，当我分析到“粉色的荷花箭高高地挺出来，是监视白洋淀的哨兵吧”时，学生先是窃窃私语，继而哄堂大笑，我忍不住发火了：“笑什么，笑什么，谁点了你们的笑穴不成。”这时候课代表站起来说了一句：“老师，你错了。”我最恨学生当众说我错了，何况我是根据《教学参考》分析的，能错到哪里去。于是，我傲慢地瞥了一眼课代表，从鼻孔里喷出一丝冷气：“不要以为你是课代表，就可以不尊重老师。我喝的墨水不比你喝的开水少。说我错了，有本事你来讲。”课代表面红耳赤地站在那里，显得十分尴尬，其他学生也都默不作声。见自己震住了学生，我感到一阵快意。

第二天，教室后面的黑板报上出现了一首打油诗：“哨兵吃烧饼，烧饼成哨兵，烧饼若能当哨兵，武大郎也能做司令。”我心里突然一惊，急忙跑回办公室查字典，才发现原来自己把“哨兵”念成了“烧饼”，闹出了如此大的一个笑话，难怪学生发笑。

这件事给了我一个教训，自己其实并不比学生更高明，50余个学生组合起来便是一个超级智慧库。从此，我不敢再自负，也肯听一听学生的意见，而且，我还聘请北京来的一个学生担任我的语音小老师。师生互助，教学相长，我的做法既提高了自己的语音水平，又缩短了与学生的距离，使我受益匪浅。①

绝大多数由就发生在执教者自己身上的教学故事而编写成的教学案例，一般都采用第一人称。采用第一人称的好处是使案例故事显得真实，发生在拟定者自己身上的故事也更令人信服，缩短了阅读者与案例故事中人物的距离。但如果需要描述学生的心理状态，使用第一人称则难以为继，第一人称的这个软肋，可由第三人称手法来

---

① 蔡伟．烧饼？哨兵！［C］//蔡伟．浙江省东阳中学教研论文汇编・蔡伟语文教学论文集［M］．北京：人民日报出版社，2002：43.

弥补。

第三人称又分三种视角：全知叙事、参与叙事和客观叙事。全知视角是中国传统叙事文本的常用手法，其优点是可以全面描写故事中每个人物的细致的心理变化，包括每个人物的隐秘。例如，上面这个案例如果改成第三人称的全知叙事，则变成如下形态。

案例二：第三人称·全知视角

师范大学刚毕业，C自以为满腹经纶，学富五车，颇有点目空一切的感觉。教师没当几天，莫明其妙地沾染上师道尊严的毛病，只许自己批评学生，容不得学生有半点不同意见。

那天教的是《荷花淀》，当C分析到"粉色的荷花箭高高地挺出来，是监视白洋淀的哨兵吧"时，学生内心一片惊愕，开始窃窃私语，最终憋不住了，便哄堂大笑。C勃然大怒："笑什么，笑什么，谁点了你们的笑穴不成。"课代表觉得自己该出面提醒老师一下："老师，你错了。"C最恨学生当众说自己错了，何况他是根据《教学参考》分析的，能错到哪里去。于是，C傲慢地瞥了一眼课代表，从鼻孔里喷出一丝冷气："不要以为你是课代表，就可以不尊重老师。我喝的墨水不比你喝的开水少。说我错了，有本事你来讲。"课代表觉得自己好冤啊，本来是好意提醒老师，没料到被老师抢白了一顿。于是面红耳赤地站在那里，心里如翻江倒海般难受。其他学生发现老师原来如此强势，知道多说无益，自讨没趣，也都默不作声。C见自己震住了学生，感到一阵快意。

第二天，C在教室后面的黑板报上见到了一首打油诗："哨兵吃烧饼，烧饼成哨兵，烧饼若能当哨兵，武大郎也能做司令。"C心里突然一懔，急忙跑回办公室查字典，才发现原来错把"哨兵"念成了"烧饼"，闹出了如此大的一个笑话，难怪学生发笑。

这件事给了C一个教训，自己其实并不比学生更高明，50余个学生组合起来便是一个超级智慧库。从此，C不敢再自负，也肯听一听学生的意见，而且，C还聘请北京来的一个学生担任他的语音小老师。师生互助，教学相长，C的做法既提高了自己的语音水平，又缩短了与学生的距离，C感到受益匪浅。

两相比较，案例二显得更有完整感，但在案例的真实性方面略逊于案例一。究竟哪种视角最好，分析的时候一定要看案例使用的位置、目的等。关于第三人称的参与叙事和客观叙事在此不再赘述。

2. 叙事逻辑

任何事情的发生，总有一个因果关系、时序关系或空间关系等等，颠倒不得。但有时候，某些案例编写者或不注意事实的内在逻辑，或因叙事能力所限，他所要叙述的教学故事确实是一个事实，但由于叙事的逻辑不当，反而给人以虚假之感。有时候，逻辑不当的叙事，虽然不影响事件的真实性，但读上去顺畅性不足，增加案例理解的麻烦。因此，优秀的案例教学撰写者，都比较注意叙事的逻辑。同理，对于案例研究者来说，也要分析案例的叙事逻辑。例如下面一则案例：

简笔与繁笔①

在教学《简笔与繁笔》一文时，为了说明简笔与繁笔使用不当都会产生不好的效果，我们设计了这样一段话：有人爱砍诗，说是追求简洁美，于是把杜牧的《清明》诗从七言砍为五言，又砍为三言："雨纷纷，欲断魂，何处有？杏花村。"字倒是少了，但诗趣却跑到了爪哇国，意境也了无踪影。还有的喜欢养诗，说是追求丰富的美，于是把杜甫的《四喜》从五言养成了七言："十年久旱逢甘霖，万里他乡遇故知。和尚洞房花烛夜，白丁金榜题名时。"诗句倒是说完整了，却闹出了大笑话。正可谓不养还好，越养越成怪胎。这段文字实际上化用了民间的传说，语句整散结合，加之对比、比喻等修辞手法的运用，显得较为生动。

这个案例的叙事逻辑十分清楚，基本呈现为：说明事例背景——先简笔例分析，后繁笔例分析——对事例总析。这里任何一个环节都不能颠倒，一颠倒就难以说清事实，就很难搞清楚这一案例的使用目的：强调课堂教学创新中的语言的生动优美。

3. 叙事语言

语言的优劣对于案例的理解与可读性影响很大。语言拙劣、不流畅时导致表达的枯燥乏味，更给人以思维混乱之感。因此，研究教学案例，还需要把精力和重点放到叙

---

① 蔡伟. 课堂创新：语文教学"轻负高效"的必由之路[C]//蔡伟. 浙江省东阳中学教研论文汇编·蔡伟语文教学论文集[M]. 北京：人民日报出版社，2002：181.

事语言的艺术上。分析语言的三性程度，即语文教学案例叙事的正确性、生动性、审美性所达到的高度。从而使自己的案例编写更具魅力，也能指导其他语文教师艺术地编写教学案例。例如下面一则教学案例：

某教师在教学课文《故乡》时，将学生所提出的600多个问题分为七类：一是一般疑问；二是回乡途中的"我"；三是闰土；四是杨二嫂；五是宏儿和水生；六是离乡途中的"我"；七是写景。这样的分类紧紧抓住了小说教学的重点——人物形象分析，并且有利于整个教学围绕其重心环环相扣、张弛有度地铺陈开来。正是由于教学内容建立在教师对学生学情全面分析的基础上，使学生的兴趣浓厚，课堂气氛活跃，师生互动频繁，思维撞击所产生的智慧火花随处闪现，教学效果令人称赞。①

面对这样一则教学案例，我们在其表达上该如何分析呢？首先我们看修辞，这段文字几乎没有使用多少修辞格，整个表达显得平实质朴，简单易懂。再看句式，基本采用单句、短句，易读易记。在结构安排上，析重于叙，且叙只罗列七类问题，重点突出，一目了然。因此，这个案例的语言表达总体上是合格的，但未能达到优良级，因为其缺陷十分明显，那就是有些呆板、单调、机械，形象性与生动性不足，难以激发读者的阅读兴趣。

二、对案例分析的研究

案例分析属于语文教学案例的学理部分，一般读者都是通过它才对案例事实有比较清晰和深刻的了解。但如果案例分析写得不到位甚至理解有误，反而会导致整个教学案例的失败，并有可能对读者产生误导。因此，对案例分析的研究，是在对案例的二度解读基础上的一种尝试剖析，是对理念或理论的补充、矫正与强化。目前，我们能看到的基本上都是对案例描述的分析，而很少看到对案例分析的研究。这一块工作必须要加强，如此，才能使语文教学案例不断走向科学，走向本质，才能更好地发挥教学案

① 曾毅. 语文教学内容的选择与有效生成——基于语文名师课堂教学案例的启示[J]. 教育理论与实践，2014,34(8)：45—47.

例对于语文教师专业成长及语文课堂教学的影响。

1. 补充

语文教学案例编写者，尤其是中小学语文教师，他们在理论的深广度上一定存在着这样或那样的不足，在案例分析时出现疏漏是不足为奇的。而且，任何一个教学案例不必也不可能面面俱到地分析。因此，教学案例如果到了一位优秀的语文老师手中，他可能自己会去发现并补充原有分析的疏漏，从而使教学案例达到最高应用值。但毋庸讳言，绝大多数一线教师拿到一个教学案例后，只会根据原作者的分析去行事。因此，一定需要有其他的人，对同一案例作新的解读与分析，对原有案例分析越是充分，读者对于案例的理解就越全面，案例的应用面也就越广。另一方面，案例编写者如果看不到其他研究者与名师对自己的案例分析作客观中肯的评价和有效的补充，他的分析水平就会停留在原有的水平上。而当有人补充了他的案例分析后，他就会明白自己的不足之处，才会在其他案例分析中加以弥补。

2. 矫正

对一个案例的分析，有疏漏不要紧，因为，只要理念是正确的，方向是明确的，那么，无论有多少疏漏，都不会影响读者对案例的正确理解。然而，有的案例撰写者，由于在教育理念、目标定位或研究方向等方面犯错误，很可能导致对案例整体把握发生偏差，形成错误的认知。这种错误的存在，会影响读者对一个案例的正确解读。因此，对于案例分析必须作必要的矫正，或剔除，或纠正案例分析中那些错误的理解与阐述。案例分析错误主要有点上理解的错误，例如对一个案例的性质、目标、内容、方法等理解的错误；也有整体把握的错误，例如把一个劣质的案例当优质案例来分析，或相反，看不到优秀案例之优，于是当作不良案例来解读。一般前者发生情况较多，后者发生较少。但如果出现后者的错误，则危害也更大。

3. 强化

强化工作相对来说较为容易，它主要是指案例评价者对案例分析基本认同，只是对案例分析中有些相当重要但分析力度还比较薄弱的地方加以肯定和强化，进一步引起读者的重视。但对案例分析的强化，在写作方面的要求较高，因为，如果不在组织结构与语言表达上下功夫，就有可能变成对案例分析的机械重复，那不但引不起读者的注意，反而会产生负面影响。关于强化的常用语句有：我们注意到……、特别需要强调的是……、值得我们肯定的是……、在此需要重申的是……等等。

三、对案例特色的研究

语文教学案例的特色，基本上体现在两个方面，一个是内容的特色，主要表现在案例事件选择、案例主题的确定、案例重难点的确定、案例中教学方法的选择、案例分析的理论特色等等；另一个就是写作特色，主要体现在案例的结构特色、案例的语言特色、案例的写作方法特色。

（一）对案例内容特色的研究

1. 关于案例事件选择的研究

教学案例源于课堂教学过程，任何一个完整的过程，都由众多的事件组成，每一个事件，又都反映一定的教学思想、教学原理、教学方法、教学价值，因此，案例撰写者要撰写案例，首先得考虑选择教学过程中哪个环节或者说哪个事件来展开，我们可以把这个事件称之为案例的切入点。同理，对案例的研究也应当首先考虑切入点的合理性与实效性问题。当然，如果我们研究的对象是一个完整的课堂教例，那就得考虑与其他课堂作比较，考虑为什么要以这堂课作案例，其适切性表现在哪里；另外，还要考虑，当撰写者以特定的一堂课作为案例描述时，需要选择由哪个或哪几个点切入，所选择的切入点符合什么教学原理，具有怎样的教学价值，即我们能用这个案例干什么，它能带来什么启迪，能让学习者学到什么等等。

2. 关于案例主题确定的研究

案例的重要特征在于它的主题性。一个优质的语文教学案例一定有其特定的案例主题来支撑。换言之，案例主题的正确与否、突出与否、新颖与否决定了案例水平的高下。因此，对案例本体的研究必须关注案例所揭示的主题。当然，有的案例会在案例的分析部分加以阐述，但也有的主题是隐含着的，撰写者没有明确指出，但我们通过案例的描述可以感觉到。前者的研究较为容易，对后者的研究则需要研究者反复细致地阅读，真正读出撰写者通过叙述所要表现的主题。例如下面一则案例：

案例描述：

这位老师执教的是普通高中课程标准实验教科书必修3的《祝福》，这堂课老师以问题为线索串起整堂课，主要提问有：(1)课文中哪些动词形象地凸显出祥林嫂的坎坷经历与悲惨遭遇？(2)怎么解释你所选定的这个“讨”字？(3)“做”字的确能反映祥林嫂人生的一些特点。我们再仔细读课文，看看还有没有比“做”更能说明祥林嫂需仰仗别人而活的词呢？(4)还有没有能反映祥林嫂命运的动词？(5)仔细读课文，看还有哪个词与“抓”字暗相照应，有同样的表现力？(6)祥林嫂的婆婆为什么要动用武力来“抓”她、“劫”她呢？我们从这里可以看出祥林嫂有怎样的社会地位？(7)祥林嫂为什么要“逃”出来呢？我们能否根据课文做些推断？(8)祥林嫂的婆婆要“嫁”她，是关心她的个人生活吗？(9)祥林嫂为什么要拼命撞那香案角呢？(10)祥林嫂为什么要捐钱呢？她真的有罪吗？她捐的钱赎了罪吗？

案例分析：

案例中老师教学过程以文中描述祥林嫂悲惨命运的关键词作为切入点，引导学生自主钻研文本，并在老师有层次的提问中理解课文精当凝练的用词特色和作家深蕴在词语中的感情，通过对一系列的动词具体含义的诠释探讨，步步深入，凸显祥林嫂的人物性格。老师一开始提醒学生理解祥林嫂这个人物的性格可以通过动词去解读，给了学生一个角度，学生自己去文本中寻找，在这个过程中学生把注意力集中在文本上，回归文本，而不是听老师全堂课自己分析。在学生找动词的过程中，老师还让学生解释自己选择这个动词的理由，从这些动词分析出祥林嫂的社会地位、人生特点和生活现实。这位老师在《祝福》的教学中，通过巧妙的提问激发学生探究祥林嫂命运的兴趣，有层次的提问设计让同学们在探究的过程中从具体的语言材料中品读文本。[①]

这则案例撰写者虽然没有明确指出案例的主题是什么，但在案例分析中隐含着教学(也是案例要传达)的两个主题：一个是抓动词分析人物性格，一个是提问教学法的使用。我们要研究的是案例撰写者所确定的这两个主题是否真必要，是否符合教学实

---

① 龙晓丹. 高中语文课堂教学案例研究——浅谈课堂提问的有效性[J]. 语文学刊，2010(8)：125—126.

际，是否对案例学习者具有启迪性。确实，细读文本，抓本文的关键词语，凸显人物性格是小说教学的要旨，教师设计的十大问题都是紧扣这个任务来设计的。然而，撰写者没有注意到，该案例的主题确定中忘记了对于教师问题设计中存在的问题的批评纠正。其中，最突出的便是这些问题缺乏层次性，具有重复感，这有可能影响教学的实效性。如果案例研究者能够指出该案例主题确定中存在的问题，那么对于案例撰写者与应用者来说，都将起到积极的作用。

3. 关于案例重难点确定的研究

每个案例的拟定都为着解决教学中的重点和难点，有时候重点与难点统一，有时候重难点并显。重点和难点的确定如果发生偏差，则教学案例的教学价值就会减退，甚至成为无用抑或起负效的残次品。因此，案例研究者，需要将关注点放在重难点上，指出教学案例在重难点确定上的正确与否，从而指导案例撰写者提高案例编写的质量。例如下面的案例：

教师走上讲台，学生正议论昨晚的电视，对此，该教师先是神色凝重地简单说了自己对男足失利后的感想，然后话锋一转："虽然中国男足失利了，但他们的拼搏精神是值得学习的，是我们最可爱的人。我们都要认真学习，争分夺秒，听好每堂课，练好本领，长大了为国争光。同学们，为国争光是可爱的人，今天我们要学习《谁是最可爱的人》，再回头看男足是不是最可爱的人，好吗？"同学们一下翻开了书。

在这个案例中，学生的注意力已偏离了教学目标，倘若一味强制或命令学生听课，不但会影响教学效果，还会损坏融洽的师生关系。这位教师因势利导，把强烈的爱国情感巧妙地引入课堂教学，变不利环境为有利资源，顺应学生的心理，使他们的注意力很快转移到教学活动上来，加深了学生对课文内涵的理解，维护了正常的教学秩序。①

这个案例，撰写者将案例描述与分析整合在一起完成，也没有明确指出案例所反映出来的重难点。但细读案例，我们不难发现，该案例的重点落在教学偶发事件上，强调如何通过巧妙的方法将学生的注意力转移到教学上。案例编写者充分肯定了教师的处理方法。应当说，这个案例的规范性方面虽然略有欠缺，但通过生活化的方法来

① 王伦胜，王丽华. 语文教师对"课堂偶发事件"的应急策略[J]. 安徽文学，2014，367(2)：135—136、140.

转移学生注意力这一重点的确定上却是没问题的。只不过，教师的实际处理是否妥当，还是值得商榷的，其中重要的原因在于男足当时在人们心目中的形象是比较糟糕的，而且比赛又是失利，因此，将其作类比，恐怕只会起反作用。而案例编写者没有注意到这一点，可能会使案例产生误导。

4. 关于案例中教学方法选择的研究

一堂语文课所确定的教学内容能否高效地传递给学生，关键在于教师所采用的教学方法。实践证明，任何一堂优质的语文课，都会采用多元的课堂教学方法。但即便最优教师的最优课堂，其采用的教学方法也不一定都是有效的。因此，教学案例的本体研究，还需要特别关注案例中的教学方法是否有价值，是否能对教师(或准教师)起到积极的启迪作用。关于这一点，前面两个案例的分析也有所涉及，此处不再举例。

5. 关于案例分析中理论特色的研究

前面我们反复强调，一个标准的案例必定隐含着一个指导性的教学理论。这种理论往往是通过对案例的分析表现出来的。同样一个案例事实，所呈现出来的理论是不一样的，这也决定了一个案例的质量高下。当然，案例的撰写者本身是不会对自己所应用的理论作出评价的，这一点，必须由案例研究者来完成。例如下面的案例。

例一：

师：上一课同学们自读了《愚公移山》，我检查了一下，……很好，老师非常满意！……(读毕，有学生提出“亡”字错读成“wang”，教师让同学们共同纠正。)

师：现在，老师来问你们一些问题……

师：……。同学们不但看得很仔细，而且都记住了。接下来……

师：说得真好！这个“本”字是跟后文相呼应的。这个问题提得好，解决得更好，说明同学们能够瞻前顾后地读文章了。

例二：

师：同学们大概想过了，愚公究竟笨不笨？

生：不笨。

生：笨是有点笨，不过有点精神。

师：嗯，大家自由发表意见，这就好。……我们说愚公笨，或者不笨，都要从文章里找根据，不能凭空想。

例一是对学生自读效果的检查。钱老师首先肯定学生的态度，多加鼓励和引导，激发学生的求知欲望，在学生的读书过程中，钱老师及时纠正个别学生对“亡”字的发音，并且顺势引出“自读”课文的具体方法，这样的课堂教学评价语绝不是走过场，花架子，而是实实在在地检测学生对知识的把握能力，使得接下里（应为“去”——作者按）的教学有的放矢。例二是对愚公移山的态度的理解，深度挖掘文本精神内涵。对于“愚公”究竟笨不笨，钱老师并没有急于寻找答案，而是循循善诱，允许多重意见的存在，最终受益的是学生，在思辨过程中既熟悉了课文，也提高了自我领悟能力。①

案例撰写者对这两个案例，既没有说明案例的主题、重难点，也没有说明其所使用的教学理论，但通过对案例描述和分析的细读，我们可以看出，这两个案例的内容虽然不一，但主题与重点却都是落实在教师的课堂教学评价上。其使用的教学理论从大的方面说，是指出钱老师在评价语运用上注重教师的主导作用与学生的主体地位，具体地说，钱老师采用的是点拨教学理论。作为案例研究者，必须要能够看出案例撰写者的理论主张，从而正确评价案例的创新性、实效性及其推广价值。

（二）关于案例写作特色的研究

1. 关于案例结构特色的研究

教学案例的基本结构规范是一样的，但任何一个案例在具体的表述中，其结构都有可能形成自己的特色，教学案例的结构魅力也正在于此，或者说，它代表了教学案例的创新。因此，作为语文教学案例研究者，对于案例在具体的表达结构中表现出来的独特点需要给予特别的关注，不断归纳总结出新的教学案例的结构样式。请看下面一个案例：

案例描述：

人教版第十册《晏子使楚》教学片段。

师：请同学们快速浏览课文，想一想本文主要讲了一件什么事？用自己的语言

---

① 刘志林. 语文课堂教学评价语运用案例分析与思考——以钱梦龙《愚公移山》为例[J]. 城市地理，2015(24)：239.

表达。

生甲：课文讲的是春秋时期，楚王仗着自己国家是大国，国势强盛，想显显威风，因此在齐国的大夫晏子出使楚国时，三次侮辱晏子，晏子机智地与楚王斗智，最后取得成功的事。

师：不错，你课文读得很熟。现在请同学们看大屏幕。（屏幕出示：楚王三次侮辱晏子的句子，与生共同品读。）

师：楚王的阴谋得逞了吗？（屏幕出示：三次结果的句子，请全体学生阅读并感悟。）

生乙：楚王不但没侮辱到晏子，反而被晏子侮辱了。

师：他说得对。那么为什么会有这样的结果呢？

……

案例评析：

从这个片段可以看出，教师处理教材的方式是正确而且有效的：先梳理文本内容，再与学生共同找出重点句子和词语品读，把文中主要人物的做法进行对比，得出结论后再寻找原因。学生在教师的带领下认真地品味文本语言，很快就理顺了思路。

但是，生乙在运用语言时却出现了一个明显的错误，他用的第一个（侮辱）是正确的，第二个（侮辱）是错误的。教师没有及时发现，未对此进行有效的评价引导，造成了学生对语言的感情色彩认识模糊。

侮辱，解释为欺侮羞辱，是贬义词。楚王是个什么样的人？通过解读文本知道，他是个诡计多端、恃强凌弱又霸道的暴君，人格低下，故特别喜欢通过侮辱他人来泄私愤，寻求自我价值。他的行为别有用心，是非正义的，应受鞭挞，这个词用在他身上很恰当。晏子呢？他作为齐国的使者出访楚国，对楚王的侮辱机智地给予了有理有节的反击，这种反击是正义的爱国行为，目的单纯，应该赞赏，所以不能使用侮辱一词。教师应本着让学生学会语言表达与运用，品读与赏析贯穿情感熏陶的宗旨，及时引领学生的认识从模糊走向清晰，从错误走向正确，帮助他们持续生成和转化课程内容，以求共同发展①。

这个案例总体上是"实录+评析"的结构，但在评析部分，撰写者的表达结构与众不同。先肯定案例中的教学亮点，再指出案例中的教学问题，接着通过释词与对比，补充证明错误的根据，最后提出校正建议。这样的评析，既详尽完备，又简明扼要，能给阅读者以深刻的启迪，能够起到积极的指导作用。作为案例的研究者，应当能够发现教学案例中这些具体表达中结构的独特点。

2. 关于案例语言特色的研究

教学案例的第一形态除了结构就是语言，但相比较而言，案例特别是语文教学案例的语言的重要性远胜于结构。教学案例结构的好坏尚不至于影响到一个案例整体的成效，但案例语言的好坏，则有可能决定其成败。下面试举一例(原案例由四个部分组成，即教学背景案例、材料分析、教学过程、教学反思，在此选择第一和第三部分)：

一、案例背景

新课改要求培养具有自主学习能力的学生，语文是一门实践性很强的课程，应该注重培养学生的自主学习能力。阅读课教学质量的好坏，与整个语文教学质量的好坏有直接关系，并且直接关系到学生语文素养和自主学习能力的提高。传统的语文阅读课教学中，主要是以"教师教，学生学"的模式为主，这种方法学生只会被动地接受课文上一些表面的知识，但是并不能够对其有深层次的理解，当做阅读理解题目时，对于解决一些问题更是没有技巧和方法，学生在文本的阅读中没有一定的方法作为指导，效率很低。新课改背景下，为了培养学生的阅读感受力、提高学生自主学习的能力，必须打破传统的"教师教，学生学"的教学模式。所以，必须做好阅读课教学。

初中语文阅读课主要是以学生为主体、教师为主导的课程，教师要引导学生积极参与课堂活动，提高学生学习的兴趣和积极性，让学生在主动积极的思维和情感中加深理解和体验，有所感悟和思考，真正体现学生的主体地位，从而提高他们的阅读能力和自主学习能力，进而提升他们的语文素养。阅读课教学案例研究使教师处于一种反思

① 邓素玲. 学生出错：是挑战也是突破——语文课堂教学案例诊析[J]. 福建论坛(社科教育版)，2009(11)：30—31.

状态，不仅有利于教师在教学活动中采取知情行动，而且有利于提高教师的思维品质；教师通过教学案例的研究学习，可以有效提高教研活动的实效，有助于提高教学研究能力。总之，教学案例研究对教师的专业素养提高及学生全面发展起到非常重要的作用。

二、教学过程

《故乡》一课的课堂教学主要是以“小组讨论”的形式进行，整个课堂学生的学习情绪高涨，积极性也很高。课堂教学主要分为三个环节：第一是了解历史背景，掌握文学常识；第二是讲解课文内容，小组讨论；第三是知识点的寻找与归纳。

首先，课前教师将全班同学进行分组，鼓励学生通过各种渠道查找一些有关鲁迅个人及其作品的相关资料，做详细记录，为课堂上交流做好准备；其次，课堂上小组同学将各自准备的资料进行讨论交流，以此总结一个最全面的“鲁迅资料”；然后教师先根据课文的“故乡”主线进行讲解分析，提出相应的问题，学生通过朗读课文找出课文中运用对比手法的句子或者段落，小组对其进行比较分析讨论，看看前后的变化，并解答老师提出的问题；最后，教师要根据学生的讨论与解答进行归纳、总结。本课一共用了3个课时进行讲解，课堂气氛非常活跃，学生对教学内容自主探索挖掘，教师在总结时点出需要识记和重点掌握的知识。整个过程，学生既学到了课文需要掌握的知识点，在寻找资料和小组讨论的过程中，又提高了自主学习的能力，从而提高了课堂效率。①

上述案例两个部分，内容比较一般，特别是所叙教学过程，都是别人已经在使用或使用过的一些方法，并无多少新意。编者看中此案例的重要原因，就在于作者的语言表达。仍以教学过程为例，将三课时的内容，压缩到300多字，而且能够讲得十分清楚，这是需要有相当高超的语言概括能力的。该案例的第一部分“案例背景”，实际上在阐述作者的理论主张。第一段强调阅读课的重要性，提出培养学生的阅读感受力、提高学生自主学习能力的主张。第二段强调阅读课的课程性质——以学生为主体、教师为主导。在此基础上，提出教学案例研究对教师专业成长的重要影响。可以说，言简意赅，绝无废话。该案例颇具特点的语言表达，在一定程度上弥补了其内容创新上的不足。

3. 关于案例写作方法的研究

对于一线教师来说，他们天天都要与学生打交道，每天都要进课堂，因此，拥有案

---

① 冯锦秋.初中语文阅读课教学案例研究[J].课外语文，2015(5)：116.

例素材不是难事，但之所以很少能够产出优质案例，原因在于绝大多数教师没有掌握基本的写作方法。作为案例研究者，应当通过对各个教学案例所使用的写作方法的研究，总结规律，帮助一线教师提升案例教学写作水平。下面试举一例。

我喜欢读案例，读得多了，慢慢地悟出点道道来。案例就像散文，形式非常多，也很自由。有议论的，有叙事的，有说理的，有叙议结合的，可大可小，可长可短。最重要的是把你教学中最有创意的、最有价值的东西展示出来。如果你的成功之处在于启发引导得好，最好用教学实录的形式，把关键步骤写细些，其他步骤写简单些。如果是教学设计好，就采用教学设计的形式，把设计意图说清楚，再加些教后分析，说说为什么这样设计，好处在哪，教学效果如何，比过去教学有何进步。如果开头或结尾有特色，干脆就来个“开头一法”或“精彩的结局”。当然，如果是参加评比，还是以完整的课例为好。

一个好的案例，有两点很重要，我以为。一是教学设计上确有独到之处，并且在案例中充分地体现出来。二是让别人爱读。这就需要一些文字功夫了。好像是叶圣陶说过，写文章最怕端起架子来说，我要写文章了啊。如果这样去写，写出来的案例。十有八九像论文。自己辛苦不说，别人也不爱读。你就权当是上了一节成功的课，回来后坐在办公室里自我欣赏、回味。想想这节课是怎么上的，这个得意的点子是怎么来的，这节课比别人好在哪儿，下次再上的时候要注意些什么问题。这样，你的思考、体验、情感、反思、回味和你的智慧就自然融入案例中去了。这种充满生命独特体验的案例别人怎么会不爱读呢？①

所举之例，节选自一篇论文，文章很短，仅上面节选的两段谈到方法。说实在的，这两段文字并没有说出多少教学案例撰写的有效方法，但在当时算是不错的了。第一段作者介绍了教学案例的表达方法及其类型选择；第二段则强调撰写教学案例的两个重点：一是教学设计有特点，一是让别人爱读。而要让别人爱读，作者就得提高文字功底，多反思，增强独特的生命体验。当然，如果从有效性的角度来说，此文对于案例撰写方法的介绍还不够理想。

① 李建华. 怎样写好教学案例[J]. 新课程(教研)，2010(5)：133.

第三节　将语文教学案例作为例证应用

从上面的论述中，读者可以发现，我们引用的案例，绝大部分源于已发表的教学论文。可以说，在教学研究中使用教学案例已经成为当下研究者的“惯例”。这里，我们将继续通过对一些优秀教学论文使用案例的研究，为广大读者提供教学研究中应用教学案例的原则与方法。

一、语文教学案例在研究中应用的类型

自从案例教学进入中小学教育领域，语文教育研究者与语文专业杂志的编辑也开始重视语文教学案例在教育研究中的应用。从总体上说，语文教学案例在教育研究中的应用主要有三种类型：教学案例构成论文主体、理论论证与教学案例并重、理论论证为主教学案例辅之。现逐一加以分析。

（一）教学案例构成论文主体

有时候，研究者发现，单独的语文教学案例本身就能阐明事例、证明观点、表达思想。因此，拿独立的案例交给各媒体编辑，而编辑也会根据读者的需要，将教学案例单独予以发表，有的杂志甚至设立教学案例专栏，专门发表有价值的独立的语文教学案例。

1. 概述型

语文教学案例撰写者将一堂课通过概念的方法呈现出来，通过高度概括，既能在一定程度上反映课堂全貌，又能突出撰稿者的主观意图。这种概述，往往会略带一些评述性语言，以使教学案例的主旨更为明确。如下面一例。

我听了一位语文教师的《海瑞传》教学。教师为了突出海瑞的为人，于教材之外，搜集了许多琐碎的史料，在课堂教学中，占用大量时间，肆意阐发，甚至不惜添油加醋，极尽其渲染夸张之能事。说什么“海瑞之所以可贵，在于他能勇于冲破阶级藩篱，彻底背叛本阶级，公开地站在贫苦农民的立场上；海瑞之可贵，尤在于他能跨越时代的界限，走在时代的前头”。宣扬海瑞是“劳动人民的当之无愧的救星”，“他崇高的精神‘虽与日月争光可也’，也是不为过的”等等。也许他自己也觉得有些过分了吧，于是补充了一句：“当然，我们并不能否认海瑞的阶级和时代的局限性。”（这所谓“局限”是什么，他也根本没有明确指出）这大概就算是所谓“批判”吧！可是，这位老师接着一转，又大讲一番“我们决不应用今天的尺码去苛责古人，要求他具有无产阶级精神。那是反历史主义的，也是愚蠢的”。教学效果如何？事后我翻阅了这位教师任课的两个班学生的小作文——《〈海瑞传〉读后》，几乎所有的学生都毫无例外地学着老师的腔调对海瑞作了肉麻的歌颂。一个学生甚至公然向我表示，他敬佩海瑞远胜于敬佩今人。说海瑞生活在几百年前的明代，他的精神就像茫茫黑夜中一颗璀璨的明星，闪耀着夺目的奇彩；他的事迹，有感人肺腑的伟大力量。看来，这位教师的观点，确已深入人心。但是，我们在赞赏这位教师的教学艺术的同时，却不禁要问：将这种观点灌输给学生，究竟要把学生引向何处呢？

如何正确评价古人的问题，实质上是一个世界观的问题。“颂古非今”的现象，实质上是资产阶级思想在教育战线上的具体反映。它关系到党的教育方针能否贯彻，关系到培养怎样的接班人的问题，应当引起我们的重视。

海瑞是封建社会中有名的清官，作为一个封建士大夫出身的高级官吏，他确实给人民办了一些好事。但是尽管如此，我们却决不能把他描绘为站在人民立场上的反封建的战士，而必须看到他的局限性，看到隐藏在这些现象后面的阶级实质。即以退田斗争而言，他在《复李石麓阁老》的信中，曾毫不隐讳地道出了自己的真实动机：“存翁

(指江南大地主徐阶)近为群小所苦太甚,产业之多,令人骇异,亦自取也。若不退之过半,民风刁险可得而止耶!为富不仁,有损无益,……区区欲存翁退产过半,为此公百年后得安静计也。"(《海瑞集》下册,第431页)退田的目的是为了防止"民风刁险",使统治阶级能得"安静";退田斗争也只能以"退之过半"为限度,阶级偏见决定了他的步伐只能跨出这么远。我们不难得出这样的结论:海瑞(包括历史上所有清官在内),无论他对人民做了多少好事,但就其本质而言,他是同人民站在根本对立的立场上的,他的所做所为的终极目的,只能是维护统治阶级的利益,他在有意无意中,做了调和阶级矛盾的工具。因此,我们既要肯定他进步的一面,又要批判他反动的一面;既要看到他的积极作用,也要指出他的消极影响。这才是历史唯物主义的态度。语文教师在教学中,必须自觉地坚持这种态度。当然,语文教学不是学术研究,既无必要,也不可能把这样复杂的社会现象详尽地分析,但是关键问题、本质问题却必须向学生交代清楚。这是我们严肃的政治责任。①

这是一个案例概念在中国大陆尚未使用的时代所产生的一个概括性"教学案例",它是撰写者根据自己的思想表达需求来选择课堂教学内容,用自己的语言加以概括而形成的。虽然说,由于时代的局限,作者在分析中存在着一些思想认识上的问题,或者说有些"左"的成分在里面。但作为一种形式,我们认为它不但是中国教学案例的雏形,而且,显示出概述型案例的最大优势就是内容集中、重点突出、目的明确、对读者的启发较大。

2. 摘录型

属于课堂实录,但不是对课堂教学的完整记录,而是摘取课堂中能够反映撰稿者意图或反映与解决的问题的相关内容。与概述型相同,这种摘录,也往往不是单纯的,往往在开头作一点背景介绍,表明自己的态度,或者在结束的时候,给予简洁的评论,亮出自己的观点。总之,摘录也是作者在一定的论述基础上来展开。如下面一例。

培养学生的创造性思维,对于以思维训练为核心的语文教学来说至关重要,因此它是许多老师所希望和追求的。笔者在教初中语文第二册中的一首唐诗——《秋浦

① 蔼青.中学语文教学中"颂古非今"一例[J].人民教育,1964(10):39—40.(引用时纠正了个别错误)

歌》时，以“愁”为题，安排了一次创造性思维训练。训练中，学生的求异思维活跃，举手发言空前热烈，发言中充满联想、想象。笔者现将整理出来的课堂实录摘要叙述如下：

师：（有感情地朗读）“白发三千丈，缘愁似个长。不知明镜里，何处得秋霜？”这短短四句诗，字里行间透着一个什么字？

生：愁。

师：对了。这“愁”是一种已是两鬓飞霜而远大抱负还未实现的极深重的愁怨、愁愤。那么，愁原本是一种情感，抽象的东西，这首诗却把抽象的“愁”写得　　怎么样？

生：具体、形象。

师：好，再详细说说是怎样把抽象变形象的？

生：用白发来写“愁”。

师：哎，白发是具体可感的。那么再想想，白发何以三千丈长？

生：因为愁太深重了。

师：请直接用原句回答。

生：“缘愁似个长。”

师：抽象的“愁”在这里有长度了，可以丈量了，多么形象。——那为什么用白发就能写“愁”呢？

生：因为白发和愁有关，愁生白发。

师：不错，愁就能白头。古代有个人叫伍子胥，相传在逃亡中要过一道关，但有兵士把守，过不去。伍子胥着急呀，一夜之间，满头青丝变白发。愁能使人生白发，所以可用白发写愁。看来把抽象之物写成形象之物，需要有个条件吧，什么条件？

生：抽象之物和形象之物要有联系。

师：非常正确。——李白用白发写愁之深之重，构思新奇。下面请同学们把思路打开，想一想，在你接触过的作品中，还有哪些对愁的形象化写法呢？或者让你写的话，你用什么来写愁？

生：（先是凝神思考，继而纷纷举手）“问君能有几多愁，恰似一江春水向东流。”

师：这是用什么写“愁”？

生：用浩荡的春水来写。

师：用水写“愁”，古人常用。古诗里还有“请量东海水，看取浅深愁”，（板书）用海水写“愁”。再想想，还可用什么来写？

生：还可用天上的明月来写。李白《静夜思》中的“举头望明月，低头思故乡”，就是用明月寄托思乡之情的。

师：思乡之情是愁吗？

生：是。

师：是什么愁？

生：……

生：乡愁吧？

师：对了。“月是故乡明”，诗人常用月亮来写乡愁。有这样两句诗：“故乡的月最咸，因为它浸着思乡人的泪涟涟。”这也是——

生：用月亮写乡愁。

生：老师，可以用眉写“愁”。人发愁时爱皱眉，我们总说“愁眉紧锁”嘛。

生：可以用梨树写“愁”。

师：用梨树写“愁”？解释一下。

生：因为“梨树”的“梨”和“离别”的“离”谐音，所以可用梨树来表达离愁别绪。

师：想象奇特、合理，很有创造性。

生：还可用雨写“愁”。细雨绵绵，可以烘托人内心的淡淡哀愁。

师：细雨绵绵，再加上烟雾迷蒙，一看到这样的景象就使人顿生愁绪。

生：老师，我认为可以借秋天的景物写愁。比如马致远的“枯藤老树昏鸦，小桥流水人家，古道西风瘦马。夕阳西下，断肠人在天涯”。

师：××同学课外阅读量很大，能背诵元代作家马致远的《天净沙·秋思》，大家应该向她学习——不错的，秋天的黄叶、枯树、落花都是要失去生命的事物，可以借来表达人的忧愁之情。

生：还可用酒写“愁”。许多人心里有了愁就喝酒。

师：这就叫借酒——

生：消愁。

师：以后，我们还将学到王维的一首送别诗，其中两句是“劝君更尽一杯酒，西出阳关无故人”，（板书）就是说，临行前劝朋友再饮尽一杯酒，往西行出了阳关就没有老朋友了。与朋友离别的满腔愁思都化在这一杯酒里了。

生：还可用“血海”写“chóu”。

（师生先是一愣，继而哈哈大笑。此时这个学生也知道自己把“愁”误解为“血海深仇”的“仇”了。）

师：（总结）由于时间关系，我们暂时讨论到这儿。同学们的智慧是无穷的。我们已经把一个抽象的愁，写得具体形象、多姿多彩。将抽象之物形象化，这对我们写作很有帮助，希望大家今后多在作文中加以运用。①

这个案例片断属于摘录型，除了第一段，文中每一句都是师生对话。如果要完整地记叙，那可能超过本文三五倍。但由于作者摘取课堂中最典型的部分，因此，简短集中，既原汁原味，又使阅读性特别强。

3. 实录型

如前所述，此类案例其实并非严格意义上的案例，它们通常的名称是课堂实录或教案或教学设计。与狭义的教学案例相比，它们篇幅大、结构复杂、问题众多、理论运用复杂，已经超越一般教学案例的功能。下面我们试举一例。

一、教学目标

1. 理解“端详”、“动脑筋”等比较难理解的词语的意思。

2. 抓住课文中人物的情感线索，理解课文，有感情地朗读课文，深入体会人物情感的变化。

3. 利用课文中的留白处，培养学生的想象能力和表达能力。

4. 让学生懂得生活中只要肯动脑筋，坏事往往能变成好事，提高学生解决问题的信心与能力。

教学重点：理解爸爸说的话的深刻含义。

教学难点：“端详”“动脑筋”两个词语的意思。

二、学习者特征分析

学生已经有了一定的理解能力，对于这篇文章来说，内容浅显，一读就懂。但现在

---

① 孙立权. 语文课创造性思维训练一例[J]. 中小学教师培训（中学版），1997(1)：43，50.

的学生解决问题的能力比较差，遇到困难就退缩了，只知道大哭大叫，或去求助爸爸、妈妈、他人，不知道自己去动脑筋，想办法解决困难。这篇课文贴近学生生活，同学们在生活中就遇见过这样的或类似的事情，会通过这篇课文的学习有所启发。

三、教学资源准备

1. 多媒体网络教室

2. 小学二年级下册语文教材

3. 专门为本课制作的ppt课件

4. 网络支持：http://www.10.19.57.81：81

四、教学思路

这篇课文内容浅显，如果按照课文的写作思路，也就是按照事情的起因—经过—结果这样的顺序来教学，课文就会被肢解得很零碎。所以我在执教这一课时，开篇就理清文章中人物的情感线，让这根线贯串整节课，然后在每一个环节都紧扣人物情感的变化展开教学。在体会人物的情感变化的时候，我引导学生把自己转换成文中人物角色去思考问题，展开想象，练习表达。通过深入理解爸爸说的话的深刻含义，拓展阅读相关的文章，以及引导学生联系自己在学习和生活中遇到的一些类似的事情和自己的处理办法等谈感受，培养学生面对困难、解决困难的能力。

五、教学过程

（一）回顾课文主要内容，理清人物情感线索。

1. 我们继续学习第25课《玲玲的画》。

2. 首先让我们观看课文动画，回忆一下课文向我们讲了一件什么事。（课文写了玲玲非常满意的一幅画被弄脏了，在爸爸的启发下，她在脏的地方画了一只小花狗，使画获得了一等奖的事情。）

3. 同学们，开始玲玲对她的画非常满意，当画被弄脏了的时候，她发生了什么变化？（大声哭了起来）后来当她把脏的地方变成了一只小花狗之后，她又怎样？——满意地笑了。（边说边板书：满意—哭了—笑了）这正是课文中玲玲心情的变化。她为什么有这样的变化呢？

设计意图：理清课文的情感线索，从整体上把握课文内容，引入本节课的教学。

（二）指导朗读，深入体会人物情感的变化

1. 请同学读课文的第一句话“玲玲满意地端详着自己画的《我家的一角》”。

（1）“端详”是什么意思？（这个词学生理解起来有点困难，学生往往把这里的“端”字还理解成“举”、“拿”的意思。要引导学生明白“端详”就是仔细地看的意思。）

（2）玲玲是怎样仔细地看？（满意地仔细看。）

（3）谁能做出满意地端详的样子？动作表演帮助理解词语，同学们能读出玲玲的满意吗？齐读这句话。

2. 我听出玲玲的确很满意，可她为什么又大哭起来了呢？

（因为她在收水彩笔的时候，笔掉到了画上，把画弄脏了，再画一张也来不及了，所以她就伤心地哭了起来。）

3. 那么满意的画转眼间就毁于一旦了，好事变成了——坏事（板书）。如果是你，这时你的心里会是怎样的呢？（伤心、难过、着急）

指导学生读好玲玲说的话。（边哭边说）

4. 后来她为什么又破涕为笑了呢？（指板书上的情感线。）

（把弄脏的地方变成了一只懒洋洋的小花狗。）

5. 看！这就是玲玲巧变小花狗的画，（出示 ppt 课件）如果你是评委，你会怎样评价这幅画呢？（学生以评委的身份参与评价，充分发表意见，可以从构图色彩方面评价，可以从立意思想方面评价，更主要的是认识到小花狗增添了画的情趣和生机。）

6. 教师总结：这只懒洋洋的小花狗，为这幅画增添了情趣，使这幅画更充满了生机，连小花狗都这么喜欢这家的一角，可见这家的一角多温馨呢！所以玲玲满意地笑了，坏事变成了——好事（板书）。

设计意图：抓住情感变化这根脉，弄清事情的起因、经过和结果。这样教学不会显得支离破碎，相反给人感觉一气贯通。

（三）理解文章重点语句，明白文章揭示的事理

1. 爸爸看了，高兴地说什么了？齐读爸爸的话：“好孩子，看到了吧，好多事情并不像我们想象得那么糟。只要肯动脑筋，坏事往往能变成好事。”现在这句话你们理解了吗？

（1）这里的坏事、好事各指什么呢？（坏事指画被弄脏了，好事指把弄脏的地方巧

妙地变成了一只可爱的小花狗。)

(2) 坏事变成好事的关键是什么?(板书"动脑筋",并理解这个词。)

2. 你看出爸爸和玲玲都在动脑筋吗? 从哪看出来的?

(1) 从爸爸仔细地看了看,看出他在动脑筋想办法。他可能在想什么?(怎样弥补这个污渍呢?)

(2) 从玲玲想了想,也能看出她在动脑筋。她可能在想什么?(她在想: 画什么呢?)

(3) 她当时可能想到要画什么?(学生会在漫无边际的想象中否定自己,认识到把楼梯上的污渍变成花、变成书包、变成衣服、帽子……都不是很合适,都违背了画的主题,最后认识到,把污渍变成小花狗是最佳选择。)

3. 爸爸为什么不直接告诉玲玲该画什么呢?(爸爸要引导她自己动脑筋解决问题。)

设计意图: 引导学生遇到困难要善于动脑筋,这就是这篇课文的主旨所在,但这个道理是从玲玲和爸爸的表现中体现出来的,所以我抓住"你看出玲玲和爸爸都在动脑筋吗?"这个大问题引导学生回过头去体会那些零碎的字词句,这样教学就不会显得很零散。

(四) 转换角色练习说话,深化文章主题思想

1. 课文中有几组爸爸和玲玲的对话,同学们能读好吗? 爸爸的话应该用怎样的语气读?(耐心的、语重心长的、慈爱的)

玲玲的话应该用怎样的语气读?(天真的、可爱的)

请男同学来读爸爸的话,女同学来读玲玲的话。(练习朗读,读出角色特点)

2. 做"爸爸"的男同学们:

(1) 当你看到玲玲这么巧妙地处理了污渍,你除了对她说了书上的这段话,你还可能对玲玲说些什么呢?(玲玲你真棒,你画的小花狗太可爱了;你把污渍变成了小花狗,这个家呀就更有趣了,更温馨了;玲玲你真聪明,我为你自豪……)

(2) 当你得知玲玲的画获得了一等奖以后,你还可能对她说什么呢?(祝贺你得了一等奖,玲玲,希望你以后继续努力。你看,遇到困难往往是好事,更能发挥出我们的智慧,遇到困难不要灰心,要积极想办法,坏事往往能变成好事……)

3. 玲玲们，听了爸爸的夸奖和祝贺的话，你会怎么说呢？（谢谢您，爸爸，是您教会我遇事善于动脑筋，把坏事变成好事的。今后，我遇到困难一定动脑筋，不要遇到困难就哭鼻子……）

设计意图：采用角色转换的方法，学生兴趣盎然，体会深刻，有强烈的说话欲望。

（五）拓展阅读，开阔思路，提高学生解决问题的能力

同学们，在我们的生活中，有许多人也是这样，遇到困难动脑筋将坏事变成好事，你们想去了解吗？（阅读资料城。资料城中都是一些相关主题的文章，文章的题材也丰富多样，有童话故事，有中外历史故事，有历史人物等。文章有：《聪明的小羊》、《〈一千零一夜〉的由来》、《冰海脱险》、《寻马有术》、《田忌赛马》、《草船借箭》、《狮子和山羊》、《陈平过河》、《八戒智激猴哥》等。）

设计意图：拓展阅读中的文章，内容丰富，阅读价值高，既增加了学生的阅读量，又使学生深刻理解了文章的主题思想。同时也为学生的"打写"提供了范例与思路。

（六）"打写"创造，延伸主题

1. 同学们，在我们的生活中，有像玲玲和刚才我们了解的这些人这样动脑筋将坏事变成好事的故事吗？请说一说。（指一两名同学练习说）

2. 请同学们进入资料城把你们的故事打写出来，跟别的同学分享吧！如果一时想不出来，还有两个题目可供同学们选择。

(1) 看图想一想，公鸡是怎样动脑筋想办法把要吃他的狐狸吓跑的，请你展开丰富的想象，以《聪明的公鸡》为题，编写一个小童话故事。

(2) 课文中说"玲玲想了想，拿起画笔在脏的地方画了一只懒洋洋的小花狗"。她想了想，她可能想些什么呢？请你展开想象，以《玲玲想了想……》为题，把它补充完整并写出来。

设计意图：联系生活和课文中的留白，以及看图编写童话故事，都是学生所喜爱的，学生选择的空间比较大，不会有畏难情绪。

板书设计：

玲玲的画

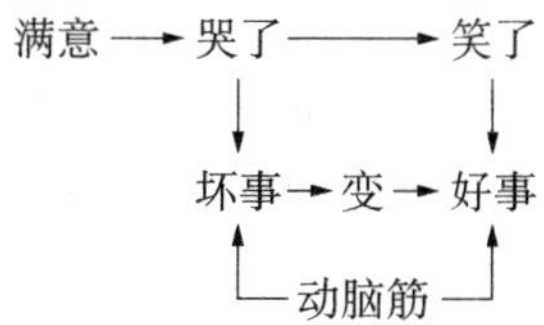

点评：略[1]

这是一个教学设计与教学实录相结合的教学案例，后面还附有一个专家点评。此类案例本身不进行背景介绍与理论分析，但问题及其问题解决的方法都融合在教学案例的描述之中。当然，专家点评作为旁观者，在一定程度上阐明了教学案例的思想观点、理论基础、教学问题、解决方法等等，虽然不一定能够反映执教者的真实意图，但却是我们理解教学案例的重要抓手。对这类实录型案例的分析研究，已经成为当下教育研究媒体的宠儿。

（二）理论论证与教学案例并重

此类研究成果，亦以中小学一线教师居多，它的最大特点是多个案例聚集，一例一析，或一个论点配一个案例，案例作为重要的论证内容与作者的议论分析配套出现。其结构类型有三种。

1. 观点加案例

此类研究，往往先提出一个观点，而且这个观点往往就是案例标题或小标题。然后是作者对这一观点的分析，接着就是论证观点的事例（案例），从而构成观点及观点分析与教学案例并重的研究。例如：

单边行为——传授式教学方式的延续[2]

教师的"教"要启导学生的"学"，才会收到预期的效果。有的课堂导入强势、煽情

① 白杨. 小学语文教学案例：《玲玲的画》（第二课时）[J]. 中小学信息技术教育，2006(3)：48—50.

② 徐远超. 小学语文课堂教学的案例探讨[C]//2015 年现代教育教研学术论文集. 百川利康国际医学研究院，2015(12).

过分，效果却不佳。一位老师执教古诗《元日》。课始，大屏幕出示《元日》这首诗，并配上一幅燃放鞭炮、更换桃符、喜迎新年的图画。在欢庆的乐曲声中，教师朗诵这首诗，然后激情高昂地讲道："这是大诗人王安石的即景之作，表现了新年的欢乐气氛。王安石是北宋时期著名的改革家，他大力推行新政。这首诗表现了诗人对变法胜利和人民生活改善的欣慰喜悦之情，揭示了新生事物总是要取代没落事物这一规律。下面，我们就来好好地学习这首诗。"这样的导入，过多地注重情境渲染，起点也较高。但却没有调动起学生的学习积极性，反而使学生与文本产生了距离，与课堂教学情境产生了隔阂。

"课堂不仅是学习知识的场所，也是学生交往和社会化的重要天地。这就需要教师调动参与课堂教学过程的各个主要要素，围绕教育教学目标的实现，形成彼此间良性的交互作用。"理想的课堂是双边性的，师生自由平等的对话是现代教学的追求，是焕发生命活力的主要保证。然而教师强势的课堂基本以单一的传授式方法为主，成了执教者的"一言堂"，学生成了附庸或配介者，而不是用自己的生命和激情参与其中。

特级教师于永正老师执教过《翠鸟》这一课，他的设计很有创意。老师走进课堂，对孩子们说："我是世界绿色和平组织的成员。今天，我来到翠鸟的王国进行采访，准备写一篇有关翠鸟的报道，让全世界的人都来关心你们，保护你们。"孩子们顿时兴奋起来。教学就在"人与鸟"的对话中展开了。"听说你们又叫钓鱼郎，谁来介绍一下是怎么捕鱼的吗?""怎样才能证明你们飞得快呢?""你们的家在哪里呀?""你们的家这么小，如果我去做客，怎么进去呢?""这儿有一篇报道(指课文)，可惜是中文我看不懂，但还能听得懂，谁能读给我听听?"……孩子们在老师的启发引导下，迸发出极大的学习热情，完完全全投入到了自主研习的氛围中，这样的教学促进了学生的自主学习和发展。

这里有两个案例，其观点是一致的，即都是文章的二级标题：单边行为——传授式教学方式的延续。两个案例的共同特点也一样，即先是作者对观点的阐述深化，然后再列举一个案例。两个案例都自带一点小分析，但这个分析都不是从理论层面上作出的，只是摆出一个结果，因此，我们仍然把它当作案例叙述的一个部分。此类结构的案例可先让读者有一个总体的把握，从而能更深入地理解案例，但缺点是容易使读者

“先入为主”，即被作者牵着鼻子走，从而失去独立思考与分析的欲望和能力。

2. 案例加分析

此类研究与上一类研究基本相同，它也先提出一个观点（标题），但接着不是对观点的分析，而是直接上案例。但案例之后加上全面深入的分析这点与上一类完全相同。下面试举一个案例：

将错就错，从错误中寻找真理①

这些天在给学生讲诗歌鉴赏，当讲到诗中塑造的人物形象或抒情主人公时，笔者通过一道练习题给学生讲述规范的答题方法，然后总结答题步骤：①什么形象（遭遇＋性格＋身份）；②形象的基本特征（结合诗句及表达技巧展开）；③形象的意义（思想情感）。随后，又出了一道练习题来检验，习题如下：

寻陆鸿渐不遇　皎然

移家虽带郭，野径入桑麻。

近种篱边菊，秋来未著花。

扣门无犬吠，欲去问西家。

报到山中去，归来每日斜。

注：带郭，意即靠近外城。

问：诗中陆鸿渐是怎样的一个人物形象？请简要分析。

先让学生自己理解诗句，对于“扣门无犬吠，欲去问西家。报到山中去，归来每日斜”，学生都能理解。但对于前四句，学生理解得不是太透彻，还需引导点拨，将整首诗梳理完之后，笔者让学生结合前面所讲的答题模式来回答问题。

生：这是一个穷困潦倒的人物形象。（其他学生一听，哄堂大笑。）

师：从哪里可以看出他的穷困？

生1：“扣门无犬吠”说明他穷苦潦倒，连只狗都没有。（也有学生附和说“山中去”指他去山中挖野菜去了。听者又是一阵狂笑。）

师：去山中就一定是去挖野菜了？没听见狗叫声就说明他穷困？

---

① 李富梅. 语文课堂教学机智小案例[J]. 语文天地，2016(7)：26—27.

师：如果不是，那我们再回到诗里，再看看这首诗是怎么描写陆鸿渐这个人物的？

师：大家看诗的前四句属于什么描写，具体写了什么？

生：属于环境描写，写了陆鸿渐居住地的景色。

师：用一两个词概括这个地方的景色特点。

生：清幽、偏僻。

师：通过他居住地的特点我们能不能看出他这个人的特点来？特别提示“篱边菊”。

生：高洁、不世俗。

师：棒极了！下面再请一位同学来回答这个问题。

生2：这是一个清心寡欲的隐居人物。“近种篱边菊。”“报到山中去，归来每日斜。”说明他过着隐居山林，悠然自得的生活。还有，“菊，花之隐逸者也。”

师：“非常好！但还是没有根据我们的答题步骤逐一落实。

下面我们一起来看参考答案，通过对照，看我们还差多远。”

展示：陆鸿渐是一个寄情山水，不以尘世为念的高人逸士。

前四句通过对陆鸿渐幽僻清雅的隐居之地的景物描写，表现了他的高洁不俗。最后两句通过西邻对陆鸿渐的行踪的叙述，侧面烘托了陆鸿渐的潇洒疏放。作者通过陆鸿渐这一形象的塑造，表现了他对隐逸生活的向往和追求。

案例分析：从这个案例可以看出，笔者还是高估了学生的理解力。虽然前面简单梳理过诗歌内容，但还是存在理解不透的问题。还有学生的个人观点太强，总是喜欢断章取义，关注一点，联想一片，比如说“山中去”就只想到是去挖野菜，去打鸟，看到“扣门无犬吠”就因为敲门没听见狗叫觉得他穷困潦倒，从不就诗论诗，所以对于诗歌的解读始终都落实不到诗意中去。这个时候，教师就要充分发挥自己的主导作用，有的放矢，通过引导，巧妙地把学生拉回课堂教学的主题上来。值得庆幸的是，笔者对学生的错误没有粗暴干涉，强行纠正，而是将错就错，把问题继续抛给学生，顺势引导，让学生在错误中发现问题，自己纠正，这样引导的效果更好。

仅就数量来说，此案例分析部分远少于案例叙述部分。但在结构上，它仍然属于案例加分析一类。作者的文章有三则案例组成，但每个案例都围绕着一个主题来展开，即体现教师的教学机智，而三则案例的结构也完全相同，均是先说一个案例，再进行分析。作者的观点、理念、问题及对问题的解决，全部隐含在分析中。这样的案例方式，结构简单清楚，可仿性与可操作性较强，特别受到一线教师的欢迎。

3. 观点加案例加分析

绝大多数教学案例都是先谈观点，再叙案例，再加分析。只不过，像我们前面第一类所举的两个案例，分析部分比较简单，或者只给出一种结果，没有从理论上展开分析论证，因此，那一类，我们就不作为此三段论案例了。换言之，看一个案例形式，是否属于观点加案例加分析，就得看它的观点是否鲜明，案例是否完整，分析是否具有学理性。下面试举一例：

课程资源开发以后如何有效利用？课程资源的开发只是进一步丰富了学生的学习内容，绝对不能用来代替学生的阅读实践。《语文课程标准》指出："阅读是学生的个性化行为。"阅读教学"应让学生在主动积极的思维和情感活动中，加深理解和体验，有所感悟和思考，受到情感熏陶，获得思想启迪，享受审美乐趣"。为此，开发的课程资源的有效利用，必须能促进学生的理解和体验，感悟与思考。

曾经听过特级教师施建平执教《长征》一课，由于长征时代背景距离现在的学生比较遥远，故施老师也开发了一些课程资源，且看他是如何利用的。如学习"金沙水拍云崖暖"一句时，施老师先请学生谈谈各人的理解。由于学生对当时的历史背景不甚了解，他们只会从"云崖变暖和"的角度去考虑。施老师不急不躁，没有马上出示事先搜集的资料，而是加以幽默点评，如："照你们这么说，那常年倾泻而下的瀑布不就滚烫无比？可怎么没听说有人被烫着？"为学生营造了无拘无束的思维空间。大伙儿猜测的热情更大，获得正确答案的心情更急，此时，施老师才为大家播放了《巧夺金沙江》的录音故事，告诉大家红军在巧夺金沙江后的高兴心情，从而真正理解了"云崖暖"。个人认为，如此利用课程资源是有效的，学生经历了知识形成的过程，深化了对知识的理解与记忆，而且学习方式也受到了深刻影响。

"课程资源"的提出为教学改革打开了一扇窗户，让我们看到了课堂应有的丰满与活力，心底自然涌起开发与利用的欲望和激情，于是老师们用干劲和智慧改变着旧课堂，创造着新课堂。但我们千万不能为开发而开发，为利用而利用，课程资源开发与利用的价值意义将是我们应有的追求。①

此案例有三个部分组成，第一段为第一部分，提出论点。作者提出一个怎样的论点呢？首先，二级标题明确告诉我们，作者此部分要谈的是如何有效利用课程资源，接着第二部分就提出，有效利用课程资源，必须能促进学生的理解和体验、感悟与思考。第二部分概述施老师执教《长征》一课的案例。第三部分评析。评析又分两个部分，第一部分是对施老师执教的直接评述，认为施老师对于资源的利用是高效的；第二部分是对全文所用案例的一个总的评述，进一步强调要追求教学资源开发与利用的价值意义。此类案例最为完整，对教师的启迪性也最大。当然，一旦使用不妥，其负面的影响也是不可小觑的。

（三）理论论证为主，教学案例辅之

此类研究往往以专家学者居多，它的成果特点是通过严密的逻辑推理进行理论阐述，在过程中，少量使用教学案例。而且，相比其他论文，其案例的概括性更高，表达更为简明扼要。这类研究类型比较单一，就是在通篇的理论论证中，在十分必要的地方，出现一点教学案例。特别需要指出的是此类论文中出现的教学案例，看上去更像一个普通的例子。例如，某篇论文在“先学后教”教学模式的价值透视这一部分，论及先学后教对传统班级授课制的扬弃时，分别列举了洋思中学和杜郎口中学的例子：强调在时间管理方面，洋思中学就提出“三个十五”，即教师讲的时间不超过 15 分钟，学生自学的时间不低于 15 分钟，课堂作业的时间不低于 15 分钟。杜郎口中学则提出了“10 + 35”模式，即教师讲解时间要少于 10 分钟，学生活动时间要大于 35 分钟。在课堂教学结构方面，洋思中学针对具体的课堂训练方式创造了三种课堂形态，即“引领式”、“互助式”、“自由式”。杜郎口中学则在学生自主活动方面创造了三大模块，即预习、展示、反馈。② 这种研究方法虽然是理论研究文章中常用的，却基本上不是我们研究教学案例的正路，因此，不作重点阐述。

---

① 奚梅萍. 追问：课程资源开发与利用之价值意义——由几则语文教学案例说起[J]. 江苏教育，2004(14)：15—16.

② 屠锦红，李如密. “先学后教”教学模式：学理分析、价值透视及实践反思[J]. 课程·教材·教法，2013，33(3)：24—29.

程翔的《论学理观照下的语文教学》共有四部分组成，第一部分“关于基础学理”和第二部分“关于学科学理”属于纯理论阐述，第三部分“阅读教学的学理”和第四部分“写作教学的学理”则结合了诸多例子，其中部分可算是教学案例。例如，第三部分开篇，谈自己开始并不懂得阅读教学的学理，后来领悟到，阅读教学背后有着丰富的学理：第一，汉语学原理；第二，阅读学原理；第三，文学原理；第四，语言学原理；第五，解释学原理；第六，语文教学论和课程论原理。自此其教学发生了很大变化。在备课时问自己：我要教给学生什么？为什么教这个内容？我怎样教？为什么这样教？为此，他用口述的方法列举了两个案例来说明：

参加工作后，我教的第一篇课文是《荷塘月色》，第一个教学环节是朗读课文。谁来朗读？当然是我自己了。我朗读完，学生鼓掌，我洋洋得意。在很长一段时间内，我就陶醉在这种浅薄的自我满足中。后来，我逐渐明白，自己读得再好，学生不会读，教学是无效的。于是，我就把第一个环节改成学生读课文。学生有权利对课文拥有第一印象。学生读得不理想，甚至读错了，不要紧，正好给他纠正。课堂教学是一个生成的过程，不是教师才艺展示的过程。

当然，学生的第一印象往往是肤浅的、幼稚的，甚至是错误的，这很正常。学生的错误往往是教学的逻辑起点和依据。我教《在马克思墓前的讲话》时，先让学生读课文，读完后我对学生说，喜欢这篇课文的举手，没想到只有三五个学生举手。我叫一个学生说一说理由，他说了一大堆。我这才明白，原来学生不喜欢。我重新调整教学计划，先吊足学生胃口。两节课学完后，我又对学生说，喜欢的举手，学生都举起了手。①

应当说，程翔的这篇论文，教学案例甚少，但正是因为有了这样的教学案例的介入，才使其理论阐述变得更接地气，也更有说服力。

二、语文教学案例在研究中应用的原则

语文教学案例在教育科研中无论是作为独立的研究，还是作为研究的支撑，都需

---

① 程翔. 论学理观照下的语文教学[J]. 课程·教材·教法，2015，35(11)：56—62.

要遵循一定的原则，依规而行。原则可以有多个，但重要的有三个，我们称之为“三适”原则，即适时性原则、适量性原则、适证性原则。下面，我们通过最近几年学术刊物上发表的论文逐一进行简析。

（一）适时性原则

所谓适时性原则是针对教学案例在研究中介入的时机而言。什么时候使用什么案例是特别有讲究的，案例质量虽然重要，但如果使用不得时，则最好的案例都有可能大打折扣，甚至起负向作用。那么，教学案例究竟该什么时候用呢？

1. 在读者最不易理解处使用

多数论文，都会并列使用多个分论点，其中有的比较容易接受，有的不太容易理解，这就需要撰稿者认真比较分析，做到易处使用简单的例子，难处通过例子来形象化、具体化，以增强可解读性。

例如《小学语文教学语言特点新探》①一文，概括出小学语文教学语言的七个特点，每个特点相当于一个分论点，分为七个方面加以论述。根据七个方面的难易程度，作者分别采用了不同的例证方法。第一、二部分，分别是规范性和科学性，这两个特点可视为教学的一般原则，说的人多，也比较容易理解。因此，作者仅仅使用了极为简单的例子。例如，在谈到规范性时，特别批评了一些教师语言上存在的问题：有的老师把“师范”念成“思范”，“教室”念成“教史”，把“故意”说成“得为”，把“肥皂”说成“胰子”，把“你先走”说成“你走先”，“我听过”说成“我有听过”，等等。在谈到科学性问题时，则同样举了一个反例：小学语文课本中一篇文章题目为《落花生》，“落花生”是“花生”的另一种名称，而有的教师没有深入查阅理解，却望文生义地解释为“种花生”，造成知识性错误。但在谈到可接受性问题时，作者考虑到这个方面不但抽象，而且读者也不易理解，因此，引用了一个标准的教学案例。

江苏的小学语文特级教师李吉林老师长期致力于“情境教学”的探索实践，请看她对于诗歌《瀑布》的一个教学导入设计：

① 王芳. 小学语文教学语言特点新探[J]. 淄博师专学报，2011，24(2)：11—14.

我们家乡有小河，有长江。小河的水轻轻地流着；长江的水滔滔地向前流着；大海的水更是波涛翻滚着，奔腾着。不管是小河的水，长江的水，还是大海里的水，都日夜不停地向前流着。然而有一种水，却不是向前流去，而是从很高很高的山上倒下来的。你们知道这是什么？

（学生很快想到是“瀑布”，情绪也随着瀑布水流的奇特而兴奋起来。）

有谁见过瀑布？有同学心里一定会想，明明是水，怎么叫瀑布呢？还有的同学又可能会想，那瀑布从高山上直接往下倒，那情景一定奇妙极了。这一课我们就来学习一首赞美瀑布的诗。①

作者采用李吉林这个教学案例，不但阐明了情境教学是怎么回事，而且说明了小学语文教学中什么样的语言才是可接受的。而在后面谈到生动性、趣味性、情感性、艺术性这四个特点时，作者除了使用例子和标准案例外，较多使用了概括式的案例，它们比一般例子要具有问题性和学理性，但又不如教学案例来得系统完整，或者说它们不如教学案例那样具有具体、细致、完整的过程。如此，就使这篇论文显得跌宕多姿、富有变化。例如在第四部分谈生动性时，作者就使用了概括式案例：

特级教师于漪讲《春》时，用这样一段话导入：“我们一提到春啊，眼前就仿佛展现出阳光明媚、东风浩荡、绿满天下的美丽景色！一提到春，我们就会感到有无限的生机，有无穷的力量。古往今来，很多诗人就曾经用彩笔来描绘春天美丽的景色。”这段话绘声绘色、有情有景。即使在寒冷的冬天，学生也会感到春意融融，眼前一片勃勃生机。生动的语言紧紧抓住了学生的心，从而激起他们的学习欲望。②

这个与上个案例均是关于课堂导入的，但相比较，这个案例只是直接引用了于老师的导入和撰写者的评价。教学的过程是没有的，学生的反应，师生的互动是没有的。这也说明教学案例在应用于语文教学与科研的时候，一定要注意越是不易理解的地方越要使用完整的教学案例，而容易理解的地方可以采用概括的案例，甚至使用通常的举例论证。

---

① 李吉林. 小学语文情境教学[M]. 南京：江苏教育出版社，1996：57.

② 人民教育出版社语文二室. 听话和说话(第三册))[M]. 北京：人民教育出版社，1994：113.

2. 在研究的重点处使用

任何一项研究，在其形成成果的过程中，作者都不会平均使用笔力，一定会在关键处或研究的重点处多下功夫。同理，在研究中使用教学案例，也一定会在特别重要的地方考虑多使用一些案例来增强论述的力量。前面我们使用的大量例证，都能证明这一点。下面我们再举《自主学习模式在小学语文阅读教学中的运用》一文为例以证之。

论文共分三部分，第一部分是引言，第二部分为“小学语文阅读教学现状”，这两个部分显然不是论文的重点，未出现教学案例。第三部分为“自主学习模式在小学语文阅读教学中的运用”，这是整个研究成果的重点部分，又分三个方面阐述。第一方面“充分发挥教师的引导作用”属于老生常谈，作者几乎一笔带过；第二方面“激发学生自主阅读的积极性”较为重要，作者采用了概括式案例，未提具体课例，但通过建议的方式，读者还是能够学到激发学生自主阅读积极性的做法；第三方面“培养学生个性化的阅读能力”是全文的重点，因此，作者特别引用了《三只蝴蝶》、《鸟的天堂》教学案例，前者略，后者详，使案例使用更具变化。

比如在《三只蝴蝶》一文中，教师可以适当进行指导，让学生根据自己的理解猜测故事会如何发展，并根据想象提出问题：蝴蝶是什么颜色？蝴蝶在哪里？它们是否会唱歌……学生通过沟通和交流，不仅配合教师完成了教学活动，还激发了想象力，提升了自身综合素质。又如，在《鸟的天堂》一文教学中，教师可以将学习步骤进行细化。(1)初步阅读课文，理清文中线索。教师提出问题，引发学生深入思考，学生阅读后感悟教师提出的质疑。(2)自主学习。通过自读抓住重要段落和语句，阐述自身的感悟，细细品读句子中的语言表达手法，阐明喜欢某一句子的原因，文章表达出作者什么思想，从而让学生充分享受学习的快乐。通过学生的反复阅读和自主学习，最后同其他小组成员进行合作交流，必要时还可进行竞赛比拼，展现自主学习的成果。(3)综合实践，提升自主学习能力。教师可要求学生自主搜集相关资料，练习发言词，同其他同学进行沟通和交流，这些均是语文实践性特点的体现，有利于学生的全面发展。①

① 卢国平. 自主学习模式在小学语文阅读教学中的运用[J]. 学周刊，2016，20(7)：104—105.

由于作者案例使用的时机把握较好，因此，虽然整体上论述的内容并无多大创意，但仍然能够给读者以应有的启迪。

3. 在体现研究的实践性时使用

当下的语文教学研究，尤其是一线教师撰写的论文，已经形成一种套路，即先理论阐述，后实践证明。这种写法层次结构清楚，阅读的结构与表达障碍较少，因而受到广大读者的欢迎。这方面的研究成果众多。这种写法，又分为两类：

一类是先全面系统阐述理论，最后一部分应用实践证明，类似于层进结构，此种写法难度较大，需要论文作者具有较强的逻辑思辨能力，较多出现在专业研究者笔下。例如，宁波教育学院成教学院陈树宝老师发表的《情感在语文教学中的功能及其实现》（载 2016 年 6 月《宁波教育学院学报》第 18 卷第 3 期），共三部分组成。第一、二部分从理论上阐明情感的教学价值，未使用一个案例，到了第三部分，论述情感在语文教学应用的途径，作者就使用了大量概括案例，几乎每一小节都使用两三个。这些概括案例的使用，能够帮助读者掌握语文教学中加强情感教育的重要途径：还原形象、融入感受、凸显过程。

一类是边提观点或想法，边举案例以阐述论证，类似于并列结构，此种写法相对容易掌握，只要能够围绕一个总论点，罗列出几个分论点（理由），再各加上案例即可成文，在逻辑上要求稍宽，较多出现在一线教师笔下。例如江苏省常州市新北区薛家中心小学祝卫其发表的《以“语言表达”为支点，提升语文实践能力》（载 2013 年《现代阅读》第 11 期）一文，同样有三个组成部分：文本解读关注语言表达、教学过程聚焦体悟语言、语文实践习得文本语言。这三个部分构成的是并列关系，共同阐明如何通过语言表达提高语文实践能力。其三部分的结构方式完全一致。即先对分论点加以论述，再摆出一个案例，然后进行评析。我们摘引其中第三部分，以帮助读者了解这种研究的基本特点与方法：

课程标准中反复提到：语文是一门实践性很强的学科，应着重培养学生的语文实践能力，课堂上，教师应该创设相应的情境，让学生仿照文中的语言表达形式，进行语言练习运用，这样才能使学生真正习得语言。

案例1 《鸟语》一课中的排比句段的教学。

师出示PPT:“从终日忙碌的燕子那里,我认识到勤劳的可贵;从飞行整齐的大雁那里,我懂得了纪律的重要;从搏击风雨的苍鹰那里,我学到了勇敢顽强的精神……”

师:认真读读这段话,你发现什么?

生:这是排比句。

师:你知道排比句有什么特点吗?

生:每一句的字数都差不多,读起来很有节奏感。

师:(指导朗读后)你们还有什么新的发现吗?

生:前后两部分之间有联系,前一部分说的是鸟儿的行为,后一部分说的是鸟儿的优良品质。

生:我还发现每一种鸟儿的行为和品质是相搭配的,鸟儿不能相互调换。

师:你真了不起,行为和表现的品质应一致。

师:聪明的你们,从什么鸟身上学到什么呢?能否也用这样的排比句段来说说?(出示句式,学生写一写:从歌声悦耳的黄鹂那里,我……;从不知疲倦搭窝筑巢的燕子那里,我;从……那里,我……)

评析

在这个教学片段中,教者抓住文本排比句的表达特点,引导学生在不断的发现中理解排比句在内容和形式上的特点,体会排比句的表达效果。学生在一步一步的教学过程中,对排比句的认识逐渐清晰起来,并且由小懂到会用,思维与语言得到了同步发展,达到了语文学习的目的。

(二)适量性原则

与一般写文章应用举例论证相同,语文教研论文在应用案例的时候也要注意“量”的问题,当下的语文教学研究,不用案例几乎是不行的,容易成为空头文章,但案例也不是用得越多越好,同样要讲究该用则用,不当用则弃的原则。为案例而案例,只会导致教学案例的堆砌,这对教学效果有害无益。

在谈到第一个原则的时候，我们已经从“时”的角度举过多个例子，大家可以清楚地看到，成功的作者总在最需要的时候才用上案例，而且使用案例也有讲究，该详则泼墨如水，该略则惜墨如金。能用一个教学案例可以讲清楚的，就决不用上第二个案例。在语文教育研究中，过量使用教学案例的往往是那些准教师和新手教师，一方面他们通过现代技术，容易搜集到各种教学案例，另一方面，他们又缺乏比较辨析能力，经常舍不得割爱，导致研究成果中案例堆砌。当然，一些优秀的教师也会因为其掌握的第一手案例较多，又不能把握时机，突出重点，从而出现不必要的教学案例的误用问题。总之，适量性原则应当与适时性原则结合起来分析，才能得出正确的结论。下面我们试举《真语文课堂应植根于生活》一文作分析。

此文存在的一些逻辑不清，文不对题的毛病，此处不予赘言。我们主要来看看作者在教学案例使用中存在的问题。此文共分三个部分，分别是：巧妙链接日常生活、深度嫁接阅读生活、适时导入教师体验。三个方面虽然不在同一逻辑层面上，但用来论证课堂应植根于生活也未尝不可。然而，或许原著作者所呈现的案例就是同一类型，论文作者无从选择，或者是论文作者不懂得如何选择应用教学案例，因此，其使用的教学案例几乎模式雷同，单调而缺乏说服力。

先来看第一部分使用的两个案例。

案例一：

师：我们再看看“天台一万八千丈，对此欲倒东南倾”这一句。这是什么写法？

生：对比、衬托。天台山有一万八千丈，这已经很高的了，但对天姥山来说，它还像是拜倒在天姥山前一样，这就衬托出了天姥山的高。

师：对，是衬托，但不是对比。衬托有主次，以次衬托主，次为主服务。比如，用伴郎伴娘来衬托新郎新娘，不可喧宾夺主——伴郎伴娘是不能打扮成新郎新娘的样子的。对比就不讲究主次，而是两者平等地对比，以比出两者的不同或差距。比如，张三与李四比胖瘦，就不涉及谁主谁次，谁为谁服务的问题。同学们常常搞不清对比和衬托，不妨到生活中去找些活生生的例子来用心琢磨、比较。

案例二：

生：动词准确传神。尤其是“盯”这个词很生动，也很准确，要比笼统地“看”强得多。这说明妻子当初很在意作者孙犁，看得很用心，程度比较深。

师：你分析得很好。我想，同学们也一定有过这种“盯”人的体验，都盯上什么人来？（学生笑）同学们不知道啊，那个年代人们都很封建，结婚前见一面很难啊，有的人只有结婚时才见面啊！这回终于有机会相看心中的白马王子了，可不能白浪费了这次相遇的机会，可要好好地“盯”上一“盯”啊。（学生都笑）不过，还有几个动词同样也很精彩，谁能再说说？

这两个案例前一个是想证明“学习文本，也是在用我们自己的生活去体验理解作者的生活”，第二个是想证明“阅读的过程是回归作者生活和心灵的过程，就是介入学生生命的过程”，合起来证明课堂要“巧妙链接日常生活”。可是我们细看这两个教学案例，除了都是用结婚来举例外（这能算是学生的日常生活吗），两者都是教师自己的生活体验，没有一个来自学生自己的体验，都是教师在牵引着学生。这很难说就是在链接日常生活了。

第二部分除了开头一段提出要关注学生的阅读生活外，几乎全部在堆砌原著中的教例。一个是执教《金岳霖先生》概括案例，强调董老师提供了两份资料，一是建国后金岳霖的思想动态陈述和《冯友兰传》写到的两人抱头痛哭的细节，二是沈从文的一段话：“你们能欣赏我故事的清新，照例那作品背后蕴藏的热情却忽略了；你们能欣赏我文学的朴实，照例那作品背后隐伏的悲痛也忽略了。”问题来了，这是学生的阅读生活吗？这仍然是教师强加给学生的东西，对于学生已读什么、正读什么、将读什么，无任何的交待。第三个案例是执教《亡人逸事》：

案例三：

在结束《亡人逸事》一课教读的时候，董老师以一段饱含深情的话，激活了学生的体验：

同学们，作家孙犁在“文革”时期落难了，在那个人妖颠倒的年代，孙犁每个月只有15元的生活费，妻子和一双儿女在家怎么生活?！孙犁要去挨批斗，要去干校劳动改造，妻子整天提心吊胆，担惊受怕。解放前聚少离多，整天惦记丈夫的生死；解放初期搞土改，成分不好的孙家又被分了田地和家产；“文革”一到，孙犁又被打成“牛鬼蛇神”，一家人都跟着受迫害，六次被抄家，居处都受监视——当时的住处还被在屋墙上打了个洞！妻子一辈子没跟丈夫过上几天安生日子，“文革”期间自己又身患重病，还要为丈夫操心，还要跟着忍饥受饿遭迫害。正如文中写道：“我们的青春，在战争年代中抛掷了。以后，家庭及我，又多遭变故，直到最后她的死亡。”有些话是不便直说的，这“多遭变故”该是多么隐忍伤心的文字啊！妻子是多么渴望能过上几天安生、幸福的日子啊，可是就在丈夫从干校出来，即将被“解放”之时，就在这“好日子”即将到来之际，妻子却离他而去了。同学们，这回大家该能更深刻地品味出这篇散文所深蕴的情感了吧。我们曾学过苏东坡写给妻子的悼亡词《江城子》。在这节课即将结束之际，让我们一起来朗诵这首词，再一次感受作者对亡妻的深深思念之情，同时也再一次感受作者孙犁对亡妻的愧怍、怀念和赞美之情。

这段话信息量很大，它不仅指出了作者经历时代的社会背景，道出了孙犁一生的坎坷，更道出作者妻子的无私付出和对幸福的渴望，这就使得作者笔下那些看似平常的细节，浸润了浓浓的情感，也难怪学生最后能眼含泪花，沉浸于文字的魅力中了。

这个案例不是在关注学生的阅读生活，而是教师在宣泄自己的情感，证明不了分论点不说，其与第三部分重复以及牵引学生情感鼻子的毛病依然存在。

此文案例使用最恰当的地方就是最后一个案例，因为，只有这个案例与其他五六个案例存在本质的区别：在教师的引导下学生形成自己的阅读体验。作者先举了《老王》教例，董老师将自己过生日的体验嫁接进去，从而“引导学生去主动表达、恰当表达、个性化表达，但最主要的是学会尊重、倾听学生的表达，激活其体验，并学会用真实的语言表达”。接下去就使用了《项脊轩志》的教例。

案例四：

生：“比去，以手阖门，自语曰：‘吾家读书久不效，儿之成，则可待乎！’”我认为这几句更生动感人。祖母离开了，轻轻用手把门关好，生怕影响了孙子读书，嘴里还自言自语的。读到这里，我就联想到我奶奶，是那么关心和体贴我，和作者的奶奶一模一样。

生：“顷之，持一象笏至，曰：‘此吾祖太常公宣德间执此以朝，他日汝当用之！’”这几句，其实也很让人感动的，把奶奶体贴、赞许、激励孙子的复杂情感描写得惟妙惟肖。

我大表哥考上了清华大学，我外婆几次把他在大学里的获奖证书拿给我看，激励我好好读书。读到这里，我真的非常感动。

但这个案例看上去，模仿教师话语痕迹很浓，也算不得是一个成功的案例。总之，此文最大的问题在于使用了大量案例，但案例的本质内容却是相同的，因此，给人的感觉就成了堆砌案例，或者说作者在过量使用案例。

（三）适证性原则

语文教学案例自身有个质量问题，例如语文教学案例编写是否规范，可读性如何，对一线教师的启发性如何等等。但是，在语文教学研究中，应用教学案例则不仅仅要关注案例自身的质量，更要关注教学案例与观点的匹配情况，即教学案例是否能够论证作者的观点。另外，案例具有正反之分，有的案例反映的是教师教学的正能量，值得提倡，有的则表明教师教学违背教育规律，需要防范。教师在使用中也要注意对正反两类教学案例的恰当使用。不考虑教学案例的适证性，那么，即使用上了最优质的教学案例，其效用也可能等于零，甚至有可能是负效的。

例如，有篇题为《凸显"语文味"特征，完善高中语文课堂》的论文，光看题目，应该是一篇侧重实践的论文，但观其通篇无一正面案例，即读者读完后也搞不明白究竟什么样的课才是具有语文味特征的，才能达到"完善"的目标。反之，在其引论部分倒是列举了两个反例（可勉强称为概括性案例）：常常听到教师在评课时说这样一句话："这节课很热闹，但是就是感觉不像语文课。"为什么？试看：教学《六国论》，有的教师又是摆出地图，又是大谈六国灭亡的过程，似乎是为学生理解课文打下基础，但这些安排和设计与语文课有什么关系？教学《荷花淀》，安排了学生模仿水生嫂与水生之间的对话环节，引来学生哄笑一片，因此淡化了引领学生品悟人物含蓄语言背后真实情绪的动机。[①] 但这里问题来了，语文课不能显示地图吗？不出地图，学生如何更直观地了解六国的关系？作为史论，语文教师不该与学生一起探讨六国灭亡的过程吗？学生不了解六国灭亡的真实过程，又如何正确评价《六国论》呢？再说《荷花淀》语言的魅力就在于水生嫂和水生以及一群妇女之间的对话，模仿人物对话是小说教学的重要手

---

① 李欣. 凸显"语文味"特征，完善高中语文课堂[J]. 教育观察，2016，5(6)：94—95.

段，怎么在作者笔下反倒成了“无语文味”的败笔了呢？那么有语文味的《六国论》、《荷花淀》又该是怎样的呢？作者举了反例，反例却不反，又举不出正例，只能表明作者对于语文教学的本质特征及其规律是不清楚的，对于“语文味”的理解实际上自己也是一头雾水，因此，也无法使用恰当的案例。以己昏昏，又如何使人昭昭呢？因此，诸多读者读这样的论文的评价就是：你不说我还明白，你越说我越糊涂。

由此可见，有时候，适切性问题比适时与适量更为重要。一个好的教学案例如果本身不能说明作者所要论述的问题，就必须更换。无论这个案例有多强的可读性，如果是张冠李戴的话，那它对于研究的本体来说，都是衍生品，只会起消极作用。为了让读者对教学案例在语文教学研究应用中有更深刻的理解，我们不妨再以《认识失真与行为失范——真语文的现实困境》一文为例，再作分析。

该文引言先解释“本”取“本原”和“真实”之义。然后用简例证明：诸如旷日持久的语文课程性质之辩，语文教学效率低下，难以满足社会要求的不足，主因是尚未把握语文的“本原”，属于语文教与学的认识失真；教师语文公开课上作假、学生写作虚情假意等与客观事实不符的现象，是未做到“真实”，属于语文教与学的行为失范。接下去，作者从“认识失真”和“行为失范”两个方面展开具体的论证。

在论述“认识失真”的时候，作者先强调：“对语文教育本性、本原的认识，是一个渐进的过程，也是语文课程研究永恒的命题，事关我国语文教育的科学性。”接着举例说明，识字教学领域提出“多认少写”的教学策略是认识偏差造成的。再提出儿童识字的本原是汉字音、形、义间的六种联系，在此基础上试图提出纠缠策略。但在此作者却是虚晃一枪，并无提出实质性的策略，只是到最后才归结到“真语文”的行动路径：追求识字教学的“本原”——学生识字的心理过程；纠正认识上的偏差——“多认少写”策略能达成提前阅读的目标，亦无法规避错别字增量的问题；找寻对策并践行——如整合教材的识、写序列，在习作学习之前完成识、写合流等。

在论述“行为失范”时，作者先提出语文教师专业发展途径的四个阶段，然后突然转到听课、评课上，认为它们是一种最常用，也最具中国特色的促进教师专业发展的途径。在此基础上又给听课进行分类。接着马上指出：在观摩分享、评比竞赛类的课堂上弄虚作假和作秀，则是社会巨变和文化转型诱发的急功近利的流行病。在尚未明白作者写作意图的时候，作者又笔锋一转：评课过程中的专制、虚伪、中庸是另一种类型的行为失范。然后就提出真语文应创建全新的评课文化，追求“以平等、合作的对话方式，反思课堂教学，探索改进对策”。最后作者举了一个德国评课活动的案例：

那天，一堂四年级的体育课在室内操场进行，执教的是艾默特女士。她身材修长，穿了一套健美服。优美的曲线加上鲜艳的服饰，在我这个东方人的眼里，总觉得酷得过分。10分钟的热身操后她开始了本堂课的主题教学：一个德国乡村婚礼上的集体舞。这个舞蹈共有四个动作：向左移三步；向右移三步；右手脱帽、弯腰行礼；将礼帽扔向空中并捡回。20分钟的教学真是“惨不忍睹”：四年级的学生左右不分，有的左手执帽，有的右手摘帽；有的先移左脚，有的先动右脚；伴着音乐有的弯腰，有的挺身。于是胳膊碰胳膊，屁股撞头，混乱不堪。只有一个动作是一致的，那就是将手中的帽子扔向空中，再满操场狂奔捡回来。那些金发碧眼的孩子满是汗水和喜悦，我猜他们一定乐趣无穷。

评课活动开始了，评课专家凯根教授和执教者艾默特比肩而坐。凯根教授先向我们对艾默特做了简单的介绍，而后直奔主题，提了三个问题：你认为上体育课有必要穿得如此专业吗？你认为这堂体育课完成了教学目标吗？教学是一种遗憾的艺术，你认为你的这堂课有何遗憾？

艾默特沉思了片刻，即答：“我觉得自己穿健美服上体育课很有必要。因为，我给学生带来了美感。我想，专业服饰在这个班上有利于我的教学。”凯根微笑着点头。

“这是一堂体育课，不是舞蹈课！”艾默特继续说着，“舞蹈动作的标准和整齐，不是这堂课的教学目标，舞蹈只是我的教学手段。我利用学生渴望学会集体舞的心理，让他们达到一定的运动量。你们都看到了，捡帽子的时候每个学生跑得有多快，他们都达到并超过了这堂课的运动量目标。因此，我认为我的教学目标完成得很好，也没有什么遗憾和不足。”

这种西方式的自信，我听得目瞪口呆。可是从教师着装作为一种教学资源、教学目标和手段的关系上细细品味，她的答辩却自有道理。观课的督导开始讨论了，每一位发言的督导都用问答方式表达自己的思考，同时也给艾默特解释的机会。在这样的交流过程中，一个教学环节的弊端显现无疑，那就是整堂课上学生对这个乡村婚礼上的集体舞没有一个完整、准确的形象感知。最后，艾默特心悦诚服地接受了大家的建议，并表示在下一节课补放集体舞的视频。

这个案例展示了由评课专家引领，专家、执教者和观课者合作互动的评课全程。问题式的平等对话，便于执教教师自由阐述教学预设和解释教学行为，也为参与者提供了基于事实的思辨规范。比肩而坐、问答探讨是一种评课行为，折射的是一种理性、先进的评课文化。[①]

此文作者的写作目的无外乎想说当下的语文教学有多糟，"真语文"是纠正语文教学错失的(重要？唯一?)途径。然而，无论作者有多少理，由于其使用的案例是站不住脚的，因此，论文也就失去了应有的说服力。

首先，"多认少写"的教学策略确实存在，但多认少写，不等于只认不写。也没有否定汉字音形义间的六种关系。而且众所周知，儿童学习发展的每个阶段都应该有自己侧重点，低段小学生先重"认"有何不可呢？"每天囫囵吞枣地认识 10 多个生字，让那些记忆力发展滞后的学生苦不堪言，直至兴趣顿失"，这是多认少写策略导致的吗？那么，听听朱光潜先生是怎样说的："私塾的读书程序是先背诵后讲解。在'开讲'时，我能了解的很少，可是熟读成诵，一句一句地在舌头上滚将下去，还拉一点腔调，在儿童时却是一件乐事。我现在所记得的书，大半还是儿时背诵过的，当时虽不甚了了，现在回忆起来，不断地有新领悟，其中意味，确实深长。"他有强调要学生写吗？而医学博士林助雄更是从脑科学的角度指出：儿童读经背经的过程类似念唱，眼睛看经典文字是透过视觉作用来刺激右脑，而念唱的律动也启动了右脑，至于仔细整理辨字以便记忆，则是左脑的工作。所以，整个读诵经典的过程，恰好动用了左右脑功能，使左右脑运作得以同步。根据研究，左右脑有同步效用时，学习能力可增加 2 至 5 倍。由此可见，多认少写的策略本身没问题，有问题的是教师在执行过程中的教学行为。因此，作者所提出的真语文的路径，不算错，也不应该是唯一的。

作者不恰当地使用教学案例典型地体现在"行为失范"的论述上。在此作者使用了一个较为规范的教学案例，这个案例的趣味性和教育性应该也是比较大的。然而，值得注意的是，作者在此批的是传统语文的失落，树立的是"真语文"的规范，然而案例是一堂德国的体育课。也许，作者是想通过德国体育课一例，来告诉读者什么样的评

---

① 董蓓菲. 认识失真与行为失范——真语文的现实困境[J]. 语文建设，2013，(10)：7—10.

课是好的评课，然而，这与作者要证明的“真语文”有什么关系呢？这是不是在扯虎皮作大旗呢？实际上，作者如果能认真浏览中国语文教学界的研究成果，要找到此类的评课活动一点也不难，为何不选用呢？只有一个原因，如果选用了既往中国语文在评课活动中的优质课例，作者批判的依据也许就会失去。但拿一个无法证明传统语文失落，真语文管用的教学案例来充数，将大大影响研究的质量与效用。

三、语文教学案例在研究中应用的方法

（一）在语文教研中的用例构成

如前所述，语文教学案例在语文教育研究中既可以独立存在，也可以作为论证过程中的佐证材料，这也就决定了教学案例在语文教育研究中的构成。概括而言，主要有三种。

1. 一理一例或一例一理

这种用例方式大多出现在案例作为独立主体而存在的研究中，案例本身就是研究的主体或主要成果。根据使用习惯的不同，有的是先明理，再用例；有的则是先叙例，再论理。笔者拟定的《语文体验型教学》一书第二部分，全部采用了先叙对比性案例（案例之前有简单背景罗列，分别表明执教者、教学文本、对比内容），再通过案例编写者的感悟与导师点评来明理。现试举一例说明。

收束全篇　余味无穷[①]

执教教师：

蒋雅云[②]

教学文本：

琵琶行(并序)

---

① 蔡伟，胡勤. 体验型语文教学[M]. 北京：中国文史出版社，2006：121—123.

② 蒋雅云，浙江嘉兴一中语文教师，于2014年评为浙江省特级教师。

对比内容：

结束语设计

对照项：

今天我们学习了《琵琶行》，欣赏到了美妙绝伦的琵琶乐曲。文中运用新颖贴切的比喻来描写音乐，令人如临其境、如闻其声。希望同学们课后能仔细品味，做到熟读成诵。

实验项：

一曲《琵琶行》“司马青衫湿”，这是同情的泪，是对琵琶女不幸遭遇的深切同情；这也是伤感的泪，是对自己宦途潦倒，被贬江州的无限感伤。而作品独树一帜的妙处还在于，自己的命运经历在诗中只是淡入淡出，只把满腔愁绪倾泻在琵琶曲的美妙绝伦和琵琶女的凄凉身世中。《琵琶行》能响彻千年，也许正是由于具有了这样一种含蓄的悲剧美的力量。我想，琵琶曲不仅在白居易眼里，在更多人的眼里都是魅力无穷的。推而广之，又有多少人在某些特定的情境下曾被一首歌、一段音乐深深地打动，如痴如醉。同学们也有这样的经历吗？如果有，试着把它记下来，或许，也会成就一篇美妙动人的好文章。

教学启示：

相对于教学的主体内容，导语和结束语是备受冷落的丑小鸭。常见教师在完成主体内容的教学后，匆匆下课。有的教师认为结束语可有可无，时间多，随便说两句；时间不够，干脆就省下这一步骤。这些教师都忽视了结束语作为课堂教学的一部分，在提高教学的效率和质量，激发学生的思维力和创造力，给学生学习语言提供示范等方面都具有重要作用。它和导语一样，需要精心设计，以发挥其应有的作用。

《琵琶行》是流传千古的著名诗篇，教学的主要任务就是领略“大珠小珠落玉盘”的美妙绝伦，感受“同是天涯沦落人”的深沉情怀。为了把这样的教学目标落到实处，我对教材进行了大胆的处理：先让学生聆听美妙的琵琶乐曲，引导学生赏析领会作者如何用象声词和新奇贴切的比喻把虚渺飘忽、过耳即逝的音乐描绘得出神入化、形象可感；再探讨作者与琵琶女之间何以产生如此强烈的共鸣，找到“同是天涯沦落人”的共鸣基础；最后联系开头的送客别离和结尾的“重闻”“掩泣”，再次渲染悲情。配合这样的教学设计，要求结束语能用充满感染力和启发性的语言突出学习重点，深化学生的学习感受。对照项较为简短，只是部分强调了学习重点，语言平淡缺乏感染力，难以调动学生后续学习的积极性。实验项经过精心设计，教师用饱含深情的语调娓娓道来。它的主要优点是：紧扣学习内容，起到了回顾和总结的作用，很好地收束了全篇；抒情性强，亲切感人，能拨动学生的心弦，强化他们对文中情感的体验；语言优美，声韵和谐，带给学生美的享受的同时对他们的语言学习产生潜移默化的影响；布置相关的课外练笔，把教学由课内延伸到课外，唤起学生相应的生活感受，有效地激发出他们的思维力和创造力。这样的结束语不仅是一堂课的成功收束，而且是新学习的良好开端。

导师点评：

教学语言是教师教学中最基本、最重要的手段，是教师的劳动工具。由于学科本身的特点，语文教师尤其要注意教学语言的准确规范、生动形象、富有节奏感，从而产生相当的艺术感染力。就某一堂课而言，导语在奠定课堂基调，营造课堂情境，渲染课堂氛围等方面，确能起到不可替代的作用。但在提高语文素养的育人目标下，我们的教育教学已经不能只局限于课堂，而应该延伸到课后。因此，课堂结束语的价值、地位正被人们重新认识。执教者精心设计结束语，通过语言的渲染，强化了课堂学习的心理体验，激发了后续学习的浓厚兴趣，能实现课内与课外的互动，进而提高学生的语文素养。（蔡伟）

2. 一理多例

一理多例是指作者集中阐明一种观点或原理，为证明这种观点或原理，作者使用两个以上（含两个）的案例从不同的角度来阐明。而且，一般都是先摆理，再列举案例，最后总结分析。当然，在使用案例过程中，撰写者还可能边叙边议，但本质上仍然是围绕一个观点来展开的，并无分解为多个分论点。这种方法往往用之于语文教学小论文，当然也应用于长篇论文中的某一部分。在研究中使用这一方法的优点在于使读者能对一个问题作多角度思考，缺点是易造成案例堆砌。例如《小学语文教学课堂的情境导入论》一文，通过案例分别介绍了四种情境导入：故事导入、谈话导入、音乐导入、歌诀和猜谜语导入。其他三种导入都使用一个案例，但在介绍音乐导入的时候作者使用了两个案例：

借助播放悠扬的音乐导入语文教学情境

俗话说触景生情。我们在教学开始时，设计音乐引起学生的共鸣，在音乐中回忆。

新课标指出：在课堂的舞台上，主角将不再是老师，而是学生，教师是学生学习的组织者、帮助者、引导者，没有学生积极参与的课堂教学，就不可能高效率、高质量。好的开头引领学生的注意力，一首好歌就能产生这么大的魅力。音乐联系课文内容，让学生随着音乐进入课堂知识，是完美的导入。在上古诗时候，这个音乐可以以诗歌为词，以古诗为主要内容。当学生对此产生兴趣的时候，自然就提高了注意力，教育是一种主动的过程，开头主动了，那教师情境的提供也就成功，学生就会主动参与其事，从而会有效地应对这些情境。

案例一：有一次我上《飞夺泸定桥》，我事先准备好这部电影的主题歌，把它播放在白板，随着音乐的响起，我紧跟着简介了时代背景：《飞夺泸定桥》是中国工农红军在长征途中的一次战斗，学生听得入了迷，心里被红军战士勇往直前的精神，以飞一样的速度把敌人援兵远远地抛在后面，按时间赶到泸定桥所震动。他们那种英雄气概让学生都感到骄傲，所以学起来就积极主动得多。

案例二：在讲“长江”一课时，播放《三国演义》主题曲，讲一下三国故事，唱起“滚滚长江东逝水，浪花淘尽英雄，是非成败转头空，青山依旧在，几度夕阳红”这雄壮的歌曲，欣赏着长江的磅礴气势，让学生的思想遨游在汹涌波涛，充分调动了学生的积极性，和谐的课堂气氛就营造起来了。每个人都有一颗历史爱国的心，凡是读过或者看过的，都非常感兴趣，从而将注意力集中在故事当中。相信“长江”也入耳了，学生的探究能力也有所提高，那课堂过程的开门红也成功到位了。①

也许在作者看来，音乐导入是语文老师比较薄弱的，因此，光有一个案例尚缺乏说服力，于是再使用一个案例来强化。但必须指出的是：首先，作者两个案例的使用与前面的说理有些出入，因为在理论分析中，作者特别强调了上古诗时候可以如何处理的问题，而两个案例，没有一个是古诗教学案例；其次，这两个案例的思想内容、使用方法基本一致，不能给学生更多的启迪，给人以累赘之感。

3. 一例多理

一般来说，以单独的案例分析成文的，基本属于一例多理。前面我们提到，规范的教学案例，一般均隐含一个问题，一种原理。但那是从主旨上来说的。事实上，任何一

① 吴素英. 小学语文教学课堂的情境导入论[J]. 现代阅读，2013(11)：248.

个案例，都可以从多个角度，应用多种理论来分析。如果是对某个教学片断、教学事实仅从一个角度、使用一种理论来分析，对读者全面理解案例来说显然是不够的，但多理论分析，并不意味着这些理论在文章中是并重的，它们有时候往往是为核心理论（主题）服务的。例如下面一个教学案例，就较为典型地体现了一例多理的特点。

案例主题：

"预设"是预测和设计，指教师课前对课堂教学进行有目的、有计划的设想和安排；"生成"是生长和建构，指师生在与教育情境的交互作用以及师生对话互动中超出教师预设方案之外的新问题和新情况。"生成"是一个相对于"接受"的说法，"预设"则是相对于"灌输"的一种行为准备；从教师灌输、学生接受到教师预设、师生生成，就是从预设性教学向生成性教学转化，是教师教学行为方式转变的结果。"生成"是一个思考活动的过程，不是借学生之口说老师想说的话。

教学艺术有时可以简化为教师把握预设与生成的艺术，即在一节课中，通过"预设"去促进"生成"，通过"生成"完成"预设"的目标；在"预设"中体现教师的匠心，在"生成"中展现师生智慧互动的火花。

在一个完整的教学过程中，如果只有预设而没有生成，学生的主体性得不到重视，就是一种灌输教学；如果有了预设，并在预设中有所生成，就说明师生间有了较好的互动，学生的主体性受到重视：如果在预设、预设生成的基础上，又有了许多非预设的生成，说明学生的学习积极性得到了充分发挥，他们在主动思考，这样的教学是有生命活力的学习。

正确的目标预设是学生成功学习的基础，也为教师在学习材料的选择与应用上提供了正确的保证。教师在预设时，同时也应对该问题要求或可能引起的学生的学习情绪和教室学习氛围作出预设。

案例描述

怀着对朱自清先生深深的敬意，我和学生一起赏析了《背影》。学生被朱自清那优美的文笔、质朴的文风和字里行间流露出的浓浓亲情所感动。

"同学们，还有问题吗？"快下课时，我问了一句。

"老师，我们可以谈谈自己的看法吗？"班长问。

“当然可以。”我马上把目光转向他。

“假若我是朱自清，看到父亲这样艰难地爬月台为我买橘子，我不会只在车上流泪，我一定要亲自去买橘子。”

他的提问激起了层层波澜。

“要是朱自清去买橘子，那我们还会读到《背影》这样脍炙人口、感人至深的作品吗?”一个伶牙俐齿的女同学反驳道。

“宁愿没有《背影》，也不能只在车上流泪。”班长显得很激动。

两人各执己见。班里顿时乱了起来。

“好，老师统计一下，同意父亲去买橘子的同学举手——30人；不同意的举手——26人。”

此时，我想学生的争执已远远不是语文范畴的问题了。想起明天有作文课，我布置了晚上的作业：“回去查资料，明天举行辩论会——朱自清该不该自己去买橘子。要用道理和事例来证明你的观点。”(第二天辩论略)

案例分析：

在传统的《背影》一课的教学中，教师一般都是把情感目标定位为“体味父爱”，但学生却对“朱自清该不该自己去买橘子”这个老师没有预设的问题很感兴趣。教师及时抓住了生成点，组织学生经过一番辩论，获得了情感的体验和价值观的提升。因此，新课程的教学，只能在预设的同时，注重生成，让学生自己去感悟、去体验、去积累、去生成。也就是说，只有在把焦点放在关注学生完整的人生成长需求上时，教学中培养学生正确的情感态度与价值观的教学目标才能真正得以实现。

这个案例的事件选择(切入点)抓得非常好，一则能够以小见大，以俗见雅，“朱自清该不该自己去买橘子”是一个很普通的问题，甚至有人会觉得讨论这样的问题缺少“语文味”，实际上，它蕴含着重大的主题，即爱与自立辩证统一问题。二则教学处理得当，当学生提出他们关心的问题的时候，教师尊重学生的需要，随即改变教学程序与内容，开展了对话与辩论。三则紧扣主题，案例编写者确定了一个主题：预设和生成关系问题，整个案例每个要点都是紧扣这个主题来进行的，因此，读者学习了这个案例，就能够在一定程度上把握处理预设与生成的关系问题。①

这个案例开头部分实际上介绍了涉及本案例主题的两个重要概念：预设与生成。而其主题就是：正确处理预设与生成的关系。但作者在阐述过程中，围绕主题提出了自己的几个观点：1. 从教师灌输、学生接受到教师预设、师生生成，就是从预设性教学向生成性教学转化，是教师教学行为方式转变的结果。2. 通过“预设”去促进“生成”，通过“生成”完成“预设”的目标。3. 有了预设，并在预设中有所生成，又有许多非预设的生成，这样的教学是有生命活力的。4. 正确的目标预设是学生成功学习的基础。接着是案例叙述，案例讲完，进入对案例的分析，在分析部分，重点应在案例主题，进一步强化前面提出的一些观点。例如分析第一段，强调新课程的教学，只能在预设的同时，注重生成，让学生自己去感悟、去体验、去积累、去生成。第二段评价了案例的三点长处，说法不同，但实际都指向前面的理论论述。第一点说以小见大，突出主题之重大；第二点说教学处理得当，强调学生主体地位；第三点则明确提出紧扣预设和生成关系问题这一主题。

（二）在语文教研中证明对象

语文教学案例在语文教育研究过程中的主要作用在于证明，即以事实来证明某种理论、模式、方法的特点、环节、效用等等。下面，我们仍然通过一些正式发表的论文，从论证观点、阐明教法和证明效用三个方面，加以阐述。

1. 论证观点

纵观几十年的语文教育研究论文，我们发现，尽管语文课程改革深入发展，新的理念和与之相配套的名词术语不断涌现，但真正具有系统化的独创性的观点并不多见。作为新的研究成果，往往是在同一观点下，采用了不同的论证方法，特别是使用了不同的案例，使得研究具有了一定的新意（可以看作是分论点的变化），读者也能从中获得不同的启迪。试以一段时间特别流行的“点拨教学法”为例。查中国知网，篇名中含有“点拨教学”这个关键词的论文十年中共有 600 篇左右。虽然研究者们分别从理论依据与体系、原则、手段与方法、应用时机与具体过程、实践（含教案、实录）与效果等多个

① 蔡少军主编. 初中语文教学案例专题研究[M]. 杭州：浙江大学出版社，2005：175—179.

角度来展开论证,但作为独立的创新观点来衡量,也是十分有限的。有的教师干脆通过整合的方法,来使自己的研究观点有别于他人。然而,虽然点拨教学研究的观点有多么雷同,但他们使用的教学案例各有千秋,因此,不会给人以重复甚至抄袭的感觉。

例如蔡澄清、陈军早在 1992 年就发表了《讲问并用　相得益彰——语文教学点拨技巧例谈》一文,集中论述了在点拨教授中如何正确处理讲与问的问题,其中提出了"问答并用,不是问与答的随意拼凑,而是问答交叉,问中有答,答中有问,问答结合"的观点,为证明此观点,他们试用了如下这个例子:

教师:"油蛉"真会"低唱","蟋蟀"真会"弹琴"吗?

学生:不会。这是一种形象化的写法。

教师:对,这是把动物当作人来写,是一种修辞手法,叫作"拟人"。这样写,就使本来不是人的事物人格化了,显得活泼可爱,富有感情。用"低唱",就使人好像听到了油蛉那低回婉转的悦耳的歌声;用"弹琴",就使人好像听到了蟋蟀那清响的琴声。听到这些,当然会使孩子们感到十分快活。那"无限趣味"还有些什么?

学生:"有时会遇见蜈蚣,还有斑蝥。"

教师:"斑蝥"怎样?

学生:"倘若用手指按住它的脊梁,便会拍的一声,从后窍喷出一阵烟雾。"

教师:这就不但写出了斑蝥的特征,也把儿童们爱玩的心理写出来了。一"按"一"拍",描写得活灵活现,有趣极了。以上着重写动态事物,主要写动物。下面还写了什么?

学生:还写了"何首乌藤"和"木莲"。①

通过这个案例,读者能够十分清楚地看到师生交叉问答这一点拨教学的特点。

13 年后,徐舒发表了《试论高中语文教学中的课堂点拨技巧》一文,作者提出了点拨教学的三种具体方法。其中在论述"用充满智慧的教学语言激发学生的求知欲望"这一观点时,作者其实也在阐明讲问的问题,但他所使用的例子却有所不同:

---

① 蔡澄清,陈军. 讲问并用　相得益彰——语文教学点拨技巧例谈[J]. 中学语文,1992(11):46—47.

在教授李清照的《声声慢》时，学生也知道诗歌表达的情感是悲伤的，但就是读不出那种悲戚感。在朗读首句“寻寻觅觅，冷冷清清，凄凄惨惨戚戚”时，学生只注意到声音要低，读出来时显得平淡无味。笔者灵机一动，转而问：“大家认为李清照在寻觅什么呢？”

生：她在寻觅“误入藕花深处”的青春时代。

生：她在寻觅与丈夫“东篱把酒黄昏后”的幸福时光。

师：但她最后找到的是什么呢？对此我们都心知肚明，只是徒增了伤悲。请问，当你内心充满无尽的伤痛时，你会用怎样的声音回答别人呢？

生：哭着回答，声音有哭腔。

师：很好！所以我们在读时要读得深沉。停顿的地方，要用气息带动声音，形成拖腔，声断而意不断，就能读得更悲了。

生：我认为读时要读得轻、读得慢，才能读出忧郁。另外“惨惨”一词语调要高些，这样富于变化，才会有更强的感染力。

生：朗读时应带有一种迷茫的感觉，因为她什么都没有寻觅到。

师：同学们回答得真好，我们朗读诗歌时只有使自己身临其境，才能和作者形成情感共鸣。

对学生精彩的回答，笔者赞叹不已，但又想追问：学生的智慧究竟是从哪儿来的呢？显然，这是点拨的结果，而且笔者认为，在这个过程中教师的点拨并不是直接的、生硬的，而是瞅准时机顺势而发，先通过点拨让学生认识到原有的不足，从而进入愤、悱的状态，然后再通过点拨让学生有所思悟，从而取得良好的教学效果。①

两个案例要论述的对象有一致性，而且他们也有着一个共同的特点：教师不断地追问。但两个案例从内容到形式都各有特色，绝无雷同。前者案例内容主要是现代散文，而后者是古诗词；前者问答的形式主要采用的是循环问答(亦可称顶真问答，也是追问的主要形式，即学生回答的最后几个字是教师追问的主要字眼)，没有主问题；而后者是围绕“大家认为李清照在寻觅什么呢？”这一主问题来探讨朗读的技巧；前者是

① 徐舒．试论高中语文教学中的课堂点拨技巧[J]．语文教学通讯，2015，862(11)：64—65.

通过知识与文本来发问，后者则联系学生的实际来发问；前者突出师生问答的交叉性，后者重在启迪学生感悟，学生的本体性更强，或者说回答的内容多于发问的内容。正因为两者在使用案例上存在巨大的差异，因此，第二篇论文虽然是在第一篇论文发表后十多年才发表，但案例的相异，使其具备了创意的特点，并不因为观点上的相同，而减损其可读性。

2. 阐明教法与学法

绝大多数教学案例，反映的都是名师们与众不同的教学方法的使用，因此，通过案例来证明某种方法的正确性与科学性是十分必要的。例如前面提到的两个案例，都可证明通过问答来实现点拨这一观点。随着新课程改革的深化发展，学生本位观越来越深入人心，因此，研究学法的文章渐渐增多，同样用以证明学法或学法指导的案例也越来越受到人们的重视。

例如，为论证“非良构问题解决的教学设计”的第一步“明确问题情境，列出知识清单”，作者专门引入某大学语文教师执教苏轼的《水调歌头》一词的课堂教学设计案例：

首先，在课前他让学生上网查找邓丽君和王菲所演唱的歌曲《但愿人长久》，要求下载后去听和仿唱，同时要求学生查找、抄录李白的《月下独酌》和《把酒问月》。上课时，他将本堂课安排在音乐教室上，课上的主要活动安排及教学目的是：欣赏、比较著名歌手邓丽君和王菲的歌曲《但愿人长久》，分析她们各自的演唱风格，体会文学作品意境美的不同表现形式及苏东坡《水调歌头》的艺术风格。接下来，将李白的两首诗与《水调歌头》进行比较，学生组成小组进行讨论，尝试多角度、多层面思考问题的探究方法。

从这位教师的教学过程我们可以看出，该堂课是非良构问题解决教学设计课，其问题情境设计十分明确：让学生走进音乐室，将学习、分析、讨论、理解、记忆的方方面面全部融入名歌鉴赏、仿唱及比较研究之中，同时还为学生列出了该问题领域必需的知识及信息清单：邓丽君、王菲的歌曲和李白的诗二首。相信，有如此学生喜闻乐见的情境设计及明晰的知识清单，该堂课定能收到事半功倍的良好效果。①

---

① 缪茜惠，冯锐. 非良构问题解决教学——高效学习的有效途径[J]. 扬州大学学报（高教研究版），2010，14(4)：76—81.

虽然说“问题情境”、“知识清单”这些概念多数教师还是有所了解，或者可顾名而思义，但其一旦与“非良构”这样一个比较新的概念结合在一起，可能会把多数教师搞糊涂，因此，作者唯一在此安排一个案例是有道理的。这个案例既是一种教法，也是一种学法。以此来阐述非良构问题，还是比较有效的。

3. 证明效用

绝大多数实践型论文，或实验报告，都需要以切实的教学效用来证明其观点、方法、模式的正确。那么如何来证明其研究对象的效用呢？除了量化的各种表格、数据，最有效的应该是教学案例了。其实，除了反例，绝大多数教学案例的使用，都已经在证明观点的同时，也证明了研究对象的效用。这种情况，我们经常会在研究名师的教学思想、方法与模式的论文中发现。有时候，为了能够充分证明某种观点或方法的真实存在或实际效用，作者还可能会连续使用多个案例。例如，《于漪课堂教学节奏美说略》[①]一文，从“教学进程的起伏变化”、“教学气氛的张弛适度”、“教学速度的疏密相间”、“教学情感的跌宕有致”、“教学语言的抑扬错落”五个方面来阐明于漪的课堂教学节奏美，每方面都用案例证明其节奏美之所在。而为证明其教学语言确实抑扬错落，作者分别使用了于漪课堂教学的一个收束和一个导入加以证明。

教学《最后一次的演讲》，于漪的小结语慷慨激昂：“这篇演讲是庄严的宣言，动员的号角，讨伐国民党反动统治的檄文。它像一团炽热的火焰，从肺腑中喷射出来。它没有作词句上的修饰，但句句像投枪，像匕首，直刺敌人要害，使敌人招架不住，躲闪不及。”“三个部分贯串了强烈的爱憎，讨伐敌人，似钢刀利剑直插敌人的心窝；伸张正义，如催征的战鼓，进军的号角，激励革命者踏着烈士的鲜血前进。”

作者对此的评价是：这段话，比喻、排比等修辞手法交错，长短句参差，加强了语言表达气势与节奏感。从课堂收束语的角度证明了于漪课堂节奏美在教学语言上得到完美体现。也许作者觉得光有收束语，还不足以说明问题，因此，接下去又引了导入语。

---

① 王绳缓，杜慧春. 于漪课堂教学节奏美说略[J]. 景德镇高专学报，2006，21(3)：85—87.

教学《人民英雄永垂不朽》,课始时的导入颇有节奏:“每个同学的图画本里都有这样一幅画——人民英雄纪念碑。当你们看到这幅画时,曾想到过什么呢?我在一个阳光洒满天安门广场的上午,瞻仰过人民英雄纪念碑。啊!巍峨啊,它有十层楼那么高,看到它,先烈们的高大形象如在眼前;坚硬啊,花岗石、汉白玉,那样庄严,那样雄伟,象征着革命先烈意志如钢。站在纪念碑前,忆中国革命所经历的艰苦岁月,看现在获得解放的幸福生活,崇敬之情油然而生。我深感一定要继承先烈遗志,在新长征中勇往直前。现在让我们随着作者的活动顺序和碑的方位顺序,认识和瞻仰人民英雄纪念碑,接受革命传统的教育。”

这个导入语在语气、句式上与收束语略有不同,但能从另一个角度反映于漪课堂教学的节奏美。作者在案例下作了如此评价:其中陈述、祈使、疑问、感叹交替运用,单复句、长短句参差错落,变化有致,加上老师适当的音量,自然的音质,激情的语调,产生了抑扬顿挫、起伏错落的艺术节奏,给人美感,可谓“用语言粘住学生”。

第三章 语文教学案例在课堂教学实践中的应用

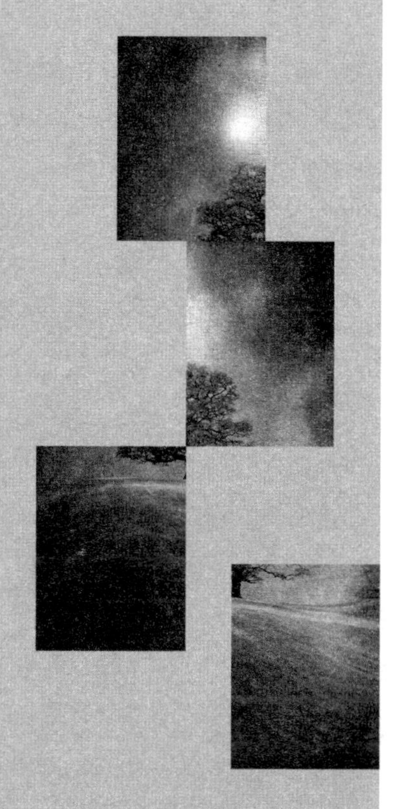

语文教学案例应用的主阵地是在课堂，如果语文教学案例不能在课堂教学的实践中应用，那么，最好的教学案例充其量也只是纸上谈兵，充当的无非是花瓶的角色。目前，语文教学案例普遍应用于教师培训课堂，其次是师范院校语文课程与教学论课堂，少量应用于中小学课堂。虽然前两类的课堂合称为教师教育类课堂，而且其终极教学目标相同——培养从合格到优秀的人民教师。然而，由于两者的对象有着显著的差别——入职前的师范生，无任何教育经验；入职后的教师，已经在教育岗位上积累了一定的经验，有的甚至已经是非常优秀的教师——因此，在具体的教学目的、教学内容、教学方法、教学重难点、教学评价等方面一定有着显著的差别。因此，我们将两者合在一起，有对比地加以论述。而中小学课堂应用的案例则完全不是我们通常所说的教学案例，但它不但有利于提高课堂教学质量，而且，对语文教师的专业成长又起着积极的作用，故我们将以一定的篇幅独立分析，以满足不同读者的需求。

第一节　教师教育类课堂应用

一、 教学案例的选择

一般来说，无论是教师培训课堂使用还是师范院校课堂应用，教学案例的选择都要遵循相同的原则，即：科学性与教学性原则；适切性与可操作性原则。然而，毕竟师范生与上岗教师的差异性太过显著，因此，在教学案例的选择上，还是应当依据各自的特点与需求。简单地说，有两大区别是必须要注意的，即：重基础与求创新；重叙事与求实录。

（一） 重基础与求创新

对于师范生来说，其课堂教学经验基本上是属于二手的，他们没有实战的机会，随着教育技术的发展，现在他们可以在微格教室进行模拟训练，但微格教学与模拟训练毕竟与真实的课堂相距甚远，因此，对于师范生来说，发展基本的课堂教学技能是正道。但对于一线教师来说，情形就不一样了，他们天天在课堂上执教，不但积累了教学经验，而且可能已经形成了自己的教学模式，对于这些教师就不能满足于基础性的案例，而要选择那些教学理念先进、教材处理手法独特、课堂教学方法创新的案例。我们还要特别注意的是案例本身源于师范生、新手教师、成熟教师还是专家教师。

1. 师范生教学案例

师范生教学案例一般是师范生在进行微格教学、模拟训练和教学实习时形成的案例，这些教学案例绝大多数只适用于师范生课堂应用，而不宜放到教师职后培训的课堂上来进行。试举一例：

实习生在苏教版四下《最佳路径》第一课时再读阶段设置了这样一个任务：默读课文，想想这篇课文主要讲了件什么事？结果学生的应答，有几乎背诵课文的，有复述课文的，还有概述课文的，影响了效果和进度。原因就是这一问题的目的和表达都不明确，如果根据教学要求改为“概述域复述等”就明确了。①

很显然，此类教学硬伤几乎不会出现在一线教师身上，或者说，他们入职后或多或少遇见过类似情况，随着教历的增长而不再出现。但在师范生身上，此类错误却是常见而又易被忽略的。

2. 新手教师教学案例

新手教师是指入职三五年内的教师，他们因为走出高校时间短，教学实践经验少，因此，经常会在课堂上出错，这些错误对于师范生来说，特别有借鉴意义，但对于成熟教师来说，可能已经是经历过的，就没有必要在他们的培训课堂上应用。

案例主题：

《花钟》课堂点滴

案例叙述：

入职后上的第一节课是《花钟》(人教版语文三年级上册)。这是一篇美文，描述了各种各样的花开放的不同样子，文章以优美生动的语言为我们展示了不同时间开放的花组成的花钟形象，十分有趣。我在上课前找了很多资料，做了精美的课件，设计了一

① 王宗海.小学语文“新手教师”教学设计与实施中面临的困境和出路[J].南京晓庄学院学报，2009(2)：39—42.

个个有趣的小游戏，希望能带给孩子们一次视听盛宴，并能让他们在轻松快乐的气氛中学到相关知识。于是，那天我信心十足地走上了讲台。

上课伊始，我先配乐播放各种花的图片，目的是吸引孩子们的兴趣，效果很好，孩子们都很喜欢。接着进入课文的解读。第一自然段，写的是各种花开的不同样子，于是我提了这样一个问题："不同的花开放，有哪些不同的形态？"当时，学生反应不是很积极，我有点着急，这样课堂就无法正常地继续下去。情急之中，我又改变了一下问法，再次问了一遍："不同的花开放，有什么不一样，你们能从文中找一找吗？"这次学生稍有反应，也有几只手举起来了，我才有点放下心来继续上课。讲完这些花开放的不同样子，为了巩固学生对这些优美的词句的掌握，我设计了游戏环节，目的是通过游戏，让学生在轻松的环境中学到描写花开放的不同表达。我设计了这样一个游戏：同桌二人合作，一人读花的名称，另一人读名称后面对花开放时样子的描写，开小火车比赛读一读（有 9 种花的名称及开放的形态）。我这样跟学生表述："同桌二人为一组，这一列同学（这时我用手指着一位学生，意思是他们这一列）读花的名称，另一列说花是怎么开的（也就是名称后面对花开放的样子的描写），第一小组（这时手指第一组）开火车，同桌两人一组合作读一读。"不知是因为我的表达不够清楚还是什么原因，孩子们还是没有很大的反应。第一个说的那一组同桌好像还不懂怎么合作，于是我只得在旁边领着他们读。我读一种花的名称，告诉一位学生读下面一句描写这种花开放的句子，领读了一句后才能继续游戏。

案例分析：

1. 提问须了解学生语言、思维发展水平。小学三年级的学生虽然已经有一定的词语积累，但语言发展还不够完善，大部分还停留在口头语和简单的书面语上，所以课堂的提问也显得尤为重要了。这堂课中，小田老师问的几个问题，都是一些简单的对课文内容的理解，比如说"不同的花开放，有哪些不同的形态"。"形态"一词对于三年级的学生来讲，有点深奥了。备课时，没有充分考虑到三年级学生词语积累的程度，盲目地用自己认为比较适合的词语进行提问，导致孩子一时无法理解。课堂提问的有效性基于学生语言和思维发展特点，选用准确、适当的词进行科学的提问，有助于学生对问题的理解。

2. 下达要求要明确，必要时加以示范。在课堂上，教师经常会提一些要求，让学生按照老师的要求去执行。但在许多时候，学生并不一定理解老师的要求，因此就无从下手。事件一中，小田老师让学生开小火车，两人一组配合着读“花名和花开放的样子”，由于小田老师下达的要求学生没有完全理解，学生不知游戏该如何进行。这时，教师应在言语表达清楚后进行适当的示范。比如和某位学生一起做个示范，告诉学生应该学着老师这样做。经过示范，即使听不懂要求的学生也能理解怎么做游戏了。

小田老师遇到的“课堂提问”的问题，在当老师前，小田没想过课堂提问还会遇到这么多困难，给学生下达某一学习要求，学生居然不理解。在大学课堂里也没专门学过，亲身经历过了，才领悟到原来课堂的提问还与学生思维和语言的发展水平有关，所提要求如果学生不理解还需要加以适当的示范。以前不知道的知识，通过实践小田老师理解并掌握了，牢记在心，下次再遇上这样的情况可以直接拿来运用，这就是通过亲身经历而得到的教育实践性知识。①

显然，这个案例特别适合新手教师培训时使用，一方面，案例发生在新手教师身上，另一方面，这种教学现象，也经常发生在新手教师身上，是新手教师成长过程中必经的坎。

3. 成熟教师教学案例

成熟教师是指那些具有五年以上教历，教学经验丰富，但在教学的方方面面尚达不到优秀程度的教师。他们在课堂上形成的一些方法，对师范生和普通一线教师有参考价值，但对于优秀教师来说，或许就显得一般化了点。

在我们的语文教材中，许多课文都留有空白情节(在小说中尤为突出)，从而使读者达到“悠然心会，妙处难与君说”的境界。当然，这种空白不是一无所有，而是作者复杂激烈的思想感情的融化，是藏而不露，使文章更见深沉、更具意味。它能通过打破字面语言内涵的稳定性，拓展作品的思想容量，丰富语言的表达效果。它同样担负着提示主题、抒发感情的重任。在教读莫泊桑的小说《项链》时，学生对小说的情节尤其是结尾部分很感兴趣。这样的结尾出人意料，耐人寻味，是作者有意给读者留下的一个

① 许兴建，田国芳. 小学语文新手教师教育实践性知识的自我探寻[J]. 教师博览，2015(2)：8—10.

悬念式的“空白”：玛蒂尔德知道自己以青春和美丽为代价换来的项链原来不过只值几百法郎时，会怎么想呢？真项链最终归谁呢？我启发学生根据小说情节发展和人物性格来设计一个尾声，填补这一“空白”。学生思维活跃，显出了多样性和独特性。有的认为玛蒂尔德会因此而发疯，最后进了疯人院；有的设想玛蒂尔德和好朋友为了争项链的所有权而打官司，因败诉而郁郁寡欢终至病死；也有的认为玛蒂尔德会又因得项链而故态复萌，追求享受和虚荣，再次陷入不复深渊；还有的学生根据小说的内容多方证明，玛蒂尔德在经历这样一次惨痛教训以后已经改变了原来的性格，因此在一惊之后又随之释然，感叹一番命运弄人后，又回去当她的平民妇人去了……经过一番争论，学生取得一致看法，无论哪一种设计，都比不上原作这样的“空白”式结局，这样的结局达到了“言尽而意未尽”的效果，正是小说结构艺术的精妙之处。

例如，执教《药》时，可巧妙利用鲁迅先生有意设置的文字空白，小说中写华老栓得到人血馒头回家时，“太阳出来了，在他面前显出一条大道，直到他家中。后而也照见了丁字街头破匾上的‘古口亭口’这四个黯淡的字”。这口中究竟是什么字呢？提示学生联系文史，将这个问题交给大家思考，也故意留下空白。如此处理，比起直接告诉答案，更能促使学生自己去理解领会文章所蕴涵的深刻内容——追念先驱者以及对刽子手的憎恨。[①]

这两个案例相当不错，这种处理对于绝大多数师范生和新手教师来说是比较有新意的，因此，在师范课堂与一般性的教师培训中使用这两个案例都不会有问题。当然，如果培训的对象是特级教师或其他十分优秀的教师，则显得有点小儿科。

4. 专家教师教学案例

专家教师在这里指中小学教师中的佼佼者，他们不但经验丰富，而且在长期的教学实践中形成了自己独特的教学风格，他们在课堂教学中所创造出来的教学方法与模式特别富有创意，他们积累的大量教学案例具有很大的选择性，因此，可供任何从事或即将从事语文教学的人参考学习，模仿操作。特别是对于那些入职五年以后的成熟教师学习借鉴，有利于帮助他们突破教学瓶颈。下面我们以韩军的教学案例为例加以说

① 党雷. 留点空白启迪思维——语文课堂教学中的空白艺术[J]. 成都大学学报(教育科学版)，2008，22(7)：86—87，96.

明。韩军是新语文教学的著名特级教师，但因其文本解读的独特性，而引起广泛的争议。其中有些批判是有道理的，有些批评则是对韩军课例误读误解基础上的误批。但正因为这样，韩军的教学案例对优秀教师的培训才特别显得有价值。下面这个案例是教师在批判韩军与学生“对话”缺失时使用的。

数数式对话。如，师：写到几个朱家人？生：两个。师：有不同意见吗？生：三个。师：写到了朱家三个人，就对吗？生：四个。师：有几个父亲，几个儿子？生1：两个父亲。生2：三个儿子。师：写了几个孙子呢？生：两个。师：朱自清在本文中，有几个身份？生：三个身份。师：文中有几个属于祖辈的人？生：俩祖辈。

接龙式对话。如，师：这四人，实际是四条鲜活的——生异口同声接答：是四条鲜活的生命。再如师：多活一天—— 生：就少一天。师：离着死亡—— 生：就近一天。

填空式对话。（多媒体）让学生填空：

生命的链条

已逝的（ ）

将逝的（ ）

壮年的（ ）

未来的（ ）

生：已逝的生命，是祖母；将逝的生命是父亲；壮年的生命是朱自清；未来的生命是朱子。

再如师：（多媒体）让学生填空：

第一次流泪——祖母（死）了

第二次流泪——父亲（老）了

第三次流泪——父亲（去）了

第四次流泪——父将（大）（去）

在归纳第三、四次流泪原因时，教师强调分别用一个字和两个字表达。

像这样过多、过细、过碎的对话，缺失的不是对话次数，不是对话形式，而是对话的思维含量。学生不假思索就能脱口而出，连书本都不需要翻一翻，就能对答如流。实际上"繁华"流畅的背后恰恰是学生阅读体验的缺失,恰恰是思维训练的缺失。学生一直跟着教师的感觉走,是一种"牵",不是一种"导"。学生完全按教师的预设进行,始终没有走出教师为学生设定的圈套,始终没有冲破教师为学生设置的藩篱。这样的对话,框死了学生的思维,限制了学生的思考,扼杀了学生的探索欲望,无法激活学生的思维,不能碰撞出智慧的火花。在对话中,要让学生成为对话的主人,把"填空式"对话变为"启发式"对话。可韩老师在对话之初,就预设好了提问的模式和答案,抛出事先准备好的问题,一步步"引导"学生向标准答案靠拢。这样的"对话"只是让学生"猜谜"罢了,实际上是教师用"对话"之名行"独白"之实。①

这个案例如果放在师范生甚至新教师培训的课堂上去讨论,不一定合适,因为学生确实没法判断韩军课堂处理的正误,作者对韩军课例评价的对错。但如果放在骨干教师的培训课堂上,就显得特别有意义。首先,我们可以讨论的是学生的主体地位是不是需要教师的主导作用充分发挥的前提下才能得以保障?其次,我们还可讨论的是将文本进行高度概括是否是一种语文能力,换言之,韩军所作的"数数对话"是否真的没有思维价值?再可讨论的是韩军设计的填空是牵着学生鼻子走,还是在进行阅读示范?最后,可讨论的是学生在教师的引导下,完成教师的预设一定属于学生猜谜,教师独白,还是师生在教学过程中必须具有的求同过程?所有这些讨论,都需要有先进的理论作指引,丰富的经验作支撑,否则不是流于形式,就是起负向作用。

(二) 重叙事,求实例

在讲到教学案例分类的时候,我们曾经讲过,从表达形式看,教学案例可以分为两类,叙事型和实录型。比较而言,前者更适合师范生课堂或新手教师的培训课堂,后者更适合优秀教师的培训课堂。

1. 叙事较强的作品适合缺乏经验者

众所周知,规范的教学案例是讲究叙事性、情节性和可读性的,它形象直观,特别适合重感性而又欠缺经验的年轻一代学习。尽管案例背景的论述与案例的分析,有可能因为大量理论性的枯言燥语,分散师范生和参训教师的注意力,但其主体的叙事性,

---

① 常福胜."对话"缺失的阅读教学——评韩军老师的《背影》[J].现代语文,2016(3):26—28.

还是容易吸引读者(听众)的注意力,并加深对作者理论分析的认知。当然,对于特别优秀的教师来说,它不一定会有兴趣去关注教师的某些故事。或者,即使关注了,他也不会发表全部的认知。对他们来说,能够拥有丰富的分析原料就足够了。我们看一下,下面这个比较性教学案例。

感同身受　体验生命[①]

执教教师:

吴铜虎

教学文本:

我与地坛

对比内容:

导语设计

对照项:

(1) 今天我们一起来学习《我与地坛》,作者是史铁生,1951 年生于北京,18 岁响应号召去延安插队。21 岁时,因积劳致残,下肢瘫痪。那是痛苦的日子,但史铁生并没有消沉下去,而是在做了七年临时工之后,转向写作。1983 年他发表《我的遥远的清平湾》,一举成名。现为专业作家,中国作协会员,代表作有《我与地坛》、《我的遥远的清平湾》、《插队的故事》、《夏日的玫瑰》、《合欢树》等。今天我们就来见识这位残疾的人是如何走出生命的困境而成为著名作家的。

(2) 今天我们来认识一位残疾人作家——史铁生,他在 21 岁时失去了双腿。面对残疾,史铁生曾一度彷徨苦闷,甚至想到了自杀,但最后还是面对困难,勇敢地活下来,并拿起笔走上了中国文坛,成为一名专业作家,史铁生经历了痛苦的思索,今天我们一起来读他的散文《我与地坛》,借此参读他对生命、对人生意义的感悟。对生命展开思考,是一个沉重的话题,但有时我们需要这份沉重,今天我们就需要这份沉重,所以希望大家上课时用心思考,用心感悟,学习这篇文章,有助于我们提高对生命的认识。

---

① 蔡伟,胡勤. 语文体验型教学[M]. 北京:中国文史出版社,2006:118—120.

实验项：

曾经有一位青年，和同学们有着一样的年龄，一样的青春，一样的梦想。他梦想自己能成为一名长跑运动员。然而，正当他活得狂妄的时候，他截瘫了，失去了行走能力。这对于一个梦想成为长跑运动员的人来说，是怎样地痛苦。“生存还是死亡”，成为他思想的全部。终于，有一天，他明白了：“心血倾注过的地方不容丢弃，我常常觉得这是我的姓名的昭示，让历史铁一样地生着，以便不断地去看它。不是不断地去看这些文字，而是借助这些蹒跚的脚印不断看那一向都在写作着的心魂，看这心魂的可能与去向。”这个“让历史铁一样地生着”的人，就是史铁生；让史铁生“铁一样地生着”的，又是什么呢？就让我们一起走进“地坛”，走进“铁一样地生着”的生命世界。

对比启示：

对照项(1)有一个很大的特点，就是在导入课题的同时，兼顾了文学常识的介绍，不仅让学生了解了作者的生平，还增加了学生的知识，同时也增强了学生的应试能力。这是一个重“知识积累”的导语。

对照项(2)开门见山，直奔主题，指出了这篇文章的教学重点在于感悟人生、体验生命。这样，有助于学生对文章主题的理解，对学生的人生观、世界观、生死观也是一个很好的教育。这是一个重“教育功能”的导语。

显然，对照项(1)(2)两项，都有各自的优点和侧重点。然而其缺陷之大也是不能掩饰的。首先，语文教学重点不在于知识教育，学生缺少的不是知识，也不是获得知识的渠道；其次，语文教学的重点也不在于生死观等思想教育，而且思想教育如果只作理性的灌输，是起不到应有的效果的。重视语文教学的“知识积累”和“教育功能”，是传统语文教学的主要目标，然而多年的实践，收效甚微。也许现在的学生有另外一种需要。

实验项的导语设计，“急学生之所需”，根据学生的心理需要，设计了“体验型”的导语。这个导语具有一定的故事性，以“故事”引导学生进入情境，而“故事”的发生者正是与学生“有着一样的年龄，一样的青春，一样的梦想”的青年。这样就让学生感觉到说的是“我”的事，从而调动“我”的情绪，使学生和作者进入同样的情感世界，作者的体验就是学生的体验，学生的体验就是作者的体验，学生与作者在情感、心灵上进行了一次“对话”。于是作者与学生合而为一，共同体验着生命的历程。

导师点评：

课堂因为学生而存在，如果课堂失去了学生，也就无所谓课堂。因此，教师在导入课文时，一定要紧紧抓住学生的心理需要，让学生在心理上产生共鸣，从而加深学生的内心体验。吴老师的这个导语设计，能让学生体验到“同龄人的同情”，产生感同身受的心理体验。(蔡伟)

2. 原生态的实例(录)更适合骨干

我们所谓的实例，有两种类型：一是指教师的教学设计(或教案)，一是指课堂实录。相比较而言，这两样文字材料因其冗长枯燥，对于师范生和新手教师来说，均有可能产生“隔”的因子，或者说，如无人指导，他们很难看出其中的不足与妙处，即便在专家的指导下读懂了课例，他们也很难进行模仿学习。现实中我们看到，不少的师范生和新手教师也喜欢翻阅教学设计、课堂实录，但他们是直接将其搬到自己的课堂或模拟课堂上来的，结果鲜有成功者。因此，我们需要给师范生和新手教师提供必要的课例，但在课堂教学中，作为案例应用不太妥当，这些冗长的课例还是让骨干来研读更有价值。下面是笔者关于《墙上的斑点》的教学设计，直接搬用肯定会造成课堂教学困境，但如果放在课堂里，作为教学案例，逐步分析，既浪费时间，又难以产生积极的效用。最好是教师平时作为个人研究之用。

墙上的斑点[①]

教学目的

1. 了解作者的创作经历及其创作观念。

2. 掌握意识流小说的基本特征。

3. 体会作者在意识流动中所蕴涵的对生命、现实、文学以及体制与观念的深沉思考。

教学重难点

1. 文本的主题显现。

2. 哲理性语句的含义与作用。

3. 文本的基本结构。

---

① 蔡伟. 墙上的斑点教学设计[J]. 语文教学通讯，2002(12)：33—36.

4. 印象的选择。

教学设想

教学方法

1. 学生对意识流作品相当陌生，需采用细读法。

2. 为降低学习难度，激发思维，宜采用小组讨论法。

3. 为加深学生的体验，可采用仿写法。

媒体设计

有条件的学校可制作CAI课件，内容包括：

1. 展示弗吉尼亚·伍尔夫的头像。

2. 选择重点段落进行配乐朗诵，并配以与课文某些内容相关的图片，加深学生的体验。

教学时数　2课时

教学步骤

一、导语设计

现代诗人宋毅烈曾以弗吉尼亚·伍尔夫的名字为题写过一首诗：

墙上的斑点想了一生
她疯了，不，她摔碎了闹钟

婚姻是一只闷盒子
只能看不能想：回形针

房间被布笠以蝴蝶标本
抽一支烟，从侧面去观察男人

早晨需要阿斯匹林
哦，一只患了抑郁症的花瓶

喜欢带有尼古丁味道的男人

喜欢优雅的手势

“让我们谈谈眩晕症吧
或者避孕药如何使用”

她害怕套间，抽屉
她说尖叫吧；女人应该歇斯底里

坏天气，潮湿的婚姻
她对安眠药的依赖性

她偶尔谈到孩子
她的子宫忧郁症：耽于幻想

和自我封闭。
她疯了，不，她摔碎了闹钟。

这首诗较为形象地概括了弗吉尼亚·伍尔夫的生命特征、生活追求与创作历程。今天，我们就来解读这篇意识流名作，希望能够最大限度地解开弗吉尼亚·伍尔夫设置于其间的精神密码。

（解说：此导语设置的目的在于给学生一个具象的认识，营造气氛，激发学生学习探究的兴趣，自然地切入文本教学。）

二、解题

从文体上说，此文属意识流小说。“意识流”一词是心理学家威廉·詹姆士提出来的，指人的思想或感觉的持续流动。后来文学评论者借用该词形容现代小说中模仿这一过程的创作流派。代表作家除弗吉尼亚·伍尔夫外，还有詹姆斯·乔伊斯和多罗西·理查逊等。意识流小说是唯我论在文学上的体现，其哲学信条是除了自我存在之外，其他任何东西都是虚的。这一信条为我们提供了一个想象的途径，借助这一途径，我们可以进入别人的内心世界（哪怕是虚构的），以此摆脱以往那令人心虚的假设。

三、研习课文

理清思路，归纳主题

明确：意识流小说经常是没有故事、没有情节、没有冲突，现实被置放在私人主观意识里，个人的经历不能完全再现给别人，其时间和空间都是跳跃性的。但是，意识流小说仍然隐含着清晰的思路。教师的任务之一就是要引导学生理出这条思路，从而正确地归纳小说的主题。

要理清思路，就得引导学生找出如下过渡性的语句："如果这个斑点是一只钉子留下的痕迹"，"我还是弄不清那个斑点到底是什么；我又想，它不像是钉子留下的痕迹"，"可是墙上的斑点不是一个小孔。它很可能是什么暗黑色的圆形物体"，"在某种光线下面看墙上的那个斑点，它竟像是凸出在墙上的。它也不完全是圆形的"，"假如我在此时此刻站起身来，弄明白墙上的斑点果真是——我们怎么说不好呢？——一只巨大的旧钉子的钉头"，"我一定要跳起来亲眼看看墙上的斑点到底是什么？——是只钉子？一片玫瑰花瓣？还是木块的裂纹"，"真的，现在我越加仔细地看着它，就越发觉得好似在大海中抓住了一块木板"，"哦，墙上的斑点！那是一只蜗牛"。然后对每一过渡句下的内容进行分析。例如第一个过渡句下的内容着重在于表示时间如梭，眼前实景瞬息即逝，难以把握；第二个过渡句下的内容着重阐明生命是神秘的，思想是不确定的，生活带有许多的偶然性，同样是难以控制的。其他的分析可仿此进行。

在理清思路的基础上，要求学生找出所有带有哲理性的语句，例如："我们的思绪是多么容易一哄而上，簇拥着一件新鲜事物，像一群蚂蚁狂热地抬一根稻草一样，抬了一会，又把它扔在那里""即使到了这种地步，生命也并没有结束。这棵树还有一百万条坚毅而清醒的生命分散在世界上"，"天哪，生命是多么神秘；思想是多么不准确！人类是多么无知！为了证明我们对自己的私有物品是多么无法加以控制——和我们的文明相比，人的生活带有多少偶然性啊……""人们在儿童时期就认为这些事物是正统，是标准的、真正的事物，人人都必须遵循，否则就得冒打入十八层地狱的危险"，"这里是多么宁静啊——假如没有惠特克年鉴——假如没有尊卑序列表"等等。对这些哲理性语句可择其一二作简析。例如第一句说明了人的思维与意识的特点——狂热、浮浅、半途而废，强调人们总是在不断地追求着新的事物，又不断地丢弃本该属于自己的思想。其他的分析可仿此进行。

由此，我们可以归纳出本文的主题：作者通过对墙上斑点的猜想与思考，把精神的触角伸向自然与社会的方方面面，其中包括对生活的偶然性与命运的必然性的问题、对生命在个体死亡之后永恒延续的问题、对自然与机械性现实的对立问题、对文学创新精神与陈旧规范相冲突的问题、对女性反抗男性中心体制和男性观念的问题等，进行了意义重大的体验与感悟。

四、布置作业

弗吉尼亚·伍尔夫在《现代小说》里按照她关于心灵中"原子簇射"的比喻提出了文学的使命："让我们按照那些原子坠落到人的心灵上的顺序来记录下它们吧，让我们跟踪追寻这种模式，无论它看上去是多么不连贯和不一致，每一瞥间的景象或每一件小事都在意识上刻画下了这种模式的痕迹。"请根据你阅读《墙上的斑点》的体会，阐释这一文学使命。

（解说：布置这道题的目的在于加深学生对意识流小说的理解，并为第二课时的话题探讨作铺垫。）

第二课时

一、习题交流

就上节课留下的作业进行简单交流，这比单纯的教师批改更易引起学生的注意，而且更能集思广益。在交流过程中，教师应注意从以下三方面进行点拨：

1. 所谓"原子"是指来自四面八方，细小的、奇异的、倏忽即逝的、微尘一般的印象。如《墙上的斑点》中的"骑士"、"蚂蚁"、"钉子"等。

2. "这种模式"是指对传统的写实主义的反叛，作者反对对"事物的精心编造"，反对对外部细节进行繁缛的描写，而注重生活印象，即"变化多端的、未知的、不受限制的精神"。如在《墙上的斑点》中，没有情节、没有喜剧、没有悲剧、没有爱情的兴趣和灾难、没有冲突，甚至没有人物。

3. "不连贯和不一致"是指那些印象具有很大的时空感，跳跃性很大，使人觉得断断续续，甚至表面看来毫无关联。如《墙上的斑点》中斑点、钉子、肖像画、房客、坟冢等，它们无论在时间、空间，还是在性质、意义等方面都没有必然的联系。

二、具体研习

这一环节围绕本文重难点，着重设计一些目标明确的话题，可由教师事先拟定，也可让学生在课堂上提出，然后分小组讨论。为避免肤浅，每个小组可选择其中一个话题展开讨论，讨论结束后，各组派代表讲解，并接受同学的质疑，教师进行点拨指导。

话题一：作者在“印象”的选择上有什么特点？

明确：学生发言后，教师可从以下三方面进行点拨。

1. 对比性。在本文中，许多印象构成了鲜明的对比，例如钉子与蜗牛（性质上的对比）、猫与鼠（生物链上的对比）、鸟笼子与珠宝（价值上的对比）等。

2. 大跨度。本文中出现的印象，在时间和空间上的跨度很大。

例如从假定镜子打碎，到森林消失，到面对面坐在公共汽车和地下铁道（就是在照镜子），到希腊人、莎士比亚，到内阁大臣，印象转换速度很快，具有相当大的时空间隔。这充分说明人的这种意识之流能够突破逻辑联系和时空限制而随意漂移，在现实与幻想、过去与未来之间自如流转。

3. 生活化。本文中出现的印象既有虚幻的一面，但更具有生活化的特点。无论是钉子、蜗牛、猫、鼠、鸟笼子、珠宝还是肖像画等都来自现实生活。这种生活化的印象，使意识流小说褪去了荒诞的色彩而具有了现实的批判性。

（解说：设计此话题的目的在于帮助学生明白意识流小说并非胡思乱想，不是头脑中印象的随意堆砌，它有着作者明确的倾向性和选择性。）

话题二：作者采用了怎样的结构来安排诸多印象？

明确：学生发言后，教师可从以下三方面进行点拨。

1. 线性结构。本文在安排意识流动时，采用了直线行进的结构方式。这主要通过哲理式的语句来体现。例如从“我们的思绪多么容易一哄而上”到“生命是多么神秘；思想是多么不准确！人类是多么无知！”到“一切历史的虚构是多么沉闷啊！”再到“这里是多么宁静啊——假如没有惠特克年鉴——假如没有尊卑序列表！”最后到“即使到了这种地步，生命也并没有结束。这棵树还有一百万条坚毅而清醒的生命分散在世界上。”这些哲理性语句之间具有一种层层深入的关系，使整体结构呈现出一种直线行进的方式。

2. 辐射结构。本文在安排线性结构的同时，一般采用辐射的结构方式具体展开。每一次猜测，除了个别采用连环方式外，大都采用并列辐射的方式。例如，作者以木板为中心点，作了大量的横向辐射：大主教、大法官；衣柜、实在的物体；树木、草地、森林；母牛、雌红松鸡；鱼群、水甲虫。

3. 环形结构。本文的整体结构采用的是环形结构：从“墙上的斑点”（猜测）到“墙上的斑点”（结论），其间又不断地回到“墙上的斑点”。在局部展开时，也时常使用环形结构，有时候在辐射中带着环形。例如从古冢—坟墓或营地—白骨—收藏家（收藏白骨）—牧师（与收藏家通信）—老伴（借考证带老伴旅行）等，这就是一个典型的环形结构。环形结构使小说的意象流动显得自然有序。

（解说：设计这一话题是为了避免学生产生意识流小说是不讲结构的误解，并能通过对意识流小说结构的分析，正确把握小说的内涵。）

话题三：安德鲁·桑德斯在《牛津英国简明文学史》中指出：“她（指弗吉尼亚·伍尔夫）的小说不仅要试图‘消解’人物，而且还要在美学的形态和形式中重建人的经验。”请以《墙上的斑点》一文为例，对此种说法做出分析。

明确：学生发言后，教师可从以下三方面进行点拨。

1. 本文中没有传统的人物形象出现，更不可能有作者对人物形象进行描摹刻画。文中隐约出现的两个人物，一个坐着没做任何行动，也没说一句话；另一个人在最后出现，只说了一句话。这两个人物，你都看不出他们的性别、年龄、职业、身份、相貌等，总之，小说中的人物都被虚化了。

2. 小说中的“我”不是构成故事的要素，而是串联各种印象的线索，这个“我”不与外界发生任何联系，因此也不可能有矛盾冲突的构成，但“我”的内心却不是平静的世界，而是波涛汹涌的海洋。因此，人物在模糊、在消解，而主观意识却被最大限度地凸显出来。最后的“一个人”也不是可有可无的，他的出现既给出了“我”猜想的答案，而且也使我的意识流动有了归宿，并使意识与现实形成巨大的反差，使读者在一种期待的落空中产生更深刻的哲理思索。

3. 小说中，作者在虚化人物形象的同时，重构了独特的人的经验，那种瞬间的反应、暂时的情绪、短暂的刺激、随意的暗示和游离的想法，都使我们有一种耳目一新之感。例如面对一个普通的斑点，她想到了板上的裂缝，想到了一棵树，想到这棵树倒下了，但生命并没有结束，“还有一百万条坚毅而清醒的生命分散在世界上”，这棵树就给了作者同时也给了读者“平静的、幸福的联想”。这种对人的经验的重建，使人物具有了“无限可能性和无穷多样性”。

（解说：设计这一话题有两个目的，一是帮助学生进一步体验意识流小说在人物处理上的技巧，一是培养学生运用实例分析美学观点、文学原理等的能力。）

话题四：伍尔夫非常关注“时间”，她在《奥兰多》一书中对“时间”范畴进行了深入的思考，作出了明确的表述：“一个小时，一旦留驻于人的精神这个奇异的元素中，与钟表上的长度相比就可能扩展到50或者100倍；相反，1个小时也可能在心灵的时间上精确地表示为一秒。”请以《墙上的斑点》一文来印证这段话。

明确：学生发言后，教师可从以下三方面进行点拨。

1. 《墙上的斑点》实际使用的时间只有片刻，但在其意识流动中，却跨越了多个世纪；也就是说心理时间较实际时间扩展了上百倍。

2. 在作者意识中的生活经历与历史事实，其时间却在高度浓缩，例如人与人的交往，在作者看来如同在火车里看见的人与事一般一晃而过；而对于生活的速度，作者又以一个人被射出地道口、纸袋被扔进邮局的输物管道、跑马的尾巴来作比。如此，一个原本较长的时段，被作者浓缩到一个点上。

3. 在作者笔下，时间可以迅速地切换，过去、现在、未来交替出现。例如作者从斑点联想到墓地，再联想到散步时会想到草地下的白骨，然后猜想会有收藏家（上校）发掘出白骨，而他又会与牧师通信，牧师的老伴正在做樱桃酱，或正想收拾书房，又联想到上校正写一篇文章，恰好中风，此时上校又想到了营地和箭镞，又由此想到了中国女杀人犯的脚、伊丽莎白时代的铁钉、都铎王朝时代的土制烟斗、罗马时代的陶器等等。可以说作者是站在现时，往左看到了遥远的过去，往右看到了虚无的将来。而这一切，又不过是作者头脑中片刻的闪现。

（解说：设计此话题的目的在于提醒学生注意意识流作品对时间的重视和独特的处理，提高学生比较分析、相互印证的能力，培养学生在阅读中研究的习惯。）

三、欣赏品味

与“具体研习”相比，这一步着眼于本文的细节，要求学生能够品味本文语言的节奏运用、修辞手法、哲理意韵以及作者的表达技巧。品味工作也应该引导学生自主地发现美、理解美、运用美。同样，教师也可作一点品味示范。一般来说，欣赏品味可从三个方面入手，即品味对象、品味步骤和品味分析。在此试举一例。

品味对象：贴切而奇特的比喻。

品味步骤：第一步，快速阅读全文，找出所有的比喻句。第二步，对找出来的比喻句进行归类。第三步，将每个比喻句的相似点抽取出来。

品味分析：文本本身就是一个隐喻，作者要写的不是有关“墙上的斑点”的故事，而是借“墙上的斑点”说明一个道理：客观存在并不重要，重要的是人的意识的活动与反映；客观的显现是短暂的，只有人的意识流动，存在于记忆中的生命体验才是永恒的。本文大量的比喻句各有寓意，但它们都没有跑出整体寓意的范畴。例如关于火车上的那个比喻，它的直接的寓意是时间的飞速而过，而它的更深层次的寓意却是：眼前所见的一切，包括人与人之间的交往联系都是虚幻的、难以把握的，而留存在意识中的印象或者说记忆中的生命体验，才具有真实的审美价值。

这符合弗吉尼亚·伍尔夫的文学主张，即文学应转向人的精神和心灵，力图揭示出“隐秘的深处”“生命模式”和“真正的真实”。

四、布置作业

下面一段文字摘自弗吉尼亚·伍尔夫的长篇小说《达洛威夫人》，读后请写一段鉴赏性文字。

达洛威夫人说自己去买花。因为露西有她自己的活儿。所有的门都将卸下来；拉佩梅尔公司的人快来了。然后，克莱丽萨·达洛威的思想走了神，多好的早晨啊——凉爽宜人，感觉好像沙滩上玩耍的一群儿童。

多有意思啊！突然置身于户外！因为她过去好像总有这样的感觉，每当随着门折叶吱扭一声——她现在仍能听见那折叶的轻微响声——她猛地推开波尔顿住宅的落地窗而突然来到户外的时候。清早的空气多么清爽，多么宁静，当然比现在还静，像海浪的拍打，像海浪的亲吻，又凉又刺激，而且庄严(对当时18岁的她来说)；她当时立在敞开的窗前，感觉到某种可怕的事即将发生；她凝视着花草和树木，看见烟雾蜿蜒飘离树木，看见白绪鸦飞起又落下；她就这么立着、看着，直到皮特·沃尔士说：“在菜园里想心事啊?”——是这么说的吗？——“我宁愿和人在一起，不愿跟菜花呆在一起。”是这么说的吗？那天早餐时，他肯定说过这话——皮特·沃尔士，当时她到外面的阳台上去了。他近日内就要从印度回来了，六月或七月，她忘记是哪个月，因为他写来的信总是沉闷不堪；让人记住的是他说过的话，而他的眼睛、他的小刀、他的微笑、他的坏脾气，所有数不清的这一切都无影无踪了——多奇怪！——就这么几句有关白菜的话。

（解说：布置这一道练习的目的，一是为了巩固学生所学的知识，二是使学生学以致用，三是培养学生以研究与表达为核心的综合能力。）

尽管笔者在编写这一教学方案时，已经在关键之处加以解说，说明各环节设计的意图和作用，在语言运用上也尽可能做到生动形象，但由于意识流文本本身的难度及为解读文本而作的大量引用，使读者读起来会觉得冗长，难以快速把握，想要直接用之于课堂教学几乎不可能，甚至，如果不能完整体会笔者设计的意图，不能发现各环节的设计价值和存在问题，就难以起到提升自己的课堂教学水平的作用。

二、 教学案例的介入

面对众多的语文教学案例，教师除了认真比较，精心挑选，更要考虑如何将教学案例恰当地应用于课堂教学中。简单地说，教师在选择教学案例的同时，需要考虑特定的教学案例该在什么时候使用，通过什么途径使用，以及采用什么样的方法，使教学案例发挥最大的功用。

（一）介入的时机

一堂课，不可能全都是教学案例，除非是案例分析课。对于绝大多数有经验的教师来说，案例介入的时机是不需要再三考虑的，凭借直觉就能做得非常到位。该用时决不吝啬，不该用时惜言如金。那么，作为一名导师或讲师，我们在教学过程中，究竟该如何确定什么时候使用语文教学案例呢？其实，这也是没有定数的。一定要根据教学的内容、环节、目的、学生的需求来确定。一般来说，以下几种情况是需要考虑使用案例的。

1. 讲完某种艰涩或重要的理论

任何教学案例的价值，就在于深入浅出地证明某种观点，说明某种现象，强调某种方法等等，让读者比较容易理解一些艰涩难懂的概念，把握特别重要的教学理念，学会有创意的教学方法。教学案例的介入，目的在于证明这某概念的重要性，某种理论的正确性，以及某种方法在实际教学中的可行性。简单地说，当我们要向老师或师范生清楚地介绍语文教学中某种教法、模式的时候，一定要通过对教学案例的巧妙引用，来实现形象化教学，使所有听课者，能够在最短的时间内，完成复杂而重要的工作。

例如赵谦翔针对中学生怕学文言文的现实，创造了绿色文言文教学。但中小学教师谁也没听说过绿色文言文这个概念，更不要说应用操作了。为此，赵谦翔专门写了一篇论文《绿色文言教学概说》，在阐明绿色，绿色文言文教学等概念、绿色文言文教学相较于传统文言文教学的特点与优势后，专门列举了自己的一个教学案例。

第一轮《文言读本》教罢，我曾依照惯例出了一套试卷来测试，内容包括默写、点读、基础知识、课外阅读四项。结果，平均成绩为82分。按理说，全班仅仅经过高中一个学年的文言训练，就能达到如此水平，该是很值得乐观的了，但我还是感到没能充分展示“绿色文言教学”给学生们带来的学习乐趣和足以受用终生的文化素养。于是，我别出心裁地搞了一次特殊的验收：让他们运用文言，自选角度，写一篇学习《文言读本》的心得。尽管平时并没有做过这类训练，但交上来的文言习作仍然令我喜出望外，只有三分之一的语言不太合乎文言规范，还有三分之一的语言基本合乎规范，另有三分之一的语言不但规范而且生动活泼，颇有味道。这正是“无心插柳柳成荫”。①

为了进一步证明自己所言属实，且更令读者知道绿色文言的操作方式，赵谦翔还特别附上一篇学生习作与教师的点评。

体悟文言

金橙橙

余习文言期年，诗词歌赋、典章史籍，已诵千言。登高自卑，循序渐进，乃徐有得。至于今日，乃以文言记之，兴如之何！【点评：“期年”，学自《邹忌讽齐王纳谏》。“登高自卑”，古代名言，“自卑”，乃古今异义词，在此为“从低处（开始）”义。“如之何”，文言感叹句式，用之既确，何愁不懂？】

然顾往昔，文言肇始，学途多舛，举步维艰。目得之而心不至，言虽解而理难明。望“之乎者也”而惶惶焉；临“孔孟老庄”则茫茫然，叹曰：“悲哉！哀哉！”【“学途多舛”，学自《滕王阁序》命途多舛”。两组对偶句造得颇有文采，不但形式工整，而且内容对比

① 赵谦翔. 绿色文言教学概说[J]. 人民教育，2004(11)：36—39.

鲜明。“目得之……言虽解”两句将只动眼不动心、只泛览不精思的毛病和只会文白对译不能理解文意的后果揭露无遗。】

至观于《朱子读书法》而后明其道，乃力行之：“使其言皆若出于吾之口；使其意皆若出于吾之心。”虚心静虑，心眼专一。然则字字昭然，句句判然；明析之思，贤才之论，亦了然于胸矣。【纵观全文，可知朱熹学论深入其心。此段内容与上段恰成正反对比，表达鲜明。】

夫古文者，铺采摛文，字字珠玑，斯诚中华古文化之精华，百代千秋之资也。《文心雕龙》曰：“才高者苑其鸿裁，中巧者猎其艳词，吟讽者衔其山川，童蒙者拾其香草。”诚如是也。读之吟之，思之志之，既品文辞章法之精妙，亦览仁人庄士之明达。【所引《文心雕龙》字句实乃自学所得，足见文言学习兴趣浓厚之效。“既品……亦览”之句可见作者始终不忘“文道兼修”的原则。】

余每习一古文，必撷其名句佳章，察其炼字用典之传神、平仄音韵之优美、结文构章之艺术。久之，所得颇丰。每有余暇，则凝神默想，若身临其境，逸兴遄飞，舒啸放歌，兹可乐矣。【此段谈学习文言之乐，不但套用、化用了许多文言名句，而且在模仿古文整散相间的句法艺术上尤为出彩！】

然则师诸子以知进德修业之道，从忠良而明治国安邦之策。喜子安之所喜，悲右军之所悲，感介甫之所感，叹昌黎之所叹，展义骋情，酣畅淋漓。同史迁稽兴衰成败，纵观古今；共苏子适清风明月，笑对人生，赞曰：“乐哉！快哉！”【此段集中谈文言文学习对自己的情操、理想的有益熏陶。历数名著作者之“所喜”、“所悲”、“所感”、“所叹”、“纵观”、“笑对”，抒写自己与之共鸣的心怀，不但真实可信，而且颇得古文排比铺陈之妙。议论抒情融为一体，酣畅淋漓！“乐哉！快哉！”之赞，又与前文的“悲哉！哀哉！”之叹相呼应。】

亦苦亦甘，苦尽甘来。劳神慎究，始解文辞之真意；苦思冥想，方悟行文之深藏。熟读精思，博闻广志，斯诚诵习文言之要法也。余诚能深谙于心，力行于学，则智明行圣、达材成德可计日而待也！【“熟读精思，博闻广志”概括文言学习之法可谓精当。“智明行圣”是从荀子“知明而行无过矣”浓缩而来；“达材成德”则从孟子语录得来：皆强调为学务必德才兼修之理。可谓深得古人教育精髓之语。】

作者在创作谈中如是说：这是我学习文言文一年后在老师的辅导下创作的有生

以来第一篇文言作文。在写作时，我努力回想自己平时诵读文言时积累的语言知识并运用于文中。就在我完成这篇文言习作的过程中，我越发地感受到中华古文化的巨大艺术感染力，每想出一句语言精炼、形式工整的文言语句，我都感到一种很大的充实和满足，这正是创作的快感。同时，我也意识到自己的语文水平还相当有限，对于文言词汇和句法的运用还很不熟练，惟有多推敲、勤练习才能锻造出自己的作文精品。

为了进一步证明绿色文言的功效，赵谦翔还补写了他第二轮实验的一个创新之举，即将上一届学生写的文言文印发给新一届学生，作为文言文前导课，引起强烈反响，一百多位学生写出了他们激情洋溢的“一言心得”。然后，赵谦翔列举了七位同学的心得。

马林娜：我原来想：文言之境界是大师们的天下，没想到人人皆可如此。今后我也要走进“绿色文言”的境界，尽享学习文言的“其乐无穷”。

许田恬：我今后不会再把文言视为应试的工具了，我会用自己的一生来用心学习它。

岳鑫：常言道：君子爱财，取之有道。如今圣贤的思想和文章这么大的财富就在眼前，老师教的又是取财的至真至正之道，我还有不为心动的理由吗？

陈博：听了今日一课，“语法”、“语感”之说使我大悟。再看师哥师姐的文言文，感到如此学下去，前途无量。

苏士元：以前总认为“天下文章一大抄”是贬义，现在看来不然。古人正是熟记前人文章加以改造创作，才写出了胜于前人的美文。这便是因为受用终生的“语感”吧？

李莎：古文之学，不可废止，文德并修，其乐无穷！

高倩：老的，未必就是过时的。文言文永远具有它独特的魅力。学习文言任重道远。只有多诵多记，详细研读，才能体会其中的真意。临渊羡鱼，不如退而结网。

最后，赵谦翔和学生们一起取得了两点共识，作为论文的结论：

第一，绿色文言的学习之法：熟读精思，培养语感。第二，绿色文言的学习目的：不仅是为了考试得分，更是为了终生享用——欣赏古代的文化典籍，升华自身的语言修养，接受古圣先贤的精神滋补。

当我们发现赵谦翔的这个研究成果的时候，我们可能希望学生能够去了解并掌握，如果照本宣科，直接宣读赵谦翔的论文，那效果肯定好不到哪里去。分析赵谦翔这篇论文，实际上是有四个案例组成：(1)第一轮实验(做法)——用文言笔法写学习《文言读本》心得。(2)第一次实验后成果——学生用文言写的一篇学习《文言读本》心得的优秀习作及点评。(3)第二轮实验(做法)——将上届学生的优秀文言习作作为教材发给学生，并要求写心得。(4)七位学生用文言文写的优秀心得。这四个案例究竟该什么时候用呢？

如果是仅仅介绍绿色文言的教学理念，那么，其程序应该是：阐述赵谦翔提出绿色文言文教学的背景，介绍绿色文言的基本概念，然后直接出示七位学生的感言，再请学员来评价绿色文言文教学，其他三个案例涉及的是操作方法，可以不在此处应用。

2. 介绍某种具体的操作技巧

无论是师范生的“语文课程与教学论”各门课程，还是语文教师职后培训，介绍语文教学的具体操作技巧，均是重中之重。有的方法老生常谈，是不需要使用案例进行证明解释的，但有的创新方法或者比较复杂的方法，那一定是要通过教学案例来解释说明的，否则，学生即使听懂了某种方法，他也不可能在课堂教学中进行具体的操作。因此，对师范课程执教教师或培训师来说，教学方法配相应的教学案例，应当成为教学的常态。这就像福建教育出版社出版的《经典教学方法荟萃》一书，在每种经典方法题目下，先进行概念阐述，接着使用一个或多个教例加以介绍说明。下面我们摘录书中的“中介教学法”①一节，以供读者参考。

在“中介教学法”的标题下，作者首先说明这一教学法的提出者是以色列 Barilan 大学教授弗斯，接着介绍其基本观点：在教学过程中，学生为认识的主体，教科书为知识的主源，教师为主体向主源索取知识的中介，起到桥梁与触媒的作用。作者认为，这个中介的提法进一步确认了学生的“主体”地位，有效地改变了教师在教学过程中包办代替的现象，更加符合外因(教师启发诱导)通过内因(学生思维训练)起作用的事物发展的客观规律。接着作者开始介绍“中介”的概念，认为它原是一个哲学概念，具有深刻的辩证思维特征，其基本含义是：指事物之间互相联系和转化的凭借条件以及由此

① 默耕主编. 经典教学方法荟萃[M]. 福州：福建教育出版社，1993：415—417.

及彼的桥梁。最后，作者强调中介教学法遵循一条根本原理：适应与转化的原理；三条基本原则：理论指导原则、结构模式原则、因势利导原则。

在介绍完中介教学法的价值、内涵、原理与原则的基础上，作者提供了一个小学一年级语文教例。

教学过程	说明
1. 学生打开书本，用手指着印有“6”字的那一页。	教师不直接说打开第6页。
2. 教师：同学们，“6”字怎样读？	同学都能回答，他们在数学中学过“6”字。
3. 要学生用手指着滑梯上部的“上”字。	教师写“上”字，不读音。
4. “上”字怎样读，请同学们选出一个拼音学得好的同学来拼读，大家鉴定他读得准不准。	教师组织作用，由学生自己在已有的基础上学习新知识。
5. 用多种形式反复练读“上”字。且用“上”字说话。	
学生说，学生评，教师判。	
6. 用同样的方法教“中”、“下”二字。	学生答：教我们写“上”、“中”、“下”的笔顺。
7. 教师板演出课文下面的笔顺图。(图略)问学生：这个图是用来干什么的？	学生回答：“口”字，在前面已经告诉我们怎么写了。
8. 为什么“上”字的笔顺“竖、横、横”一笔一画，清清楚楚，而“中”字笔顺是先写个“口”，再加一竖，“口”字又怎么写呢？	只要教师启发得当，学生将表现得非常聪明。

3. 教学过程中的起承转合处

所有符合教学规律的课，都不可能是直线型的，它都会呈现清晰的板块结构。同样，教师的执教，也有着这四个结合部。在每个结合部添加一个教学案例应该是可以接受的，且更能让每一位学生都能明白教师的良苦用心。我们将四个结合部，分别用古代文章章法的“起、承、转、合”来命名。

(1) 起，是指教师的导入语。导入是一堂课的起始，导入出色，则课能自然地前进一步。可以说，一个成功的导入就是一堂课成功的一半。因此，我们在考虑导入的时候，不妨先考虑下使用这样的案例来先声夺人，为此，我们专门编写了《语文案例教学论——课堂导入与收束》一书，全面系统地介绍了各种导入的方式。当然，如果一个教师能够以精彩的课堂导入作为自己的课堂导入，那他的课就一定能吸引住学生的心。例如某教师在培训课前先通过 PPT 出示一个案例：

《走一步，再走一步》①

师：(在黑板上写下《走两步》)

生：老师你把课题写错了，是“走一步，再走一步”。

师：走一步，再走一步，难道不是走两步吗？作者把题目复杂化了是不是啊？

生：不是！

师：既然这样，那么作者为什么要用“走一步，再走一步”做标题呢？请大家带着这个问题一起来学习课文。

然后，教师请学生(员)讨论，这位老师的导入处理有何特点、作用，经过讨论，大家明白：

在一个没有问题的地方提出问题，本身就很有趣，使学生感到很新奇。这个问题好像在让学生玩弄字眼。从一般行动的形式上说，确实是“走一步，再走一步”就等于“走两步”。可实际上，问这个问题的意图在于启发学生想问题要会变一个角度，换一种思路。由此引入课文核心内容的学习，即引导学生把握文章的内容和主旨——“遇到困难，要学会自己去解决，要学会把困难分解，一小步一小步地去克服，这样即使有巨大困难，也会容易战胜”。标题的语言形式选用，不是随便确定的，它是对文章内容的强调，用一个形象的语言表达一个较为深奥的哲理。这个导入可谓是抓住了

① 蔡伟，纪勇. 语文案例教学论·课堂导入与收束[M]. 杭州：浙江大学出版社，2012：93—94.

要害。

（2）承与转，都属于过渡，是从甲向乙转换的结合部。承是顺向的过渡，转是逆向的过渡。要让学生能感受到我们课堂教学的严密性，就一定要考虑承与转这两大过渡方式，并在过渡过程中插入恰当的案例来强化。仍然以前面那位教师执教“语文课堂导入创新”一课的教学为例。教师在一节课里面共介绍了12种导入的方法，每一种导入的方法之间，教师往往都以一个典型的案例介入作过渡，令人耳目一新。例如，从问题式导入到铺路式导入，教师采用了这样的过渡方式：同学们，刚才我们通过案例分析，掌握了悬疑导入、设问导入、反问导入、追问导入等四种问题导入法，下面请大家来分析下这个案例，这是某教师在执教《西湖漫笔》一课时的导入：

我们已学过朱自清的《绿》，全文重写“绿”，给人以美的享受。我们今天学习宗璞的散文《西湖漫笔》，全文也通过写“绿”抒情达意。然而，同样写“绿”，在写法上却有不同：第一，朱自清只写“点”，全文写了那么多“绿”，但都是集中写梅雨潭的水。宗璞则不仅写“点”，而且还写“面”，“点”也不是只写一个。第二，朱自清和宗璞都把不同的绿作比较，但比较的内容和方法却有所不同。第三，朱自清写梅雨潭的绿，抒发了主观的强烈情感，表达了大胆而奇妙的想象。宗璞写西湖的绿，有抒情，有联想，把实景当作象征，但总的来说是偏于客观的细致描写。以上三点，请同学们在阅读课文时，作具体的比较分析。

经过讨论，大家明白了这个导入与前面这些导入的区别：

这个导入偏重于理性点拨，把已学过的课文与将要学习的课文做了三重比较，在比较中提示了三重意思，也是告诉学生学习的方法。同是写一种事物，写法是可以不同的，可以单写点，也可以点面结合。暗示学生，点面结合的方法要难一点，学习新课要予以注意。为写事物的特点，需要运用比较的方法，两篇文章的比较思路需要注意，也就是学习时要注意比较的具体用法。学习还要注意作者所使用的艺术手法，与以前见过的不一样。这种导入，实际就是在引导学生学习新课文时的一种思路，一种方法。学生在老师的导入语中发现了不曾了解的知识，不曾用过的方法，兴趣就会生发，注意力就会集中，再进入学习，会感到得心应手，获得成就感的幸福，这么“有可捉摸”的学

习，必然会提高学习效率。[①]

如此就从一种导入顺利地过渡到另一种导入。这是顺承（顺向过渡），反转（反问过渡）同样可以采用这种方法。例如，同样是这位老师，在讲完有创意设计的成功导入后，突然出示一个《喜鹊》教学案例，并要求学员作出分析：

师：上课！

生：老师好！

师：深圳离北京好远啊！谁到过北京？说说你到北京的见闻，话可长可短。

生：我去过北京清华大学。

师：哎哟，要说清华大学可就大了。现在有几所大学归并给清华大学。其中大学中心地点是清华园。清华园是全国占地面积最大的校园，有 4 400 多亩地，我们附小就坐落在那里呢！

生：我到过天安门，好雄伟啊！

师：每天早上或者每晚七点钟的《新闻联播》中最醒目的是——北京的天安门。

生：我去过天坛、颐和园还有人民大会堂。

师：那是一个开重要会议的地方，前几天在人民大会堂召开的一个重要的会议是——

生：十六大。

……

经过学员研讨，大家明白：教师设计这个导入的意图是对的，大概是想用谈话法先拉近师生的心理距离，吸引学生的注意力。但用力不对，就会适得其反。

所选择的内容与要学习的新课内容无关，对新课学习的积极作用很少。况且，用的是对话形式，那么，就要引导学生养成专注于对话主题、围绕主题发言的习惯，而教师在对话中，自身对学生的回应就显得关注不够，使对话显得有点“自说自话”。语文课上，都会喋喋不休，但讲什么，怎么讲，确实大有讲究，作为语文工作者，确实不可不

① 蔡伟，纪勇. 语文案例教学论·课堂导入与收束[M]. 杭州：浙江大学出版社，2012：98.

思考，严肃对待，加强修炼。[1]

如此，教师就自然把此课内容从正确导入到注意导入的误区的过渡。

(3) 合，即收束。收束与导入，具有同样的地位和作用。导入在于先声压人，收束则在于余音绕梁。如果在课堂教学结束之前，教师能给学生一个课堂收束的示范，那么，学生即便学完了一课，他仍然会沉浸在成功教学的喜悦中。

例如，前面那位老师，在讲完了 12 种导入后，是这样收束的：各位老师，我们刚才所讲的 12 种导入法，有的大家经常在用，有的可能偶或一用，有的甚至是你第一次听到。然而，无论哪种导入，重要的不在创新，而在巧妙、恰当。当我们听到侦老师在执教《游褒禅山记》一课的导入时，我们又有怎样的感想呢？教师出示 PPT：

同学们，大家是否记还得毛泽东面对滚滚北去的湘江，红林尽染的群山，发出了怎样的慨叹呢？（学生齐答：问苍茫大地，谁主沉浮）徐志摩面对沉浸在夕阳余晖中的康桥，又吟唱出了一种怎样的缠绵与不舍呢？（学生齐答：我挥一挥衣袖，不带走一片云彩）朱自清面对清华园中那方笼罩着朦胧月色的荷塘，又怎么说的呢？——“热闹是他们的，我什么都没有。”流露出的是一种淡淡的感伤。敏感的中国文人总是喜欢徜徉在山水间，在自然里汲取精神成长的智慧与力量。那么宋代的王安石面对褒禅山的探险之旅，又体悟出怎样深刻的人生哲理呢？那就让我们走进文本，思接千载，与先哲对话。[2]

请各位分析这个导入，看看这个导入与我们今天所讲内容有多少是吻合的？我们能否从中总结出导入的几条原则和基本规则？

（二）介入的途径

教师在教育的教学过程中介入教学案例，无外乎有四种途径：通过教师自己讲解介入；通过学生的讲解介入；通过课堂观课介入；通过课件展示介入（可以是教师，也可以是学生或学员）。

---

① 蔡伟，纪勇. 语文案例教学论·课堂导入与收束[M]. 杭州：浙江大学出版社，2012：78.

② 同上，第 39 页。

1. 教师讲解介入

这是最常用的介入方式。课程是教师设计的，主要内容是教师自己来讲解分析的，因此，在讲解过程中穿插一些教学案例也是最自然不过的。一般来说，教师在阐明某个理论观点，论述某种系统原则，介绍某种风格流派，说明某种方法模式等等时，都会出示一些教学案例进行佐证、演绎或归纳。教师讲解一般要注意到以下三点：

(1) 努力变化教学语言

虽然大量的教学案例本身具有相当的吸引力，经常使用案例能增强讲课的魅力。但如果是一个系统的课程，教师要讲一个学期，如果在介入教学案例的时候，只使用相同的语言来表达，那么，时间一长，学生就会产生审美疲劳，优秀的教学案例也许会在教师枯燥乏味的语言表达中失去魅力。

(2) 做到详略安排得当

教学案例有长有短，有详有略，教师在选用的时候必须要注意搭配。如果一味使用长案例，学生的接受会有困难；反之，经常使用精短课例，学生会产生隔靴搔痒的感觉。因此，教师要根据教学内容、教学对象、教学目标、教学重难点等需要，来确定教学案例的详略。必须讲妥的地方，可泼墨如水；不必深讲，或只需要学生有所了解的地方，则要惜墨如金。

(3) 尽量做到讲演结合

教师的教学语言能力最强，也难以保证长时间吸引全体学生，特别是有的弱于听觉长于视觉的学生，会觉得不过瘾，或者不能完全听懂。此时，就需要教师言传以外的“身教”了，即教师通过示范，来增强学生对于教学内容的感知度。事实上，有时候体态语言比声音语言更重要，研究表明，体态语言、口头语言和书面语言信息传达的效率比分别为：50%、43%、7%。因此，教师在介入教学案例的时候，应当努力考虑恰当使用一些“表演性”内容，即通过丰富的体态语言来模仿真实的课堂情境，确保学生能够生动而深刻地理解教师的教学内容。

2. 学生讲解介入

一般来说，在师范生教师教育类课程中则较常采用此法，而在教师职后短期培训很少采用这种案例介入法，原因是时间短，授课教师与参训学员缺乏必要的沟通，贸然让学员来讲案例，有可能出现两种情况：或做“沉默的羔羊”，或胡编乱造，应付了事。

因此，教师职后培训让学员来讲解案例，一般由项目设计者作为独立的课程来处理。不过，无论如何，学生讲解介入最能体现教师教育的学生主体性，最能发挥学生的主观能动性，通过学生的现场说法，更接地气，更贴近学生，因此也就更具有案例价值。调查表明，由学生自己来讲解是最受欢迎的案例介入之法，也是他们在课堂教学中最能获得成功体验并由此激发学习兴趣和主动性的途径。当然，什么事情都不是一概而论的，如果教师在学生的讲解中，不予适当介入，那么，就有可能会起反作用。因此，当课堂教学中采用学生讲解案例的时候，一定要注意四个方面：

(1) 给予充分的时间

我们经常看到在一些教师职后培训中，讲师也会设计一些互动环节，其中包括让学员来讲解相关的教学案例。但效果并不是太理想，主动发言的人寥寥，被点将的，也往往支支吾吾，不知所言。究其因，讲师给予学员的思考分析与语言组织的时间过短。因此，无论是师范生课堂，还是教师职后培训的课堂，上课老师一定要给予学生充足的时间，让他们想说、能说、会说，从而在课堂上品尝成功的喜悦。

(2) 提前明确任务

在课堂上给予学生充分的时间，对于教师职后培训的课程来说是比较困难的，会在一定程度上影响到信息传递的效率。因此，最好的办法是，培训教师应当通过各种途径，提前向学员布置任务，让他们知道课堂上教师需要什么？课前需要做哪些工作？一旦参训教师的任务明确了，他就能够有针对性地作准备。当然，每位讲师的要求是不同的，这就需要项目负责人出面协调，例如，项目负责人从讲师那里了解其课程设计，然后将各位讲师的需求汇总，发给每位学员，由学员自行选择需要提前完成搜集与分析教学案例的任务。不同的教师，拥有不同的教学案例，可选择完成与自己所拥有的案例相关的教师的任务。例如，拥有偶发事件案例完成“课堂教学偶发事件处理”一课的任务，拥有教材处理案例的完成“教师如何成为教材的二度编选者”一课的任务，拥有语文命题案例的老师完成“语文试题命制的原则与方法”一课的任务等等。

(3) 教给讲解技巧

当教师布置了学生讲解教学案例的任务后，就必须密切关注讲解者的准备工作，除了了解其准备的案例的内容、长度、形式是否符合教学的需要外，更重要的是要抽出一定的时间与讲解者研讨，最好是给予他们试讲的机会，指导他们掌握一些有效的讲解技巧，克服试讲中存在的问题，从而确保每位讲解者能够顺利完成教学案例的讲解任务。讲师们必须明白的是，虽然教学案例的讲解者是学生同伴，但课程评价的指向仍然是讲师自己。以为任务都给了学生了，与自己就没什么关系了，于是事不关己，高高挂起。这种态度，一定会给教师教育带来危害。毫无疑问，如果学生讲解出色，就能为课程增光添彩，反之，板子一定会打到讲师身上。

（4）及时作出评价

学生讲解过程中，问题不一定马上就会暴露，或者教师来不及指正，或者时间关系不能马上予以纠正，更重要的是不希望打断学生的发言，以保证其思维的流畅性。这就需要等学生讲解结束，再来完成补充、纠偏等工作。因此，教师还要注意总结评价工作，当一个学生讲解完毕，教师均要给予适当的评价，这也是对学生劳动的一种回报。如果学生不能及时从老师那里得到回应，那么，以后他对于讲解教学案例，就会兴趣寡然。

3. 课堂观课介入

通过课堂观课介入第一手的教学案例，作为一门具体的培训课程的组成部分的做法非常少见，我们常用的方法是名师带徒弟合作教学，名师讲授，徒弟作案例化的模拟授课，这种处理还是比较受欢迎的。如果是进入一线学校真实课堂，那一般只出现在师范生教师教育类课程中，作为一个板块嵌入到完整的课程体系中。如果是教师职后培训，则一般作为实践活动独立安排，而不依附于某门具体的课程，这其实已不是一般意义上的教学案例的介入，但由于其具有不可替代的价值，因此，我们仍然将其合为课堂观课介入的内容来介绍。真实课堂介入从目的看一般有三种形式：求证某个数据、求证某种观点、求证某种方法与模式。在介入的方式上看也有三种形态：教师率队进课堂、教师介绍学生自主进课堂、学生不在教师的影响下全自主进课堂。无论哪种形式，课堂观课介入，同样需要注意三个方面：

（1）强调重心。作为案例介入的听课，必须抓住听课的重点，而不能眉毛胡子一把抓，教师要时刻提醒学生本次进课堂活动的目的是什么，听课的关键点是什么，抓住重点听课，才能听而有效。例如，如果教师教学的一个重点是教师提问频度与教学效果问题，那么，听课的人就应该主要统计与教师教学质量有关的数量，及提问之间的时间间隔，观察学生在教师提问后的反应等等。

（2）及时研讨。由于听课要走出大学校门，进入一线课堂，这里就会有时间上的间隔，如果听完课，不及时研讨，等一星期后再来回顾，那效果就会差得多，不仅仅是学生的记忆会发生偏差，更重要的是当时的氛围及学生的学习兴趣都会受影响。因此，无论多忙，听完一节课，就一定要抽出时间，围绕课堂教学目标、任务、重难点等，及时展开研讨，一课一了。

（3）形成成果。听完课，及时研讨交流了，老师教学的基本目的就达到了。但为了确保听课得来的知识、技能及其他各种经验得以巩固，甚至推广，教师还要引导学生根据听课情况撰写教学案例，学生能够看到自己的成果受到教师肯定，若在一定范围内流传，其学习的动力就会进一步激发，而且，这也可以成为其日后研究与教学最为重要的一手资料，自然，这也是在培养学生良好的听课习惯。

4. 课件展示介入

利用现代教育技术进行教师教育类课程创新，特别是在教学过程中通过课件介入教学案例，是目前最为流行的教学手段。这里所说的课件，包含了 PPT 教学课件，课堂教学音、视频，课堂教学相关素材等等。通过课件展示介入教学案例的好处是：直观形象、灵活多变、不受时空限制，案例资源丰富等等。当然，要让通过课件展示介入教学案例的途径获得成功，教师还需要注意三个增强：

（1）增强形象性

传统的教学案例以文字表述见长，教师通过极强的语言表达能力，将一个课例、一个教学故事，绘声绘色地传达出来。但毕竟语言表达有诸多限制，教师言语能力最强，它也只是作用于耳朵，并不能发挥教学案例的最大效能。现代技术的出现，为教学案例的快速高效传播提供了条件。但目前我们看到诸多教师教育类课程中，教师使用的课件还是以文字居多，这只是把口头表达转换成书面语言而已，其信息传递递增效应相当有限。因此，执教的老师在设计课件时，一定要发挥课件的形象性特征，通过光电声色的综合运用，充分调动听课者的多种感官，增强现场感、真实感，从而大大提高教学案例的可观性和欣赏价值。

（2）增强动态性

前面提到的形象性，主要体现在直观的视图上，例如书法、图画、照片，配合相应的背景音乐等等，但形象性还不是现代教育技术制作出来的课件的最强特征，让教学案例动起来，才能充分发挥课件的潜能。动态化的教学案例有很多，例如课堂教学录像片断、根据相关内容制作的卡通、分步骤演示的某些技巧等等。甚至，我们可简单地通过某些PPT制作技巧，让文字动起来，以此突出教学案例的关键。

(3) 增强时效性

通过现代网络技术和多媒体技术，可使某些教学案例在第一时间传递给学生。例如，我们曾经在国培计划示范性项目高中语文班培训中，采用了与省教研员实时连线，及时就双方互相提供的教学案例进行研讨。我们还通过校际通，向参训教师实时播放实践基地的语文课堂教学状况，当然，这种通过网络链接实时播放课堂教学的做法，需要教师较高的教学素养，能够在最短的时间内，捕捉到教学最需要的课堂片断，并及时作出分析。此外，教师还可通过网络搜索，及时提供参训教师所需要的案例。

（三）介入的方法

途径与方法在很多情况下是一体两面的东西，因此，将两者混为一谈的大有人在。然而，我们认为，教学案例介入的途径与方法是完全不同的。途径侧重在实施的通道或路径与手段，方法是具体的解决的办法或方案。途径相对固定，方法则变化多端。这里，我们将案例教学介入从逻辑的层面概括为三大方法：比较法、引申法、归纳法。

1. 比较法

比较法是深入教学案例内核最为便捷有效的方法，俗话说“有比较才会有鉴别”，通过教学案例的比较，可以使读者更真切地体验到教学的优劣。我们曾经开展过长期的体验型语文教学实验，取得了诸多成果，并且在编写的《语文体验型教学》一书中，大量采用了比较式教学案例，这些案例单独来看，也许无多少特殊之处，但将两者放在一起，读者就能比较清楚地看出不同的教法孰劣孰优。前面，我们已有举例，此处再举一例。

激情澎湃　文采飞扬[①]

执教教师：

蔡　伟

教学文本：

《窦娥冤》

对比内容：

导语设计

对照项：

今天我们来学习关汉卿的杂剧《窦娥冤》。这个杂剧写的是一个冤案，有一个叫窦娥的青年女子，为了保护婆婆，承担了药死公公的罪名，被昏官判了斩刑。刑场上她发了三个誓愿，结果一一应验，充分说明她是被冤死的。今天，我们就来学习这篇课文。

实验项：

阴云密布，悲风怒号，荒凉的法场上，一个美丽善良的弱女子，面对刽子手的砍刀，喊出了内心的悲愤与怨屈，然而有谁肯听她的诉说，有谁能为她洗刷罪名？在那样一个社会，也许她真的只能寄希望于皇天，然而，她真能感天动地吗？上天真的能还她一个公道吗？她是谁？她为何罹罪？让我们进入时光隧道，回到那个官贪吏虐，是非混淆的时代，去重温那一场悲剧的始末吧！

对比启示：

比较上面这两种表达方式，我们不难发现它们的教学效果是有很大差别的。第一种导入法是我们非常熟悉的传统的方法。它的特点是较为简洁，把主要故事简单地作了交代，可以很快地导入新课。但它的明显的缺陷在于它缺乏情感性，它没有发挥语言的魅力，没有营造出悲剧的气氛，不能引发学生浓厚的探究兴趣。第二种导入法，在语言上进行了大胆创新，它主要通过描写、抒情的表达方式，以及排比式的反问，既含蓄地交代了故事的主要情节，又充分调动了学生的情绪，使学生体验到一种悲愤的氛围，制造了悬念，引起学生浓厚的学习兴趣。

① 蔡伟，胡勤. 语文体验型教学[M]. 北京：中国历史出版社，2006：120—121.

需要指出的是，对于高中学生来说，这种通过教学语言强化课堂体验的方法更有益处：一则高中语文教材的难度加大，抽象性作品增多，一般的直观教具已很难胜任；二则通过课堂教学语言，更有利于学生抽象思维的培养，也可以满足学生对真、善、美更高层次的追求。学生陶醉在教师美的教学语言中，能够逐步滋生创新的意识，培养创造的能力，提升思辨的才华和高尚的情操等等。因此，开展语文课堂教学虚拟体验，首先要求每个教师努力锤炼语言，充分发挥课堂教学语言的情景虚拟作用，使自己的教学语言成为能够牢牢粘住学生心灵的"蜂蜜"。

当然，教师在具体使用案例的时候，采用比较法的方法应当是灵活的，而不仅仅由教师提供比较式案例。我们常用的方法包括：先请学生谈教学处理，然后由教师出示名师相关教学案例；教师虚拟某种教学处理，然后由学生去寻找更好的教学处理案例；不同小组提供不同的教学案例，然后师生共同分析比较；请两位学生进行模拟片断教学，然后师生比较分析等等。

2. 引申法

引申法原来属于文章写作技法，是指通过对某一结论的合理引申，使正确的主张得以强调，使错误的观点充分暴露的论证方法。我们这里借用到案例使用中，是指教师围绕某一教学观点、理论，使用多个案例加以引申，从而使读者能够全面深刻地理解教学的某种原理、方法、模式与技巧。

3. 练习法

练习法是教学案例最常用的介入方法，指教师通过设计练习，让教学案例自然导入课堂教学。练习法介入教学案例视练习的类型不同而有所差别。例如，教师根据教学内容，直接提供教学案例，请学生作分析训练；教师提供某种看法，请学生寻找教学案例以佐证；请学生根据教学内容编制教学案例等等。

第二节 中小学语文教学课堂应用

一般来说，教学案例总是用之于教师教育的课堂，成为师范生或教师职后培训课堂的重要内容。那么，中小学语文课堂教学中是否可直接使用教学案例？答案是肯定的，只不过在案例的性质、内容上略有差别，应用的目的、对象与价值上自然也有不同，在使用的途径与方法上差距更大。更明确地说，前者只是给教师或准备做中小学教师的师范生看的，应用于教师培训或师范教育课堂，目的在于提升教师或准教师的知识与技能，促进其专业发展；后者，既可以给教师或准教师们看，也可以给中小学生看，既用于师范教育或培训课堂，也可以直接应用于中小学语文课堂。

一、可直接用之中小学课堂案例特点

（一）从对象角度看

用之于中小学课堂的案例，其学习对象是中小学生，因此，这类案例往往具有知识性、故事性和游戏性的特点。

1. 知识性

由于此类案例的主要阅读对象是中小学生，因此，与通常我们接触的供教师阅读的“语文教学案例”相比，此类供学生阅读的“语文教学案例”更注重案例知识性。当然，所谓案例的知识性，是指此类案例本身包含有两大类知识：一是文化性知识，例如案例中包含着历史、文学、地理等常识；二是技术性知识，又称技巧性知识，重在学习方法指导，即向学生推荐优秀学生的学习方法，包括他们是如何读书、如何写作、如何交往等技术性知识。两种知识的案例在写法上是不同的，前者比较简单，一般的知识性文字片断均可列入；后者相对复杂，更接近于教师教育案例，它往往包含着某些学习理论、某种学习问题以及某些学习问题解决的方式等等。下面各试举一例：

陈胜为什么将帛书放入腹中[①]

《陈涉世家》一文记载陈胜为了威服众人，“丹书帛曰‘陈胜王’，置人所罾鱼腹中”，士卒看到鱼腹中的帛书，都“怪之矣”。陈胜这一招确实收到了预想的效果。但是，许多老师学生却不知陈胜为何要将帛书放入鱼腹中，大多以为士卒要买鱼，故装入鱼腹，这样理解有些肤浅。为了更好地理解陈胜的用意，我们有必要了解一下古人的封信方式。

古人的书信，最早写在竹简木牍上，后来写在帛书上，纸张出现以后，写在纸上，写好后，则放入木函中。木函分上下两扇，多制成鱼形，打开即为“双鲤鱼”。古诗说得很清楚。《乐府诗集·相和歌辞·饮马长城窟行之一》：“客从远方来，遗我双鲤鱼。呼儿烹鲤鱼，中有尺素书。”因此古代书信又称“鱼书”。唐韦皋《忆玉箫》：“长江不见鱼书至，为遣相思梦入秦。”装信的函以缄捆扎，叫做缄封。现在人们习惯在信封上自己的地址后署“某某缄”，即本于此。缄封后在绳子打结处加上封泥，盖上发信人的印章，叫做封印，以求保密。由于木函像鱼，故古书信又称“鱼封”。宋贺铸《风流子》：“念北里音尘，鱼封永断，便桥烟雨，鹤表相望。”所以在古人心目中，鱼是信使。陈胜将信装入鱼腹，众人看到后就以为此信乃上天所送，不由得对他刮目相看，陈胜也就达到了其“威众”的目的。

这是一个纯粹的知识性故事，它将语文文本中出现的一个师生搞错的知识，通过诸多的例证加以介绍，从而提醒并纠正师生认知上的一个易误点。

---

① 鲁六. 陈胜为什么将帛书放入腹中[J]. 语文建设，2007(2)：39.

怎样才能读懂一篇文章①

文章是用来反映客观事物，表达思想感情的。阅读过程是读者、文本、作者三者之间感情交流与对话的过程。阅读一篇文章，不光要搞清楚事件的来龙去脉，还要读懂作品中人物的喜怒哀乐，读出作者的嬉笑怒骂，同时还要了解作者是采用什么表达方式反映事物，表达思想感情的，并从中学习作者观察事物、思考问题和表达思想的方法。这样，才算是真正读懂了一篇文章。

1. 理解文章的主要内容

所谓主要内容，是指对全篇文章内容的总概括，不同文体的文章，所写的主要内容各不相同。叙事的文章，主要写事件发生的时间和地点，涉及的人物，事情的起因、经过和结果。写人的文章，主要写主人公是个什么样的人，有什么品质，有什么表现。介绍事物的文章，一般从事物的形状、颜色、大小、特点、作用等几方面进行介绍。写景的文章，一般介绍景物的特点。如何把握文章的主要内容呢？方法主要有三种。

(1) 自读质疑法。由文章的标题或围绕文章的主要事件自己提出思考的问题。如阅读《向命运挑战》一课，可以根据标题提出问题：谁在向命运挑战？他战胜命运了吗？阅读文章后可以提问：霍金是怎样向命运挑战的？在科学上有哪些重大贡献？霍金向命运挑战的事迹给了我们哪些启发？解决了这些问题，就把握了文章的主要内容。

(2) 段意合并法。一篇文章由几个段落组成，我们可以用合并段落大意的方法概括文章主要内容。先理清文章脉络，写出每大段的意思，再根据文章内容分清主次，如果都是主要的，就把段意合并起来；如果有的主要，有的次要，则需要抓住主要的，舍掉次要的。

(3) 根据文章的详略，抓重点段法。有些文章，重点部分突出，而全文的主要内容就在其中，因此，只要抓住重点部分的段落大意，再加上一些必要的补充交代，全文的主要内容就归纳出来了。

2. 体会作者表达的思想感情

“言为心声”，作者无论是写人、状物，还是叙事，都具有一定的写作目的，或褒扬、

① 编写组. 小学语文知识概要与学法指导[J]. 河北教育(教学版)，2011(Z1)：6—36.

或批评、或肯定、或揭露。总之，作者的思想感情一定会在文中体现出来。阅读一篇文章，不仅要从语言文字入手理解具体内容，还要从文章所记叙的事物中体会出作者所表达的情感。那么，如何做到这一点呢？

(1) 依据文章的主要内容，体会作者的思想感情。作者的思想感情，主要是通过文章内容表现出来的，因而抓住了文章的主要内容，就能体会出作者的思想感情来。如《秋天的怀念》一文，作者以饱含深情的笔触，在一幕幕看似平凡的琐事中追思母亲的深恩厚爱，文章语言朴实无华，字里行间透露出对母亲深深的怀念。

(2) 依据带有感情色彩的语句，体会作者的思想感情。文章是通过具体的语言文字表情达意的，作者总会在字里行间表露出自己的观点和态度，有时甚至直接用抒情、议论的方法来宣泄自己的感情。因而，抓住文章中带有感情色彩的语句，就能体会出作者的感情来。例如《索溪峪的"野"》一文，作者在写了索溪峪的山"野"、水"野"、动物"野"，就连行进在期间的男女老幼也返朴归真，"野"性十足后，赞叹道："于是，我感到从未有过的快慰，从未有过的清爽；索溪峪的'野'，荡涤着我的胸怀"，对索溪峪的赞美之情溢于言表。

(3) 依据含义深刻的语句、段落体会文章的思想感情。作者在表明自己的态度时，力求明朗、显豁，以便于读者和自己产生感情上的共鸣。有时为了取得意味深长的效果，作者不直接表情达意，而是采用比较含蓄的方法传达出言外之情。对于蕴含在语句中的作者的态度，我们或者要联系作者写作时特定的历史背景，或者联系文章的写作手法，或者联系文章的主要内容、中心意思和结构层次进行理解，尤其要联系句子或语段所在的上下文的具体语境理解。

(4) 在反复朗读与诵读中体会文章的思想感情。有效的朗读有助于更深入地把握文章的主要内容，体会文章的思想感情。一边读，一边想，在读中理解，在读中感悟，是小学阶段重要的学习方法。诵读也是一种非常重要的阅读方法，不同于朗读，不同于吟诵，诵读强调眼到、口到、心到，核心是自我体验的过程，重在感受体验、整体把握。小学生要通过朗读和诵读理解作品，同时积累语言材料，培养语感，发展语言。

3. 揣摩文章的表达顺序，初步领悟文章基本的表达方法

如果说理解内容、体验情感是理解作者"写什么"的问题，那么揣摩表达顺序、领悟文章表达方法则是学习和借鉴作者"怎么写"的问题。从阅读的层次上说，这一要求更

高一些。不同文体的文章在表达方法上是各具特色的,在阅读的方法上也应该有所区别。

(1) 阅读以记人为主的文章,包括各类故事、小说、回忆录、人物传记等,应从故事情节和人物形象两个方面入手,在大体了解文章内容的基础上,抓住人物的语言、动作、神态、心理活动等的描写来理解人物的内心品质。例如《她是我的朋友》这篇课文,作者通过描写阮恒在输血时的动作、神态等,从侧面反映出小男孩胆怯而又勇敢、无助而又坚强的丰富的内心世界,真实地刻画了一个善良、朴实的小英雄形象。

(2) 阅读以叙事为主的文章,要揣摩记叙的要素和线索,即先理清作者的写作思路,然后按顺序细读。以记事为主的记叙文一般有"六要素":人物,时间,地点,事情的起因、经过和结果。弄清记叙的要素,有助于弄清事情的来龙去脉,理解文章的主要内容。线索是记叙文中贯穿全文的脉络,是记叙文谋篇布局的重要因素。把握线索即了解作者的写作顺序,理清文章的条理。阅读记叙文,要找出文章的线索,并沿着这条线索弄清文章的段落、层次,进而理解全篇的思想内容。

(3) 绘景状物的记叙文是以描绘自然景物为主要内容的文章。常常通过描写事物的形态、色彩、声音、气味以及气氛、意境等体现其特点。阅读这类文章,我们可以用抓总起句、总结句的方法。如阅读《桂林山水》、《索溪峪的"野"》等均可采用这种方法。

(4) 阅读诗歌,应以朗读、诵读和想象为主。可分四步进行阅读。①了解诗歌创作的历史背景,知道作者是在什么情况下写的这首诗,以便更好地把握诗人的思想感情。②借助字典、词典,疏通诗意。③展开合理想象,领会诗歌意境。诗歌,尤其是旧体诗,语言不但精炼,而且有一定的跳跃性。阅读中,一定要细读诗句,想象画面去感受、理解诗歌的美好意境。④在反复吟诵中理解,在吟诵中想象,在吟诵中品味和升华。

(5) 阅读说明文,要注意四点:一是要抓住说明对象的特征,知道被说明的事物是什么样子的,有什么特点;二是要理清说明的顺序,知道作者是按时间、空间或事物的发展顺序介绍事物的;三是要了解文章基本的说明方法,如列数字、分类别、打比方;四是要揣摩语言的准确性。

4. 进行探究性阅读和创造性阅读,读出自己独到的理解和感受

阅读不仅是一种思维活动,同时也是一种情感活动。同一作品,读者经验不同,阅

历不同，性格不同，就会有不同的理解，甚至同一作者因时间、心境的不同，也会产生不同的体会和感受。语文课程标准在教学建议中特别指出“阅读是学生个性化的行为，不应以教师的分析来代替学生的阅读实践”。在阅读目标部分，特别强调读者自身的个性体验。比如“拓展自己的视野”、“有自己的心得”、“提出自己的看法和疑问”；“作出自己的评价”、“说出自己的体验”、“搜集自己需要的信息和资料”等，这就要求教师在教学中少做繁琐的分析讲解，多让学生体会感受；少做知识性讲解，多让学生阅读积累。如读《童年的发现》一文，就要调动学生自己的情感和想象：你的童年有没有过类似的发现？你的发现被认可了还是被压抑了？你是如何理解“世界上重大的发明和发现，有时还面临着受到驱逐和迫害的风险”这句话的？学生的思维一旦被打开，智慧和创造的火花就会迸发出来。

所引部分不是严格意义上的教学案例，而可称为学法指导，但这也只是表达形式上的差别。只要我们截取其中任何一个片断，添加到某个学生的学习过程中，它就是一个标准的教学案例。另外，此文多方面、多层次地指导学生读懂一篇文章，提供了诸多的读文方法，符合教学案例的要求。故我们将其作为教学案例来处理。

下面我们提供一个学生自己的经验总结，相比较前面两个“案例”，更接地气，也更具针对性。

我平时会随身带几个小笔记本，其中两个就用在语文方面。一个是专门的字词集锦，将平时所见的容易误读的字和容易望文生义的词语（主要是成语）全部收录在本子上，然后利用晨读时间大声朗读以加强记忆；一个是文摘集锦，专门搜集一些俗语或从报刊中摘录的优秀文章、段落、句子等。如果摘录的内容太长，就把它裁剪下来粘贴到本子上，晚上睡觉前拿出来翻翻，这样既可以记忆，也可以催眠。

我在睡觉前还要做一件事，就是在枕头边放一本《成语词典》，每次都要看 3—5 条成语。不要认为每次看的量太少，一旦坚持下来，一年就会记住 1 000 多条成语。高考后，我发现这些积累对我很重要。因为高考时，前 3 道考查语音、字、词、句的试题，我一分未失。从中可以得出两条经验：一是分类对待。属考记忆的，强调熟记；属考能力的，强调语感。二是平时积累。没有“厚积”，难有应考时得心应手的运用。打好语文基础，讲究持之以恒的积累。积累中，要注意“难懂”、“易错”类的知识点，因为考点往往在此处。[①]

这个案例谈了自己学语文的三个法宝：字词集锦、文摘集锦、《成语词典》；并归纳了两条经验：分类对待、平时积累。这样的学习知识虽然简单，但对学生学习应能产生积极的启迪作用。

2. 故事性

前面所举三个“案例”，第一个重说明，第二个重论理，就学生学习心理来说，都显得过于“抽象”，不太容易吸引学生的注意力；尤其是第二个案例，更适合于教师阅读后，转述给学生。第三个案例是学生个体经验介绍，因为出自学生自己的经验，相对来说更有亲近感，更有学习质感，真实性更强。但缺乏过程，可读性有限。这种经验介绍型的文章较多，从不同的角度启发学生的学习，但共同的问题就是故事性不足。对于应用于中小学课堂教学供学生阅读的语文教学案例，应该更加突出故事性，甚至可有一定的情节，来吸引学生的阅读兴趣。下面我们列举三个案例加以比较。

阅读，学习语文的金钥匙[②]

学习语文，阅读很重要，平时要多读书、多读好文章、多看报纸，甚至于对标语、广告也要关注一下，所谓“处处留心皆学问”，要多频道地接收外来信息。通过大量地阅读课外书籍，获取丰富的精神养料。遇到优美的文段、富于哲理的语言，可以摘录或者背诵下来，以便日后运用。多读是建立在精读的基础之上，读文章时一定要注意它的内涵。所以读书时要特别注重对文章深层意思的理解，如果一时难以体会，可以尝试多读几遍或读出声来。

毕业班的学生学习时间非常紧张，但我经常抓紧时间的边角余料进行阅读。阅读，让我受益匪浅。还记得在高考前的一个月，其他同学在如火如荼地备考时，我却仿佛离高考很远。我将《苏格拉底的申辩》带到了学校，苏格拉底面对死亡，泰然自若，猝然临之而不惊，无故加之而不怒，若不是内心修养达到一定的境界是不会有此种行为

① 蒋思遥，蒋思远. 殊途同归，各具特色——来自孪生兄弟的语文学习经验[J]. 湖北招生考试，2012(3)：49—52.

② 蔺吉祥. 我的语文学习经验[J]. 湖北招生考试，2010(12)：50.

的。当然，让苏格拉底泰然自若的是对哲学的热爱，是对民主的追求。能使我在高考的战场上泰然自若的是对语文的热爱，对人生目标的追求。在艰难地读完《苏格拉底的申辩》后，我豁然开朗，心静如水，以高昂的热情重新投入到备考中去。

这个案例已具备一定的故事性，在第一段简单分析了阅读的重要性后，第二段就通过自己考前一个月读《苏格拉底的申辩》的故事，来证明阅读的价值。但此案例过程简单，也没有什么冲突，因此，故事性和可读性都有待提升。

众里寻他千百度

初升高后，无事一身轻，补习、作业、衔接……本是有些浮躁的心，更有些不安，但我总找不到办法安顿自己的心灵。语文已考完，散文暂与我无关，但经过三年的“洗脑”，真想知道自己应该看些什么书。

在“读书官网”上，根据大众推荐，买回一些励志的书，《回到当下的旅程》、《与神对话》，它们从“本我”出发，以当下为基点，阐述人生意义，幸好，很快，我爱上了这类书，每看完一篇文章，心总会安顿下来，继续学习，休息时，也会按它的引导，自己去探索人生的意义。妈妈一开始有些不赞成我看这类书，说道：“老师让看关于唐诗宋词的书，这类书嘛，以后再看也来得及，毕竟，考试时直接考的少。”但我每天坚持给她念一大段文字，最后，她被“洗脑”得不行，无奈地说：“好吧，二者兼顾着看吧。”我反驳说：“纵使古诗词鉴赏的确对语文考试有大大的帮助，但人若没有思想，是不行的。”真的，我喜欢的书，教会我思考，教会我自由的真意，教会我如何与人相处。

仍忘不了历史，捧起《品中国文人》，一篇篇地读下去，发现印象中刻板的文人，也竟是这样鲜活，他们也与我们一样，也为生活困扰过，为家庭操过心。穿越红尘，和他们贴心流浪。

有一次，在听王菲的《清平调》时，蓦然想起李白，这首歌不正是他的诗吗？“一枝红艳露凝香，云雨巫山枉断肠”，整个人在悠远的曲中，在唐朝同太白一起呼吸、思考和流浪。

读历史文人，有时像在读自己。

“众里寻他千百度，那人却在灯火阑珊处”，我在书的世界里，似乎渐渐看清了我所要仰望和感悟的生命。

依旧寻书千百度，思考那书中“玉壶光转，一夜鱼龙舞”的生动故事，同时思考人生。

我读书，经历读书的故事，阅读品味着自己的人生故事。

相比前一个案例，这个案例的故事性要强多了，因为这里出现了不同的人物：我与妈妈，出现了冲突：妈妈反对我阅读，我用阅读给妈妈“洗脑”，最后妈妈妥协。另外，在语言运用上，此案例的形象性和抒情性更强。但需要指出的是，这个案例讲的是课外阅读，是发生在家庭中的故事，还算不得规范的课堂教学案例。

课堂上的故事①

老师上完作文课，说：“写作文写不出来的同学，可以拜作文写得好的同学为师。”全班同学一听，觉得很新鲜，议论纷纷……

下课了，老师前脚刚一出教室，就有同学后脚来到我桌前，双手一合，说：“受弟子一拜！”我觉得好笑，心想：也用不着这样呀。许多同学跑过来，把我团团围住，里三层外三层的，连一只小飞虫都飞不进来。

人圈里，吵哄哄的。这个说：“曹老师，收下我吧！”那个说：“曹师傅，要是收下我，我每天给你十块钱。”还有人说：“曹先生，你收下我，我一天给你十万块。”……

说的最多的一句就是：“曹师傅，受弟子一拜！”

有个同学拿着作文本交给我，问：“帮我看一下，行吗？”我的头已被他们吵得晕乎乎的，没多想就说：“不行。”

看他垂头丧气地走了，我有点过意不去，低下了头。我突然发现自己的语文书和铅笔盒都被他们挤掉在地上，作文本也压在桌脚下。

我有些生气，我的好朋友看了，大声喊：“别吵了！再吵，曹师傅不收你们了！”他一喊，真有点用，有几个同学马上离开了。

可没想到，他们走上讲台，用粉笔在黑板上写了一行字：“曹老师请收下我。”我的好朋友看见了，又大喊：“都别闹了！”

这时，有个同学跪了下来，说：“曹师傅，请受徒弟……”他的话还没说完，上课铃就

① 曹欣田. 课堂上的故事[J]. 小学生作文辅导，2003，(Z2)：88.

响了。同学们纷纷回到自己的座位，开始上数学课。

不知道他们明天还会不会这样？要是再这样，我真不知道该怎么办才好？

这个案例比较有趣，其故事性很强，虽然整个案例中没有什么知识性和技巧性的东西，更不会有学理分析，但是，它通过小学生的眼光看教学，不但对于教师教学有启迪性，对于其他小学生的学习价值更大。虽然活动的设计是老师发出的，但通过孩子们的行动，说明了语文学习的一种好方法，即同学之间相互拜师，以生教生。文章充满童趣，贴近孩子，能吸引住他们的心。同时也能激发他们拜师学艺的兴趣和信心。

3. 游戏性

游戏是孩子的天性，即便是高中生，游戏也是他们生命中不可或缺的要素。也正因为如此，教育家们才提出了玩(做)中学，学中玩(做)的教育理念。寓教于乐、愉快教育、体验学习等等先进的教育思想与模式中，都蕴含着游戏的特征。上面所举学生拜师活动，从某种意义上来说也是一种游戏。因此，游戏性成为中小学课堂使用的语文教学案例的重要特点。当然，游戏的强度、教师的参与度还是各有不同的。这类案例的特点是教师可直接仿用于课堂，也可学生阅读后自行模拟。当然，也可作为师范生和教师培训课堂的例证。下面，我们试举几例：

案例一：

在《琵琶行》第一课时课堂教学时，我就设计许多能和学生产生共鸣进而交流的环节。我以学生比较感兴趣的《中国好声音》导入：同学们，今年夏天最热的综艺节目是什么？对，《中国好声音》，大家有没有想过，为什么有那么多人喜欢音乐？就是因为音乐能抒发人们的感情，今天，我们就一同走近白居易和一位美丽的琵琶女，他们之间也是因为音乐，有了一段流传千古的凄美故事！”学生很快因为《中国好声音》被我吸引，然后我马上切入展示本课的学习目标。接下来，我花较短的时间让学生整体感知文本：请学生朗读全文，强调重点字音、解释词语等。

诗前小序主要写了什么内容；诗歌最能体现诗人情感和主旨的句子。然后，我和学生重点分析文本，思考琵琶女是一个怎样的人；造成她悲惨命运的原因是什么；诗人用什么手法来写她的身世；琵琶女的遭遇为什么会引起诗人的强烈共鸣。因为讨论热烈，展示充分，很快我就和学生们得出结论：正是因为他们遭遇相似，才会在音乐上更有共鸣。

然后我及时问学生，你们最喜欢的中国好声音学员是谁，他们大声说，李琦，我紧接着问，我们是不是一开始喜欢他的那首歌《趁早》，被他吸引，后来了解他是江苏师范大学的音乐系毕业生，为中国好声音准备了一年，那么辛苦，耐得住寂寞，我们作为一名高二学生是不是也从他身上学到很多东西。当学生情绪被我调动起来时，我又马上切入下一个环节：文章第二段用比喻手法描摹音乐的语句。请一名学生朗读，该生读得非常"平稳"，怎么办呢？其实琵琶曲的旋律是发生变化的。通过本体和喻体的分析，同学们很快总结出琵琶曲的旋律是粗重急促—亲切细柔—错落有致、清脆圆润—婉转悦耳—低沉凝涩—激越雄壮、高亢激昂—凄厉。这样再指导学生读，马上"抑扬顿挫"起来。再赶快展示名家朗诵，学生深受感染。紧接着请学生读，朗读就很快有了好转。最后请同学们再一起朗读，学生对此段音乐描写理解更为深刻。①

这个案例反映的是教师课堂上应用音乐游戏展开教学的故事，用音乐导入，再用音乐引申，再用音乐比较，最后指导学生根据乐感朗诵。这个案例虽有学生活动，但其音乐活动的游戏性不强。

案例二：

"国王与天使"游戏②

当时正在上晚读，笔者叫学生们暂停，说今晚不读书啦，然后故意在大家都不知情的情况下叫他们每人拿出一张白纸（学生们更奇怪了——老师这是要干什么呢？），这是第一步。

第二步：叫同学们在白纸上工整地写上自己的真实姓名，而且特别强调一定要写上真实姓名（他们一脸茫然，搞不清楚老师在玩什么）。

第三步：（温和地）询问他们写好了没有。学生大声齐答：写好了。（怪怪的表情）

第四步：请同学们在自己名字的前面或者后面写上"国王"两个字，即国王××或

---

① 徐燕．浅议网络游戏对高中语文教学的启示[J]．陕西教育，2015(11)：77．

② 陈秀芳．游戏语文　精彩语文　激活语文——让语文课堂在游戏中活起来[J]．青少年日记，2013(8)：13．

××国王(疑惑更甚了)。

第五步：完成后交到老师处。(这就完了?! 完全不清楚老师葫芦里到底在卖什么药!)

第六步：笔者把同学们上交的纸条故意弄乱顺序后，叫同学们按座位号依次上讲台领纸条回去。特别强调：1. 若抽到自己的纸条请务必放回再重新抽取。2. 抽到纸条后请认真查看纸条上的国王姓名，并记在心里。3. 纸条仅供本人看，不可让其他同学查看，也不许告诉其他同学你抽到了谁的纸条。

第七步：当全班同学都抽到别人的纸条了，请同学们在自己抽到的纸条上工整地写上自己的姓名，并在自己的名字前面或后面写上“天使”二字，即天使××或××天使(一阵哗然：干什么呀?)。

第八步：老师笑眯眯地询问同学们写好了没有呢? 异口同声：写好了。(因疑惑越来越重让他们急得有点儿坐不住啦!)

第九步：完成后再次把纸条上交到老师由老师保管。如果同学们没有自行泄露的话，除了老师，只有天使本人知道自己的国王是谁，国王是不知道谁是自己的天使的。

第十步：解释游戏规则——现在，我们正在玩的这个游戏叫“国王与天使”，所谓天使，往往是不求回报，无私帮助别人的人。每一个同学都是天使，每一个同学也都有机会做国王，老师要求每一个天使务必在一个星期内无私地为自己的国王至少做一件好事。但，不能告诉你的国王，你是他的天使，也不能告诉别的同学，你的国王是谁，泄露秘密者届时将受罚! 如罚唱歌跳舞讲故事之类。好事也必须是在国王不知道的情况下去做，即最好做得天衣无缝，神不知鬼不觉! (一阵哄然!)放心啦! 每一个天使有为自己的国王做好事的义务，每一个同学同时也是别人的国王，同样能够享受你的天使给你带来的帮助和快乐嘛! 温馨提醒：一个星期后，老师将一一询问每一个国王，看看我们的天使是否都尽到了美丽天使的责任! 看看哪一个天使做得最用心，也考察一下哪一个国王最聪明! 能够在不知情的情况下，通过蛛丝马迹找到自己的天使。如果国王感觉到自己的天使为你做好事了，可以准备一些小小的礼物作为对天使的答谢，哪怕只是一句谢谢!

一个星期后，笔者结束并总结了游戏。当时我们整整花了一节晚读和一节晚自修课的时间，才完成了询问每一个国王的工作。一定要一视同仁，一一询问。操作格式如下：

笔者拿出之前保管的国王天使名单纸条，按顺序一一询问："××国王，请站起来。请问，这个星期，你有没有感觉到有人帮你做好事了呢?"答案自然只有两种：1. 有。2. 没有。

回答"有"的，老师则问："那请你说说，你的天使帮你做了哪些好事?"答：(此处略)

"请问，你知道是哪位天使帮你做的好事吗?"答案也只有两种：1. 知道。2. 不知道。

老师："让我们用掌声请出××国王的天使!"

【回答没有感觉到天使为国王做好事的，则直接操作这一步，可说：是天使没有做好事，还是这个天使做得太好，以至于让国王察觉不出天使做了好事？掌声有请××国王的天使！】(天使站起来)"××国王，请认清你美丽的天使。"

若天使做好事了，老师会说："××国王，有什么话或有什么礼物答谢你美丽又可爱的天使吗?"有的送礼物，有的说谢谢，有的拥抱致谢。

若天使没有做好事，老师则说："××国王，现在，你有权惩罚这个不懂事的天使，不要太为难他，让他力所能及就行。此刻，你是国王，你最有权威！你说了算！罚他唱歌跳舞讲故事之类都行。"(要求受罚的天使必须当堂完成)

这是一个具有很强的德育性的语文教学游戏，通过游戏可以培养学生听说能力，加强学生之间的交流，促进和谐班级的构建。但此游戏虽然十分有趣也有意义，但毕竟教育性重于教学性，容易引起目标定位的偏差——语文活动变成了道德教化活动。

案例三：

近日，观摩了一堂语文课——《猴子种果树》第二课时。《猴子种果树》是一篇非常有趣的童话故事，写猴子轻信乌鸦、喜鹊、杜鹃的话，不断改种水果树，最终一事无成。

教学设计中有一环节，要求学生在理解课文内容后分角色表演这篇课文。执教的张老师在教学时，首先出示表演单，要求学生以合作小组为单位，先分配角色，再讨论不同角色表演时的注意点，然后尝试表演，最后汇报表演评议。孩子们在明确任务后就迫不及待地分小组忙碌起来。

一、课堂观察

我开始观察孩子们的合作扮演情况，张老师将班级学生按座位顺序分为8个合作小组，前后四人为一小组，每组都有小组长，拿到表演单后，孩子们兴致很高，纷纷围在一起讨论、确定角色，动作快的已经开始找到教室的一处角落练习表演了。突然，我观察到在教室后面的一组有一个黑衣男孩子(暂且叫小H)在抹眼泪，有个绿衣男孩(暂且叫小D)和另外两个组员在跟他说着什么，小H摇着头，红红的眼睛不时地瞟着张老师的方向。此时，张老师正被另一组孩子拉住问着什么，背对着这一组，没有注意到这一组的情况。遵循课堂观察的原则，我只静观记录。只见小L拿着表演单，凑近哭泣的小H的耳朵，又指指另外正在表演的小组，说着什么，好像很着急。小H抿着嘴，不做声……时间就在僵持中匆匆消逝。张老师结束了孩子们的自由练习时间，紧接着请了3组上台表演，并一一评议。我观察到这一组孩子观看得并不投入，小L气呼呼的样子，小H低着头，另外两个组员也无精打采。

二、学生扮演心理分析

上课结束了，我赶紧跑过去，向组长小L了解情况。小L说："老师，今天小H穿了黑衣服，我让他演乌鸦，他不愿意，我们大家没有演成。""为什么他不肯演乌鸦呢?"我追问。"不知道。"小L说。"你能帮我找小H来问问吗?"很快，小L找来小H。刚开始，小H站得笔直笔直，低着头，一声不吭，我耐心地等，过了一会儿，小H才吞吞吐吐地说："老师，我就是不想演乌鸦。""为什么?"又是静默。"那想演什么呢?""我想演树苗。"

"为什么想演树苗，不想演乌鸦呢?""树苗绿绿的好看，乌鸦浑身是黑的，不好看，我不喜欢。"小H小声说着。

乌鸦浑身是黑的，不好看，不喜欢，因此不想演。理由就这样的简单。由此我想到在语文课堂中，角色扮演是老师们经常使用的一种教学手段，也是孩子非常喜欢的学习方法。纵观小学语文教材，可以用于表演的文本很多，角色也很多，善恶美丑都有。在课堂中，学生对某一角色扮演很出色，一则是自己对文本有深刻的理解，二则是因为对角色融入了自己的感情，对角色的扮演有一定的认识，形成了角色融合。可是有部分学生特别是低年级学生不能认识到自己不是角色，是在扮演角色，对角色的认识不能做到既在角色之中又能跳到角色之外，容易把自己等同于角色。他们往往习惯把一切事物都看成和人一样是有生命、有意识、活的东西，演春笋就成了春笋，演老虎就是老虎，演乌鸦就变成了乌鸦……由于趋美心理，学生们肯定喜欢扮演善、美的角色，因为喜欢，乐意去扮演，角色融合就很简单，容易演得好。对于恶、丑的角色，大部分学生会产生对抗心理，就会出现谁也不表演乌鸦这种现象，就算强硬指派，也是勉强演之，不易出彩。

那怎么办？庆幸的是这堂课的张老师由于其他原因没有做出反应，如果张老师当时关注到这一组的情况，可能会为了完成教学任务，让小 H 按要求表演，此举可能会伤害了小 H 的心灵，打击孩子表演的兴趣。笔者认为可以用以下方法来解决。

三、开展角色扮演的几种方法

（一）引导此学生表演

学生天性爱美，向往美。老师要教育学生不仅要爱美，还要审美。可以采取审美的间离效果，引导学生进行角色辨认，跳出角色来看角色，以审美间离促进审美融合。首先告知小 H："你表演的是乌鸦，你不是乌鸦。"让学生有个理性认识。其次引导学生重新认识乌鸦："乌鸦的外表是不怎么好看，但我们学过的《乌鸦喝水》里的乌鸦多聪明啊！读过的《乌鸦反哺》的小乌鸦多孝顺老乌鸦啊！"让学生对乌鸦有了深层次的认识，明白美不仅仅看外表，更要看内在。"你看，课文里的乌鸦多好心啊，在提醒小猴子呢！"你能把乌鸦的好心表演出来吗？"这样的引领，会让学生对乌鸦这一角色慢慢认可。

（二）寻找愿意表演的学生

要加强小组合作的指导，特别是要加强对于合作时遇到矛盾如何解决的方法指导。教师可以首先问组员："小 H 不想演乌鸦怎么办呢？""怎样完成这次角色表演任务呢？""为了完成这次任务，谁愿意演乌鸦？"让学生自己找解决的方法。一般情况下，学生们会想出轮流表演的方法，抓紧时间先表演分配到的角色，再演一次自己喜欢的角色。有时也会出现组长让组员先挑角色，剩下的角色自己演的情况。此时教师就要表扬这样的合作精神。如果这一组还是没有愿意表演的学生，可以帮助他们到别的小组去借愿意表演乌鸦的学生。

（三）老师自己扮演

如果依旧没有孩子扮演，此时就要换一种方式，老师自己来表演这个角色。但要注意，老师要放低姿态，自己首先是成为儿童，其次才是成为乌鸦。教师只有成为儿童才能进入儿童的世界，才能用儿童的眼光来看这个角色，用儿童的心来理解这个角色，用儿童的语言、动作来演这个角色。[①]

前两个案例都是由执教者自拟，而这个案例则是由听课者编写。但就案例的规范性而言，此案例更加符合我们的要求。它共有三个部分组成：案例背景——事实陈述——案例分析(解决办法)。完整地介绍了角色扮演法的实施、价值、问题与对策。在三个案例中，此案例的游戏性与语文教学性最强，也最符合应用于中小学课堂的教学案例的特征。

（二）从价值角度看

就案例的价值角度看，应用于中小学课堂的教学案例主要有三大价值，一是激发师生教与学的动力，二是改进学法和教法，三是体验教与学的成功。

1. 激发教与学的动力

就前面我们所列举的案例看，绝大多数语文课堂教学案例都具有强大的正能量，对于这些教学案例的接触者来说，这些案例就像是兴奋剂，让阅读者感受到教与学的乐趣，从而极大地调动广大师生语文教与学的积极性。

例如，笔者曾在某中学听课，课题为《孔雀东南飞》。当执教老师进行人物分析讲到焦母的时候，有学生提出了不同意见。学生认为焦母并不如老师分析的那么坏，不是什么封建卫道士，也不能称之为扼杀青年婚姻的元凶。但当老师要求学生拿出依据的时候，学生表示只是直感，没有什么依据。老师觉得学生是在驳他的面子，让他在听课教师面前下不了台。于是讽刺说："你以为这是老师分析的吗？这可是专家的意见。你说焦母不坏，焦母是你什么人，需要你如此维护？难道是你妈啊？!"结果，整一节课这位学生都未能抬起头来听课，老师的嘲讽已严重伤了他的自尊心。我课后与他交谈，他表示今后再也不会在课堂上与语文教师对话，也不愿听他的课。

后来，我把这件事变成了案例，在自己班里上完《孔雀东南飞》后，发现并无学生对

---

① 何晓梅. 语文教学的角色扮演——由不愿意演乌鸦的男孩想到的[J]. 现代教育科学·小学教师，2011(6)：59、36.

此提出异议，我就把这个案例讲给学生听，于是，整个班都活动了起来。下面就是我根据这次课堂实况又编写的一个案例。

案例背景：

略

案例叙述：

可谓一石激起千层浪，我的话音刚落，班里便热闹起来。有支持学生的，有支持老师的，也有持中立态度的，部分同学犹豫不决，不置可否。由于学生七嘴八舌，太过嘈杂，我临时将班级分为正反两派先作辩论，然后有其他同学再发表见解。下面是三类意见的综述：

反焦派：认为焦母有五大错，这五大错拆散了夫妻，逼死了刘兰芝，这五大错分别为：啰嗦——“君家妇难为、妾不堪驱使”，量小——“大人故嫌迟、吾意久怀忿”，专制——“举动自专由，汝岂得自由”，易怒——“槌床便大怒、阿母怒不止”，逼婚——“东家有贤女、逼迫有阿母”。

挺焦派：认为婚姻破裂、夫妻赴死，责不仅在于焦母，各方均有责任，焦母与刘兰芝之间的矛盾不过是普通的如今时常也会发生的婆媳大战。刘兰芝的责任在于自恃有貌有才，不服焦母苛求，自己请求回归娘家；焦仲卿责任在于娶了媳妇，怠慢老娘，性格懦弱，不懂沟通，未能及时化解焦母与刘兰芝之间的矛盾；刘兄的责任在于性格粗暴，逼妹改嫁。

其他意见：就焦母年龄与表现看，她应该患有更年期综合征；刘兰芝可能患有不育症，全篇未能找到其子女的影子。

案例分析：

语文教学的沉闷往往源于教师中心主义，教师的话语霸权，扼杀了学生思维的积极性。只要给予学生机会与平台，促使他们的思维共振，他们就能表现得比谁都聪明。

可以说，我使用第一个案例，极大地激发学生研究性学习的兴趣与主动性，对于活跃课堂氛围，提高学习效率价值很大。而我后来形成的案例，则在各级种类培训中，发挥了很好的教育作用。

其实，我们在诸多老师身上，都能找到类似的案例。例如吴良明老师以前分析《孔雀东南飞》人物形象时，在两课时的教学时间里，引导学生按照情节的发展、人物命运的演变逐层分析人物性格。如第二部分“夫妻话别”，通过分析焦仲卿与焦母的两个回合对话，得出结论：焦仲卿软弱中也有刚强的一面，焦母则蛮横无理。刘兰芝被遣之日的精心打扮，则刻画出一个美丽、从容、镇定的中国传统女性形象。后来，同样安排两课时。第一课时以诵读为主，着重品味语言，把握情节。第二课时讨论：死亡是最不得已的办法，你能不能代刘兰芝和焦仲卿设想一条别的出路？以这个主问题的讨论为突破口牵引全文教学。

问题一抛出，学生果然就坐不住了。“出走说”、“等待说”（等焦母过世再夫妻团聚）、“绝食对抗说”、“改嫁说”、“空房说”（娶秦罗敷以顺母意，不休刘兰芝）等等新奇的想法在赢得部分人共鸣的同时立即遭遇到反驳：

王丁艳：“私奔”是不可能的。从故事开始的母子对话中已经看出焦仲卿是个孝子，他唯母命是从，可以弃心爱的妻子于不顾，一旦私奔，焦仲卿将背上一生的心理包袱，他会觉得对不起母亲。而且我们不要忘了舆论的压力。焦、刘的爱情是无法承受这个重压的。即使刘兰芝能够跨出这一步，软弱的焦仲卿也会退缩的。

吴威：我不同意“空房说”。提出这种观点的同学违背了基本的人道主义（笑声）。让焦仲卿和刘兰芝的幸福生活建立在一个无辜的女子一生的痛苦之上，这种幸福不要也罢。况且焦母未必会答应。

王燕：我认为刘兰芝是为了追求自由而死的。大家看她被休当天的出场，这个被休的媳妇完全是以一个胜利者的姿态出现在迫害她的婆婆面前，所以婆婆就“怒不止”了。刘兰芝的盛装出场是这首悲剧性叙事诗的一个喜剧性亮点。该狞笑的反而气急败坏，该悲凄凄的倒是光彩照人。然而，喜剧性场面的背后，笼罩着浓浓的悲凉。我读到这里，一方面惊叹于刘兰芝的美艳，另一方面感觉到来自内心深处的疼痛：一件精美绝伦的艺术品行将毁灭所带来的心痛。……

吴老师在对该案例的分析中这样写道：

这些闪光的语言说明我的设计是成功的。在对照项教学中，学生是从旁观者的角度赏析文本，没有把自己融入故事中，与主人公同呼吸共命运，这样自然没有切乎身心的感受，没有个人独特的理解，更缺少对人物命运的深切关怀。而在实验项教学中，学生思考问题的同时，不知不觉沉入文本，为寻求一条能说服自己说服他人的出路，他们品味语言，揣摩细节，咀嚼文本，联系前后文。拨开心头迷雾的同时，最终发现焦、刘的性格决定了他们只能以死来获得解脱。

由此，我想到，人物形象的分析，应该把人物放在矛盾冲突的漩涡中去理解。情节发展是动态的，人物也始终是活动的，人物个性的发展赋予情节以新的意义，新的情节也在不断地丰富着人的性格。人物的任何一次行动，任何一句话语，都不是凭空产生的，都是人物的内在完整性格的显性展现。对一个细节的把握往往需要有另外的情节或细节加以合成，方能得到正解。讨论法的运用将人物置身于情节发展的河流中，在让学生深入体验文本情境的同时，揣摩情节赋予人物的独特涵义，从而把握人物形象。①

这个案例，整个过程写得较为完整，从某种意义上讲，它比较接近于教学叙事。只不过教学叙事基本不会出现案例背景与案例分析。但也正因为其事实部分完整清楚，因此，给读者带来的震撼也是显而易见的。

2. 改进学法和教法

通过教学案例改进教法是教学案例的主要价值之一，但很少有研究者关注到，教学案例的另一个重要价值就在于改进学法。教师通过在课堂上讲述优秀学生在课堂上与教师、同伴、文本、电脑互动并运用先进的听课与学习的方法而取得成功的案例，可以在同学面前树立榜样，最终帮助他们改进学法，取得学习成功。试看下面这个案例。

我是怎样学语文的②

课内，翻翻几十篇课文，很有些“背诵全文”、“背诵课文最后四段”、“背诵……”之类我深恶之的练习，但慑于统编教材的权威性，一咬牙，“闻鸡起舞”，背上几小时，算有

① 蔡伟，胡勤. 语文体验型教学[M]. 北京：中国文史出版社，2006：204—206.

② 钟仲南，黄金镇编选. 历届高考优秀作文选评[C]. 陕西人民出版社，1984：208—210.

个眉目了，但几天一过，又忘了，徒费唾液，时间不谈，还让我觉得：语文学习，没有趣味。

课外，看看十几种复习资料，很有些“拼音标调”、“填词并解释”、“默写并翻译”之类我痛绝之的类型，但慑于语文学习的重要性，一狠心，挑灯夜战，做上几小时，似乎能掌握了，可变个花样，又傻了！徒费笔墨，时间不谈，还使我感到：学好语文，没有信心。

几经反复，我冷静下来，在老师指导下，及时总结自己的学习情况，订出了切实可行的计划。

首先，在方法上，我选择了有口有心，随便翻翻的学习方式。课内外文章，自己先大略翻翻，一般文章，一翻而过，觉得好，便朗诵朗诵（以便加强语感），实在好的，便多读几遍，也动动笔，仔细玩味玩味，理解了，自然而然就记住了，既记得牢靠，更觉得有趣，如鲁迅先生所说：“因为随随便便，所以不吃力，因为不吃力，所以会觉得有趣。”对于课本上要求背的，也留心读读，能背更好，背不上也无妨（这似乎有些大逆不道）。不能“书到用时方恨少”，要“书到读时就嫌少”——老师教导我的这句话，成了我的座右铭。但书籍报刊何其多，所以，我只是随意翻翻，浏览一下目录、标题，结合语文学习和自己的情况，选一篇或几篇（或一段或几段）看看、读读、想想、写写，思想有了触动，就做些随感，遇见好的材料、格言、警句等，略做笔记，平时做事，有了什么真情实感，也写些随笔。广泛涉猎，不断积累，开阔了视野，培养了艺术修养，扩大了知识面，这不但对于学好语文基础知识及写作很有裨益，就是对于其他科目的学习，也不无益处。现在想来，有人猜我“背过几十篇文章”，实在我竟从未“存心”背过什么文章，真正冤哉枉也！

其次，在时间上，基于我选择了如上的学习方法，这就使得我能够将语文学习时间化整为零，解决了以前文理争时间，导致实际上的重理轻文的矛盾。我在学习其他科目的同时，穿插阅读一些文章，由于这种精神调剂，语文学习就不但没有妨碍其他科目的学习，反而消除了学习时的疲劳，从而促进了其他科目的学习。每天课前、睡前或饭后、茶余，我总要阅读20—30分钟，其味无穷，何乐而不为？

再次，在内容上，现代文方面，我侧重于阅读散文、外国小说；古文方面，我侧重于阅读史记传略、唐诗宋词。在高中阶段，我尤其着重读了不少鲁迅先生的杂文，他的文章，真使我受益匪浅！他的文章内容深刻，文词练达是早有定评的。他那半白半文的风格，冷嘲热讽的语气，极大地激发了我学习语文的兴趣，坚定了我学好语文的信心，有助于我学好字、词、句、章和语、修、逻。鲁迅先生的文学水平恐怕不是得力于背诵范文，他的语文基础恐怕也不是依靠见识名目繁多的题目类型而来的吧？所以，我坚持老老实实地学，接受老师的教导，不走“捷径”，不去死背什么范文，不搞五花八门的复习资料，对学习上的问题，重于治本而非治表。事实证明，这样做是有其可取之处的。

“博观而约取，厚积而薄发。”高考中，当我看到《毁树容易种树难》的题目，头脑中马上就跳出“十年树木，百年树人”这句名言，从而很快就确定了“毁人容易树人难”的主题，围绕主题思想，大量有关的诗句、警言、史料等纷纷涌来供我取舍择用，这样就有较充裕的时间构思全文打腹稿(平时我就养成不打文字草稿的习惯)，接着便用较简练的文字表达出来，一气呵成，遂成一篇。

此案例为应届高考生获得语文高分后，专门就作文满分之道而撰写的，相当于一个经验总结。作者开始的语文学习也就与其他同学一样，存在着种种问题。后来在老师的指导下，作者在语文学习上，形成了独特的方法与策略，在文中作者特别提出了语文学习的突破之道：有口有心，随便翻翻；能背则背，文摘随笔；化整为零，消除疲劳；散文小说、史传诗词，实学治本。这些经验之谈，对于学生改进学习方法，提高学习效率，能够起到积极的作用。

3. 发现问题，体验成功

教师的教和学生的学，两种过程都难以避免出现这样那样的问题，但是，绝大多数教师和学生都很难发现自己教或学中存在的种种问题。如果师生能够有机会接触一定量的相关教学案例，他们就有可能发现自己的教与学中的问题。而只有发现问题，才能纠正问题，从而不断提升教或学的能力，获得教或学的成功。试看下面有浙江师范大学语文专业学位教育硕士提供的三个案例。

案例一：

一教师在执教《谈修改文章》时的导入设计得十分有趣，他说：大家常常写文章，可什么叫文章呢？《周礼》上说：“画绘之事，青与赤谓之文，赤与白谓之章。”人的脸皮有青有赤亦有白，可见，每个人的脸皮就是一篇天生的“文章”。(笑声)古今中外，许多女同胞都是十分讲究“修改文章”的！（大笑）你看吧：她们每天早晨起来梳妆，对着镜子，用奥琪增白霜反复“揣摩”（涂抹），再用高级胭脂、唇膏精心“润色”，还要用特别的眉笔仔细地修改“眉题”。甚至于连标点符号也毫不含糊——非要用手术刀将“单括号”（单眼皮）改为“双括号”（双眼皮）不可！（笑声、掌声）你们看，这是何等严肃认真、高度负责的态度呀？我们每个人都有自己的文章，要想使文章出类拔萃，成为“真由美”（真优美），不在修改上下番苦功夫，行吗？（笑声）何其芳同志说：“修改是写作的一个重要部分。”看来，这是条至理名言（板书中心句）。

案例二：

国庆节前夕，我认真备了课，然后按照预设计的思路，一板一眼地讲起课来，很顺利，心中不禁暗自得意，二十分钟后，到了学生练习的时候，为了活跃一下课堂气氛，我让学生采取抢答的方式回答问题：

师：谁知道中华人民共和国成立是哪一年？

生甲：1949年。

师：今年是中华人民共和国成立多少周年？

生丙：57周年。

师：那么谁知道祖国的生日是什么时候吗？

生丁：10月1日。

师：好，同学们回答得都很棒，三天后就是我们伟大祖国母亲的生日，让我们齐唱《生日快乐》歌，祝愿我们的祖国繁荣昌盛……

还没有开始唱，这时不知从哪一个角落冒出一句：“老师，10月1日，也是我的生日，让同学们也为我祝福吧！”同学们“哄”的一片笑声，我的头顿时也“嗡”的一声响，心想：“是谁这么胆大，故意在课堂上捣乱，找我的难堪，让我下不了台。”我循声望去，心中明白了八九，啊，原来是一个叫“×××”的调皮学生，平时就不遵守纪律，今天又在这样的场合，不举手不起立就发言，而且引得全班同学哄堂大笑，这还了得，当时我没想太多，抑制不住心中的怒火，大声训斥道：“你给我站起来！”这个同学嘴唇一动，又想说话，不等他申辩，我又跟上一句：“下课后，马上到我的办公室。”委屈的泪水从他的眼睛中夺眶而出。我再也没有心思考虑这节课的成功与否，连后二十分钟是怎么过的，我也记不清了。

案例三：

某教师在执教《我的呼吁》时，因为是译文，大体结构清楚，但文字读起来有些问题，教参上又太简略，于是教师决定，即使让课堂枯燥，也不能让他们只听不读不想。

走进教室，教师先问："上一节课让大家读了课文，并且提了一个问题：作者呼吁的内容是什么，还记不记得怎样回答的？"有同学说："敬畏生命！""对，就是课文第一句话，作者呼吁人们重视尊重生命的伦理。演讲辞往往开门见山，这个特点要掌握。那么，什么是伦理？有没有同学知道？""道理！"教师摇摇头。"道德！"声音寥寥，知道的人很少。"对！总算靠边了，伦理经常与哪个词连用？就是道德，所以伦理学就是关于道德的学问，它试图回答什么是善，什么是恶，什么是幸福等等问题。"这是为他们理清思路作铺垫。这会儿有些同学开始注意力不集中，教师提高了声音："但是有些同学对道德这个词有误解，以为道德就是一味地要求人们怎么怎么样，比如高尚啊之类的，没有这么简单。我们以往的许多道德观念，其实恰恰是不道德，比如'毫不利己，专门利人'，就是彻底的反道德口号，可惜从 50 年代到 80 年代，在中国人的口头挂了三十年。"

之后教师又再抛出了几个例子："孔子有个学生叫端木赐，听过没有？"纷纷摇头。"就是子贡呀！"纷纷点头。"当时鲁国法律规定，如果在别国遇到做奴隶的鲁国人，把他赎回来，可以在国库里领一笔赏金作为补偿。子贡是很有钱的，他遇到做奴隶的鲁国人，把他赎了回来，但是拒绝去国库里领赏金。他想我是孔子的弟子呀，道德修养已经很高了。你们猜孔子怎么反应？孔子严厉地批评了他，认为他这样做是不道德的。"此时讲台下的同学都似乎漠不关心。教师继续说："大家可以想一想，子贡这样做看起来很高尚，但是他不拿国库里的赏金，别人就不好意思去拿，如果大家都不去拿，鲁国人在外为奴被解救回来的可能就大大降低了，这一点大家能不能想明白？"

之后的课堂就这样延续下去，一整节课同学们都几乎没有反应，教师自顾自地在台上唱了一出"独角戏"。

与这三个案例类似的教学现象是常见的，但如此处理究竟有什么问题，却很少有老师去思考过。因此，当师生接触了这三个案例后，就会陷入沉思，并认真反思自己的教学(见习、实习)是否有类似的问题,最终寻找正确的教学之路。

先来看案例一。案例中教师设计的导语无疑是诙谐幽默的,因而,引得同学发笑,但是这种笑的背后并无多少韵味,更具体地说,它所包含的知识容量很少,这样的一段课堂导入语虽然有趣,但无情趣、无意味。学生笑过之后,并不能留下多少有益的思考。因此,这段课堂导入有必要进行修改,简单地说,可以去掉后面"奥琪增白霜"、"眉笔"、"单括号"(单眼皮)、"双括号"(双眼皮)这些无丝毫实际意义,单纯地哗众取宠的修饰,避免后面的讲述成冗长的赘言。然而,在现实的课堂中,比这个案例更啰嗦的导入比比皆是。因此,教师在设计导入时,一定要仔细分析自己的导入是否可更简洁些,是否能用可直接进入文本核心的导入,从而避免冗长的导入,影响到学生注意力的集中,避免教学游离文本,削弱教学效益。

再来分析案例二。这个案例反映了老师没有以学生发展为中心,给予学生充分的信任,而是过早地给了"定义",做了"定位"。案例中教师把学生当作无可救药而不与他进行平等对话,危及的也许不仅仅是这个学生当下的学习,甚至有可能害及他的一生。因此,当一个老师接触到这样的案例,就一定得静心想想,自己有没有以赏识的眼光来看待每个学生,有没有给予他们旧有的信任,有无吝啬于给学生的鼓励与信任。当我们发现了案例的问题,是否可以想出科学有效的解决策略?曾有一位师范研究生提出了自己的解决办法:作为老师,我们不能直接刺伤学生的自尊,像案例中的老师一样大声斥责,或者是不予理会,这是两个极端。对于这个突发事件,或许老师这样处理更为妥当:"我们班的×××同学很幸运,跟我们伟大的祖国母亲是一天生日,但是并不是只有他,365天,我们每个同学的生日都与我们的祖国同在,我们都应为我们一天天强盛起来的祖国而无比自豪,也为自己的幸运而幸福。那么让我们为了我们伟大的祖国也为了幸福的我们而歌唱吧!"这样的处理方式,既保护了这个同学的自尊心,同时把其他同学摆在相同的位置,不至于"冷落"其他同学,也不会让这个同学有"阴谋得逞"的洋洋得意。

再来看案例三,这个案例中,教师的表现应该说是可圈可点的,至少他有着很深的文学功底,对于文学常识和相关典故都十分熟悉。那么,老师在课堂上究竟犯了怎样的错误呢?主要是提问的方式有欠缺。众所周知,课堂提问可以控制课堂知识承载量、难易程度,也能掌控整个课堂节奏,一般提问要设置在"跳一跳摘果子"的高度,即学生能够通过前认知，经过新的思考分析，能够回答教师设计的问题。而案例中的教师一上课没有经过一个复习上节所学内容的导入，而是直接以一个强势的提问开始，之后贯穿整堂课的也是连珠炮似的强势提问，不符合成功的提问停顿恰当、速度适中的要求。这样的提问让学生毫无作答能力，教师此时也没有给予适当提示，而是选择了一种近似于自问自答的方式将教学进行下去，学生产生挫败感，导致对老师的提问提不起兴趣，整个课堂陷入沉闷。

在教学评价方面，对于学生回答出的问题，这位教师简单地以“对！总算靠边了”一句肯定成分不足却稍带否定成分的评价匆匆带过，少数能回答出问题的同学也没能获得应有的成功体验，让他们也失去了回答的兴趣。对于学生的回答，教师对因非智力因素引起的知识性错误不能视而不见、任其发展，应该及时指出，运用适当的评价手段，对症下“药”，这是十分必要的。但同时教师也不能忽视肯定性评价能激发学生兴趣和求知欲望，对学生的成长和发展起着重要的作用，课堂上语文教师不应该过分吝啬自己的赞赏。

由此可见，学生发现了三个貌似成功的教学课例中存在的问题，这一发现，既可启迪他人，也是对自己未来教学的警示，有利于促进他们专业的发展。经常应用这样的教学案例，就会不断促使学生从成功中发现问题，从纠正问题中，体验成功。

二、中小学课堂直接应用案例的方法

（一）课堂教与学的比较

其实任何案例，都可以起到比较的作用，只不过从比较的对象、内容、性质、效用等各方面有所差异罢了。在此，我们主要从学生运用案例比较和教师运用案例比较，两大层次三个方面进行论述。

1. 教学案例与教学案例间的比较

选择两个或两个以上具有较大相关性的教学案例在课堂上出示，然后师生就这两个或两个以上的教学案例进行比较分析，比较异同优劣，并从中抽象出一些规律。我们前面提到过的拙作《体验型语文教学》操作部分，就提供了一百余则对比性教学案例。不过，这些案例主要是提供给教师比较参考，为教师的教法的选择与创新提供有益的启示。这里我们再选用一则：

点拨引导　入情悟理①

执教教师：

蔡　伟

教学文本：

《琵琶行·并序》

对比内容：

诵读处理。

对照项：

我们先来集体朗读白居易的《琵琶行》，为了调动气氛，老师给大家播放一支琵琶名曲《十面埋伏》。（音乐起）“浔阳江头夜送客，枫叶荻花秋瑟瑟”预备读。（在音乐声中，集体诵读毕，教师讲解课文。）

实验项：

白居易的《琵琶行》比较长，不容易把握，下面老师从语速的角度分析其中一段的诵读要求——“千呼万唤始出来，犹抱琵琶半遮面。转轴拨弦三两声，未成曲调先有情。”这里叙述的是一个事实，需要用行板的速度读；“弦弦掩抑声声思，似诉平生不得志。低眉信手续续弹，说尽心中无限事。”此处表现了琵琶女内心压抑的痛苦，需要用慢板的速度读；“轻拢慢捻抹复挑，初为《霓裳》后《六幺》。”此处可转到行板；“大弦嘈嘈如急雨，小弦切切如私语。嘈嘈切切错杂弹，大珠小珠落玉盘。”这里反映了琵琶女高超的技艺和内心的激动，最好用快板的速度读。“间关莺语花底滑，幽咽泉流冰下难。”这里写出琵琶声效时而流畅，时而艰涩，因此用行板的速度较合适；“冰泉冷涩弦凝绝，凝绝不通声暂歇。别有幽愁暗恨生，此时无胜有声。”这里表面写的是琵琶声的凝滞，实际上反映了琵琶女及作者内心诸多的无奈，诸多的苦楚，需要回到慢板的速度；“银瓶乍破水浆迸，铁骑突出刀枪鸣。”这里写激起的琵琶声和作者与人物的激愤情绪，最好用快板的速度；“曲终收拨当心划，四弦一声如裂帛。”这里再用行板速度；“东船西舫

---

① 蔡伟，胡勤．语文体验型教学[M]．北京：中国文史出版社，2006：210—212.

悄无言，唯见江心秋月白。”这里写演奏的奇效，使听者沉浸其中，应用慢板速度来读。请同学们注意，在念慢板时，要注意连贯不散，虽然节拍缓慢，但语言紧凑，不拖不散，始终保持情绪的流畅自然。念快板时要注意口齿清晰，吐词干脆利落，字字似断非断，交待清楚明确。好，下面我们先来试读这一段。（学生读此段诗句）大家读得不错，下面我们再来读读下面几节。为营造气氛老师给大家播放张晓峰的琵琶协奏曲《琵琶行》作大家朗读时的伴声。（在音乐声中，集体诵读毕，教师讲解课文。）

对比启示：

两种教学法都采用了以琵琶名曲作背景音乐来渲染气氛，激发学生阅读兴趣，增强学生的阅读体验的方法。但是，它们的效果却是迥然不同的。这是因为对照项选用琵琶名曲《十面埋伏》，在情调上与全诗的意境不相吻合，这只要看看该曲的十三个小标题就可一清二楚的：列营、吹打、点将、排阵、走队、埋伏、鸡鸣山小战、九里山大战、项王败阵、乌江自刎、众军奏凯、诸将争功、得胜回营等。很显然，乐曲与诗歌不配套，听这样的琵琶曲，或许会使学生感到一点新奇，但它不能激发学生与文本相应的情绪，甚至会使他们感到莫明其妙，这不但不能帮助学生深入到文本的意境中，反而引起或轻或重的消极的体验，最终影响学生对文本的正确读解和感悟。反之，实验项选用的是张晓峰所作的同名琵琶协奏曲，曲的情调与诗的内容和意境完全吻合，这就大大增强了诵读的氛围，激发了学生阅读的情绪，从而加深学生对原诗的理解。这一对比告诉我们，通过背景音乐固然可以营造气氛，帮助学生体验，但音乐的情调与文本的内容必须是一致的，否则会适得其反。

另外需要指出的是，实验教师除了采用背景音乐来调动学生的情绪外，还在诵读之前作了有针对性的阅读指导。使学生通过对语速的控制，来体现琵琶女及诗人曲折的身世和复杂的情绪，充分体现诗歌的艺术魅力。当然除了语速，还有一个很重要的因素：语调。如果将这两者结合起来予以指导，使学生能够娴熟地将语速语调结合起来进行诵读，那么学生的体验将会更深刻。因为语调和语速的结合，可以产生丰富的表达作用，其中最为常见的有八种情况：快速平调——冷淡；慢速平调——庄严、沉痛；中速降调——直陈；慢速降调——坚定、确信；快速升调——反诘；中速升调——测度、不确信；慢速升调——鼓动；句末曲折调——讥讽。因此，如果学生能顺利掌握这些变化要素，那么他们就能正确地进行诵读，并在诵读中表达自己的理解与感悟，从而使整个课堂形成特定的情感氛围，而这种强烈的情绪场，容易唤醒学生沉睡的经验意识，从而使他们进入一种重创的艺术世界中，获得生动感人的情景体验。

上面这个案例主要是供教师比较分析之用，通过比较，能使教师在课堂上把握正确应用诵读之法，从而提高教学技能，并引领学生通过正确的诵读深入文本，如此就能真正实现不待教师教，而学生自能理解感悟的教学目标。当然，中学生读到这样的案例同样不无启迪，他们无须教师指导，便可从中获得诵读之法。这是同一执教者执教同一篇目所进行的案例对比。下面我们再来研究不同执教者执教同一篇幅所撰写的案例，看看他们采用了怎样不同的教学方法，以及通过案例的比较，我们能够得出怎样的结论。

2. 案例中的学法与学生的学法比较

中小学生不要说对于自己的学习方法有什么正确的判断，绝大多数人似乎不知道自己掌握了哪些学习方法。因此，通过提供案例，不但可使他们比较了解他人学习方法的优点，同时也能发现自己学习方法中的不足。下面是状元谈语文学习的集锦，相当于多个案例片断集锦。

知识是否丰富，从某种意义上讲，是靠积累的。积土成山，积水成河；聚沙成塔，集腋成裘。积累，是最重要的掌握知识的方法。没有持之以恒的积累，再好的记忆，再好的资质，都不顶用。在高中三年的语文学习中，我以老师编织的"高考语文知识结构归类要点"为纲，分门别类进行归类，三年的功夫，没有白费。在高三总复习和综合测试时，我已经有厚厚的几本归类笔记，拿其他参考书跟它比，我觉得还是我的归类适合自己。而且，通过长期的归类，我也培养了良好的治学方法和习惯，相信这对我一生的学习都会有用。在高考语文中，我能获得全省第一名，重视归类和积累，是主要原因之一。

——广东省语文学科状元罗翠真

我认为，学好语文，最重要的是靠长期形成的一种对语文文字的敏感度。例如，病句一项，有些人可能读一遍就辨析得出来，有的人钻研了好几遍，还是不得要领，这就是语文素养问题。要通过广泛阅读来加强语文素养，培养语文的敏感度，才能使语文成绩有所进步。

——河南省文科状元朱坤

语文这门课表面上看不用思考，而实际上是非常需要思考的，只有深入思考才可以把问题解决。语文与数学有区别，数学问题是很明显的，思考的过程也许就是答案，而语文则必须透过表面来挖掘内在的东西，所以语文的思考更深入一些，需要的思维能力也更高一些。如果你一时找不对思维途径，就要多看几遍，多看多思考就会慢慢找到适合你的思维方法。这样的话，语文成绩很快就会提高的。提高语文成绩的关键是勤于思考，而不是机械地跟着老师走。

——河南省理科状元王攀

仅仅为解决字词句去学语文，会显得特枯燥。我觉得要以审美为出发点，在语文学习过程中去发现美，这样，学语文会成为一种享受。比如说，有时候去读那些名家名作啊，学生的优秀习作啊，会觉得特别美，而追求这种美可以激发自己学习语文的兴趣。又比如说古代那些名诗啊，名句啊，品味这些诗句，也是一种美的享受，把这些东西积累起来就成为一件美差事。慢慢积累和积淀，语文成绩就必然会提高。

——天津市理科状元张继涛①

下面我们再提供一个源于学生作文并主要供学生阅读的案例，看看学生如何通过案例比较掌握学习方法，提高阅读技巧，培养语文素养的。

案例：

今天，语文老师别出心裁在班里搞辩论会，辩论的主题是：语文应该是系统化地学习（正方）还是通过零打碎敲来学习（反方）。

正方自以为成竹在胸，一下子摆出了诸多论点，我概括一下，主要有如下几点：

1. 语文是一门科学，既然是科学，就一定是有体系讲系统的，只有系统化地学习，才能真正进入语文之门。

2. 著名语文特级教师魏书生曾经搞出了语文知识树，让学生通过知识树上的每个知识点的掌握，最终获取丰硕成果。而知识树就是系统化的产物。

3. 我们现在的教材就是系统化的典范，我们现行的小学、初中、高中语文教材构成了由低到高的学习系统。

① 茹清平. 状元考生的语文学习经验[J]. 第二课堂（高中），2010(3)：24—27.

4. 语文学习的外延与生活的外延相等，因而其他系统性学科知识的学习也等于语文系统的学习。

5. 无论任何知识，包括阅读知识、写作知识等等，都是一个子系统，他们最终为语文的大系统服务。因此，无论是以读促写还是以写促读或读写结合，其实都是语文系统学习的证明，如果离开了系统性，语文学习就会成为一团浑沌。

谁知，反方毫不示弱，针对正方的理由逐一加以反驳，而且，提出了新的反驳理由：

1. 语文是一门科学不假，但语文学科是一门特殊的科学，它的知识的层次性与系统性是比较模糊的，例如“同”与“丁”，哪个更简单，哪个需要先学？毫无疑问是后一个，但现实中，许多幼儿在还没有掌握“丁”的时候，就已经认识这个“同”了。

2. 知识树的形成有其历史的背景与价值，但为什么今天不再流行？而且有人在批判知识树，原因就在于语文是不应该追求系统的知识的。这也正是新课标提出来的理念。

3. 现在的教材是有一定的系统，但这种系统是很不明显的。就不同的教材来说，《老王》一文，人教版入选在初中教材中，而苏教版则入选在高中教材，那究竟谁的选择是对的？就同一版本来说，其选文或知识点安排也很难说有层次性和系统性。尤其是写作内容，我们更难看出现行的教材系统性表现在何处。

4. 如果说“语文学习的外延与生活的外延相等”是正确的，那只能证明语文的知识是庞杂的，语文虽然是基础学科，但其他学科的系统性与其关系甚少。恰恰相反，各学科都使用语文，只能说明语文的广普性，而非系统性。

5. 语文学科下，确实包含着听说读写等多个子系统，但子系统之间的层次性是没有的，各子系统内部的系统也是较薄弱的。这就决定了，语文学习各系统只能同步进行，给人以零打碎敲的感觉也就不足为奇了。

6. 语文由字词句篇语修逻文等多个方面组成，它们之间的关系是密切的，但却构不成严密的系统，我们可以把他们结合起来学，也可以单独学，例如，我们可以把识字放在一个个文本阅读中来进行，也可以采用集中识字的方式，而集中识字又可以根据拼音或根据字形或根据意义来分类，因此，想要系统地学语文，只能说是美好的理想，却不是真正能追求的。

……

正反双方可说是各有道理，旗鼓相当，难分伯仲。最后，老师布置了一道作业题：

根据今日辩论的内容，谈谈你对学语文的看法。可以说，正反双方无论输赢，每位同学都受到了深刻的启迪，让我们对未来的语文学习多了几分理性认识。

可以说，这个案例既是一种课堂上的认识“比较”，同时，也可把不同的观点与自己当下的学习进行比较，最后就自己的角度得出正确的结论。

3. 案例中的教法与教师的教法比较

教法研究成果众多，以课堂教学方法为核心内容的案例也不少。但我们在实际的观课中发现，能够在课堂教学中恰当使用优秀教学方法的并不多。原因同样在于绝大多数教师还是习惯于“满堂灌”的方法进行教学，但大家并没有意识到自己的教学有多么地单调、无效。也有的教师使用了一些与众不同的方法，但他们也并不清楚，自己使用的是什么教学方法，是否符合教学规律，是否具有针对性和实效性。如果我们能够有意识地引导师范生和参训教师，寻找一些案例作对比，那么，就容易帮助教师认清自己在教法处理上的问题与优点，从而真正做到扬长补短，使自己的教学真正满足学生的需要。请看下面三个案例：

案例一：

教学《〈我与地坛〉(节选)》时，我在书写题目时，故意漏掉了“节选”二字，有的学生没有在意，有的学生马上提出我的板书有问题；甚至有位看过全文的学生表示并不赞赏课文这样节选，因为这样感觉第一部分固然主要写的是“我与地坛”，而第二部分便侧重写“我与母亲”，有些偏题，而读《我与地坛》全文时就基本没有这种感觉。我赞许他的细心、细腻，并鼓励大家课后都读一读原著，分享感受。结果出人意料，学生大多很乐意主动去读，不像通常情况下我在布置课后作业时，总是说“有兴趣的同学可以读某某文章”，结果“有兴趣”的学生往往并不是太多。

案例二：

教学《老王》时，我在黑板上写下了“王老”两个字，学生哄笑不已，我反问：“错了吗?”这时有学生站起来说：“没错，老师按照从右到左的方向写的，也可以用这样的编排方式。”我进一步问，那从左向右读与从右向左读，意思上有什么区别？文中主人公能不能称得上“王老”二字，你的依据是什么？请从课文中概括。于是学生围绕老王的身份、遭遇、别人对他的态度等各抒己见。这样学生既了解了常识，又走进了文本。

案例三：

在教学《祝福》时，我朗读课文，读到“于是不多久，我便一个人剩在书房里”一句时，看似不经意实则故意错读为“于是不多久，便剩我一个人在书房里”。我借机请学生分析这样微小的变化在表情达意上的不同。最后，结合陈日亮老师的分析一起总结、明确：不说“剩我一个人在书房里”，却说“我便一个人剩在书房里”，一个“剩”字位置的更动，就产生了被动的意味，感觉是被人弃置在书房里。“剩”在这里有“剩余”，甚至有“遗弃”的意思。虽说是亲戚本家，又是刚回到鲁镇，但和主人才见面不多久，就被看成是多余物似的，四叔何时离开自己似乎也不曾觉察。小说一开始就点出“我”因“不投机”而被冷落的孤立处境，预示了“我”与环境的格格不入，是为后面写“我”和祥林嫂的故事的不可忽略的“点睛”之笔。①

这三个案例，从不同的角度解释了示错教学法中的设错艺术，前两者均为板书课题，只是第一个属于漏字，第二个属于倒序，第三个则从朗读角度设错，通过设错，引发学生的注意与兴趣，激发他们寻错的积极性，养成阅读、听课等学习行为中的挑刺能力，通过主动发现错误，避免他们的被动性的消极学习。但更重要的是借助三个案例，可以帮助教师通过比较来改进与提升自己的教法。其实，在实际教学中，教师出错的情况是常见的事，但遇上错误，有的老师不会出现这种美丽的心情，要么手足无措，要么强词夺理，要么责骂学生，最终导致教学的混乱甚至失败。有的老师也能像范老师那样正确处理，但从来没有思考过自己处理的方法叫什么，也就不可能形成自己的教学经验，从而加以推广。通过这三个案例的阅读，如果我们的教师经过比较，发现自己的问题与长处，懂得示错这种教学方法，那么，今后再遇到类似问题的时候，就能处理得得心应手。同时，他们也可以有意地在教学过程中设错，使自己的教学变得更加灵活生动。

下面是一位老师用四个案例写成的论文（节选），他把教材当案例，将教材中的“名师”的教学事例作比较，从中学习教学的态度与方法，其教学发展行动，对我们来说特别有启迪性。我们截取其中的两个案例。

---

① 范丙军. 美丽的错误——“示错法”在语文教学中的运用[J]. 中学语文教学参考，2015(31)：19—21.

《孔子游春》中的“孔子”[①]

【情景还原】让我们走进几千年前孔子的课堂：孔子带着众弟子来到桃红柳绿、草色青青的泗水河畔，深情凝望着波澜起伏的泗水，弟子们对老师的“观水”深感好奇，纷纷请求老师讲讲。于是，一番慷慨激昂的“论水”之后，孔子又引导弟子畅谈各自的志向，孔子作为老师也表达了自己的见解，颜回还将自己的志向写进了一首歌里，孔子鼓励其演奏，颜回边弹边唱，孔子先是侧耳倾听，最后竟情不自禁地手舞足蹈起来。

【行为解读】让我们来解读孔子的这节课：“泗水河畔”——还原生活，营构真实的教学情境，拓宽教学的厚度，为后面的教学作强有力的铺垫；“深情观水”——教师入情入境，感染学生，同时也是为了引起学生的注意，激发学生探索的兴趣；“激昂论水”——发表“论水”的宏论，既是为了引出“君子”，也是在做言语表达的示范和引领；“畅谈志向”——引出“君子”再“谈志向”，水到渠成。这是本课教学的主体部分，也是核心教学目标。这样的一节课，层层递进，设计精巧，简单中见深刻，朴实中显灵动。弹奏、歌唱、舞蹈、畅谈……所有的教学手段和教学形式都是为了达成“明晰自己的志向，练习言语的表达”这样的教学目标。一节课的教学时间有限，不可能面面俱到，不可能解决诸多问题，因此，目标简简单单、清清爽爽，就容易落实和达成，教学就容易聚焦和深入，所以课堂呈现出明快清新的块状结构（深情观水——激昂论水——畅谈志向）。

【学习内化】明晰的教学目标，既要准确把握语文教学的总目标，又要立足于年段目标。低年级的课要上出低年级的特点，高年级的课要展现高年级的风格，不能千课一面，不能缺位、失位、越位。

教学《灰掠鸟》一课，我牢牢把握高年段的教学目标，将教学的重点落在“归林时”和“归林后”两个场景的描写上，紧扣“归得浩浩荡荡”和“闹得富有情趣”引导学生走进具体的语言文字中，去咀嚼，去体悟，教师教得简单，学生学得充分，悟得深刻。教学《爱如茉莉》一课，只围绕一个主问题展开教学——“你从课文中的哪些细节感受到爱如茉莉？”引导学生亲密地接触文本规范灵动的语言文字，将读、思、品、悟进行到底，学

① 陆华山. 向教材中的“名师”学教语文[J]. 新语文学习，2012(1)：12—14.

生参与面广，参与度深，教学自然也就高效了。

有效的教学，从清晰的教学目标开始，从精巧的教学预设开始，这是孔夫子带给我们的启示。

……

《莫泊桑拜师》中的‘福楼拜”①

【情境还原】怎样才能写好文章？这是我们许多人都十分关心的问题。有许多作家在成长的过程中，也曾对如何才能写出好作品有过深深的困惑，莫泊桑便是其中的一位，他拜文学大师福楼拜为师，三次向他求教，福楼拜给了他怎样的教益呢？第一次：福楼拜告诉莫泊桑，写作要肯吃苦、勤练习。第二次：福楼拜告诉莫泊桑，写作要仔细观察。第三次：福楼拜告诉莫泊桑，写作要贵在坚持，才气是坚持写作的结果。对要写的东西，光仔细观察还不够，还要能发现别人没有发现和没有写过的特点。经过福楼拜的一番精妙指点，莫泊桑细致观察，勤加练习，积累素材，最终成为一代名家。

【行为解读】福楼拜的三次指导，循循善诱，各有侧重，但又遵循‘实践—点拨—实践”的原则，令莫泊桑受益匪浅，进步神速。其精妙的点拨表现在三个方面。①讲练结合。当莫泊桑初次登门求教时，福楼拜直截了当地指出：你的功夫不到家，要肯吃苦，勤练习。丝毫不“拖泥带水”，精辟而有针对性，当讲则讲，当练则练，毫不含糊。②体察形式。莫泊桑第三次去福楼拜那里，福楼拜在第二次教导莫泊桑学会仔细观察的基础上，又向前推进一步：写作要想有特色，就要抓住特点写，由浅入深，层层递进，引导莫泊桑将目光落在精准的表达上，落在精妙的言语形式上。③感性支撑。福楼拜说话有理有据，在表达自己观点的时候，并不是只讲授抽象的技法、原则性的标准，而是密切联系眼前的、身边的生活实例，寻求感性的支撑，说话令人信服，从而使莫泊桑深刻领悟，掌握要领。

【学习内化】福楼拜的“教学”取得巨大成功，是否可以给予我们这样的启示：教语言，悟形式。即尊重儿童的主体地位，用最为感性的方式去关注言语形式，落实言语实践。我们教的是“语文”，学生学习的也应是“语文”，教学应该围绕“语言”这一核心而

---

① 陆华山. 向教材中的“名师”学教语文[J]. 新语文学习，2012(1)：12—14.

转动与提升。

比如，教学《鸟岛》一课，“各种各样的鸟儿聚在一起”一句中的“聚”字，遵循低年级儿童的学习规律，彰显“教语言”的核心要旨，就要经历这样几个回合：①唤醒生活。引导学生谈谈课文，聊聊聚会中同好朋友、亲人的“聚”，使得“聚”字贴近学生，展现画面，传递情趣。②回归文本。将刚才蓄积的情意迁移至文本中鸟儿们的“聚”上来，引导他们观看画面，丰富“聚”字的意象。③练习表达。用“各种各样的鸟儿聚在一起，它们有的______，有的________，还有的________，真______。”的句式想象说话，发展言语表达能力。④聚焦情趣。回到具体的语境之中，感受“聚”字所表达的情趣，初步体会“聚”字表达的精妙。

作者向教材学习，拿教材中的有关教育的人物作为教学方法的对照，从中得出一些教学的经验与规律，这是特别值得借鉴的。所谓案例无处不在，学习无处不在。

（二）课堂教学模仿

通过案例比较，可以发现问题，获得经验，但最好的办法还是通过模仿来学习。我们常说课堂教学是一项复杂的艺术，艺术创新自然是生命，但艺术的复制则是创新的前提，特别是通过模仿创新，更是我们需要追求的。

1. 学做老师从模仿开始

语文名师奋斗在教学第一线，拥有前沿的教学理念、丰富的教学经验以及独特的教学艺术。他们在教育教学过程中，不断形成各种各样的案例。这些案例不仅仅用来理性剖析，也不仅仅通过分析总结经验，提升规律。尽管这是教学案例的主要价值之所在。但是，对于刚入职的新教师或即将毕业入职的师范生来说，他们所掌握的理论也许足够用以分析名师们的教学案例，但抽象的分析，并不能帮助他们真正掌握教学规律、方法与艺术。他们的分析更多的是套路式的，比较机械，他们可以分析得很透彻，却并不一定能在自己的教学中有所体现。也就是说，在理论的接受与分析中，他们收获了知识，但没有形成能力，或者说，他们尚不清楚如何将书本上的理论知识巧妙地、有效地运用于课堂情境中。因此，教学案例对绝大多数新教师和准教师来说，更大的作用在于模仿，就像孩子开始学书法总得从描红开始，学写作总得从仿写开始一样。新教师与准教师要掌握基本教学技能，成为合格的教育工作者，也是需要循序渐进地从模仿开始。

2. 模仿要讲究境界

当然,模仿也分不同的境界,有的是亦步亦趋,机械模仿——此为原始境界;有的是有用则取,无用则废——此为功利境界;有的是学其精粹,强调神似——此为圣人境界。如果,处在第一种境界,那这位教师恐怕成为庸师,误人子弟;如果处在第二种境界,则可能成为匠师,育人成效有限;只有处在第三种境界,那才有可能成为名师与明师,教书育人,功在千秋。

因此,有人特别强调要慎仿名师,因为教学实践证明,仿名师不当会成为失败之源:

陈国强先生在《慎仿名师》一文中提到一个例子:有位青年教师有幸听了全国特级教师于永正老师的一堂作文课后,对于老师给学生的作文打100分、120分、500分,乃至1 000分的高分的做法很赞赏,就开始在自己的教学中予以模仿。但后来却遇到了学生们相互攀比,以及来自同行、家长的质疑等困惑或烦恼。殊不知,名师的教法并不是每个人都能学得来的。名师有着独特的人格魅力和高超的教学机智。他们的方法我们或许能够模仿一二,但我们能否把他们精神气质学到,能否把他们教学的精髓要义领悟到位,这些都未必!再说,再好的方法,长期应用却一成不变,学生也会不喜欢的。正如,鱼翅燕窝好吃,但天天吃也会吃腻。

有人模仿刘德华的歌很像,但只能永远停留在模仿者的身份上,他永远不会成为歌唱家。因为他唱的歌没有自己的特点。也没有哪一位教师靠模仿别人而成为名师。最上乘的武功是"手中无剑,心中有剑",无招胜有招;最上乘的教学方法是"随风潜入夜,润物细无声",无声胜有声。简单的模仿,很可能是东施效颦、邯郸学步,而着力提高自己综合素质,创造性地生成教学的策略,才能游刃有余、左右逢源。①

陶先生的论述告诉我们,想通过模仿名师教学案例来成为名师的方法并不靠谱,因为名师的经验、方法,都带着自己的个性与风格,有的往往只可意会,不可言传;强行模仿,有可能走向死胡同。但正如我们强调指出的,名师成长过程中离不开模仿,教师

---

① 陶常迎. 慎仿名师山[J]. 山东教育,2012(Z2):34.

专业发展的每个环节，都有可能存在不同名师的印记。只不过有的是直接在名师的指导下成长的，也有的则是通过名师的教学案例与课堂录像而发展的。绝大多数人，只能选择后一条路。下面我们分别列举一些普通教师和名师成长过程中受名师指点和学习名师案例发展成长的案例。

案例一：

与吴娟老师共事十余年，让我有了“近水楼台先得月”的机会。每天的耳濡目染，让我真切领略了吴老师博大精深的学术造诣和炉火纯青的教学技艺，亲眼目睹了吴老师踏实严谨的工作作风和卓有成效的工作效率，亲身感受了吴老师平易近人的处世态度和无微不至的关怀照顾。我仰慕名师的人格风范，追求名师的人生境界。在吴老师面对面的传授下，我提升和进步的空间更大。她不仅参与了我的每一节观摩课的指导，在平时的日常教学中，也一直点拨我，指导我，给予了我很大的帮助，她是我工作、生活中的良师益友。工作室为我搭建了多次执教观摩课的机会，我在一次次观摩课的历练中，渐渐从稚嫩走向成熟。我执教的《美丽的武夷山》在天津召开的跨省市异地合作校教研活动中赢得好评，《冬天是个魔术师》为来自全国各地教师做观摩。我感觉自己很幸运，因为有名师伴我行，让我在语文教学中找到了自己的方向。[①]

这是鞍山市宁远镇小学中心校一位普通的青年教师写的工作总结中的一个片断。在这段文字中，作者分别说了四层意思，其中前三层说自己成长的条件或因素：一是观看吴老师的课堂教学艺术及其方方面面受到的教育；二是吴老师直接指导自己教学艺术；三是观看其他老师的课堂教学。第四层说自己的成果。虽然作者尚未成为名师，但作为一名只有十年教龄的老师，能够在全国各地开课，已经是相当不易了。这段文字也告诉我们名师的教学案例与名师直接指导对青年教师成长有着重要作用。

随着经济的发展与信息交流的便捷化，教师专业发展日益成为教育行政部门关注的焦点，名师工作室遍地开花，“名师带骨干，骨干成名师”已经越来越成为现实。但即便是名师工作室的成员，也不可能经常与导师生活在一起，特别是网络名师工作室，师

---

① 员光霞. 名师促我成长[EB/OL]. 前沿教育研究网，http://www.eduqy.com.cn/ajqk/ajqk201403/201412/7135.html.

徒之间甚至少有见面的机会。在此种情况下，通过名师案例（包括文字与视频）进行指导就成为常态。例如，参加国培计划工作坊远程培训的老师，基本上是通过网络观摩名师教学案例来学习提高的。其中，冒出了不少准名师。绍兴鲁迅中学李莉老师就是其中的佼佼者。

案例二：揣摩名师案例　打造智慧课堂

2015年，我参加了教育部国培计划教师工作坊的培训，线上线下，结识了诸多名师，收获良多。特别是通过与浙师大合作举办本次培训的北京奥鹏远程教育培训中心建立的网站，观看了大量的名师讲座与课例，我不但克服了渐渐滋生的职业倦怠，而且进行了一场深刻而全面的精神放牧，尤其在工作坊首席教师兼浙江工作坊坊主蔡伟教授的直接指导下，在课堂教学上取得了质的突破，获得诸多成果。

记得我参加"海峡两岸线下微课教学大赛暨第七届新语文教学交锋论坛"时，我当时准备的参赛课题是《金岳霖先生》。这篇课文也是名家名师常开的经典篇目。借助浙江工作坊的平台，我拜读了特级教师肖培东老师的课例，深刻体会到他整节课让学生多达二十多次的朗读中，提问、引导、朗读、交流、总结、升华，肖特的课堂一气呵成。"浅浅地教语文，教字，教词，教句，教篇章，教我们能感受到的也应该要感受到的思想。"肖老师读到了金岳霖先生的悲哀和孤独。我还拜读了陈益林特级教师的课例，他给金先生做名片的创新课堂教学手段，也给我以全新的启示……通过揣摩名师案例，激发出教学灵感，增添打造智慧语文课堂的信心！

于是，我对文本的创新解读更有了底气，由本文所在的专题"慢慢走　欣赏啊"、"一花一世界"入手，抓住文眼"有趣"，解读金先生的细节和西南联大教授的细节，进而探究"为什么要好好地写一写金先生"、"为什么要好好地写一写西南联大的教授"。让学生在自主研习中，领会汪曾祺写金先生，就是想借"金先生"这一"花"，来走近西南联大教授群体的"精神世界"——独立之人格　自由之精神！由于准备充分和现场优秀的参赛发挥，我获得了"海峡两岸线下微课"全国一等奖，此后，又在多个场合开设示范课。

总之，在浙江工作坊长达两年的学习中，最大的收获就是揣摩比较名师的课例，从中汲取养料，反观寻找自己的教学设计与教学实施中的不足。从而，我的专业有了长足的发展，在此期间，我在南京开设过示范课，在金华作过讲座，在北京参加过座谈，并成为奥鹏“国培计划”教师培训师，开发了省级精品课程。不久，我还将应邀参加第八届全国新语文教学尖峰论坛名师活动……为此，我写下一首小诗：

你，就像一杯烈酒，清透的液体酝酿成醇烈的甘美；

你，就像一盆幽兰，纯洁的花瓣流露出素雅的芬芳；

你，就像一条河流，潺潺的细流指引着跌宕的起伏。

洋溢着我对语文教学至尊至纯的痴爱！[①]

3. 模仿的主要方法

(1) 点式模仿

点式模仿属于较为隐性的模仿，往往出现在有经验的教师，特别是名师的课堂教学里。所谓点式模仿，是指在字、词、句方面的独特解释，对文本某个点的另类解读，某种具体的方法应用，某个疑难问题的处理等等模仿其他名师案例来处理。而且，这种模仿一般都比较隐蔽，特别是在语言语气等方面，可能呈现质的区别。因此，此类模仿，可称为创造性模仿。

例如，于漪作为情感教育的代表人物，其课堂导入经常采用演讲的方式，诗意化的语言，生活化的情景，哲理化的内涵，浓郁的文化味等等，常引得学生心旌荡漾，灵魂升华。而模仿于漪导入的名师比比皆是。

于漪《春》导入：

今天我们学习朱自清的《春》。一提到春，我们就会想到风和日丽、鸟语花香的明媚春光；一提到春，我们就会感到有无限生机和无穷的力量。古往今来，许多诗人曾经用彩笔描绘春天美丽的景色，我们已经学过一些古人描写春天的诗句。现在我问一问大家，杜甫有一首绝句是怎样描绘春天的？[②]

---

① 李莉. 揣摩名师案例　打造智慧课堂[EB/OL]. 长乐江畔阅读周刊(2016－08－30)，http://blog.sina.com-cn/s/blog_6977700f0102yeso.html.

② 于漪. 于漪文集第二卷・阅读教学的理论与实践(之一). 济南：山东教育出版社，2001：335—336.

名师《济南的冬天》导入：

同学们，苏轼有首诗："水光潋滟晴方好，山色空蒙雨亦奇。欲把西湖比西子，淡妆浓抹总相宜。"确实，烟雨蒙蒙，远山近水，尽在画中，漫步湖边，荡舟湖上，令人如在画中游。而到了夏天，世界著名的避暑胜地瑞士景色最美：绿色山林，环绕着浅蓝色的湖泊，映衬着阿尔卑斯山头的皑皑白雪，悬崖上的瀑布流泻，草地上的鲜花盛开，无愧于"世界公园"的美称。同学们知道哪儿的秋天和冬天最美吗？（稍作停顿，学生凝神思考）老舍在《济南的秋天》一文中写道："上帝把夏天的艺术赐给了瑞士，把春天的赐给西湖，秋和冬的全赐给了济南。"在作者笔下，济南的秋天冬天如诗如画，别具情致。今天，我们先来欣赏济南冬天的美景。①

我们虽然不能直接说名师的导入直接仿用了于漪的导入，但毫无疑问，于漪的导入曾经对后来教师的影响深刻。笔者就特别喜欢于漪老师的这种导入法，并进行了实验对比。请大家再次翻看本章第二部分列举的《窦娥冤》导入的案例，即可感受演讲式案例的魅力。

下面我们再举一些稍为复杂的案例。有人曾专门比较了蔡澄清和钱梦龙两位特级教师执教《故乡》的课例，指出在分析人物这点上，两人有明显的区别。蔡澄清只分析了一个人物——闰土，内容集中，重点突出，以点带面，体现点拨教学法的特点。钱梦龙老师则引领学生分析五个人物，深刻认识各个具体形象，全面把握形象之间的关系，从而帮助学生全方位地领略故乡的生活情景，多角度地理解主题，感悟作者的思想感情，体现"三主"教学模式。其后，众多优秀教师或采用蔡老师的方法，或采用钱老师的分析法。这可以视作点式模仿。

在学习蔡澄清的点拨教学法的众多老师中，特级教师陈军可谓是深得三昧者。他说："我们知道，农村中学生语文能力的结构是支离破碎、漏洞百出的。我们无法毕其功于一役，无法在很短的时间内让学生各方面的能力都能齐头并进地跳跃一级。因此，我们只能一步一步地吸收名家教法体系

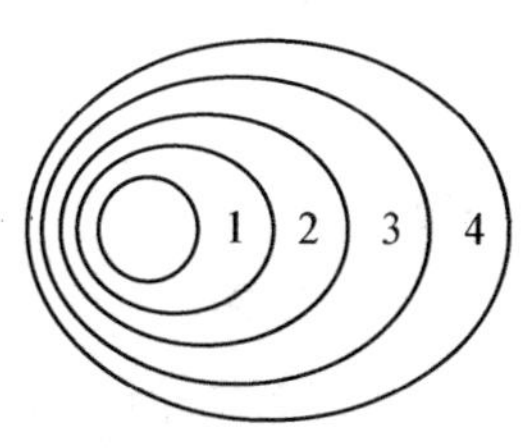

① 吉桂娟. 语文课堂导入语的设计方法[J]. 语文教学与研究，2010(7)：44.

中的某一点，进行实践，实实在在地使能力上的漏洞一个一个地逐渐填补起来。”例如，在写作教学中，陈军就把蔡澄清的每个观点、每个教学点都加以研读，然后形成自己的一个教学方法。针对蔡澄清“写作能力的发展是一个循环向上的过程，其中有一对训练量与发展量的矛盾，训练量不等于发展量，训练是发展的基础，发展量的升降取决于训练量的安排是否科学”这一个观点，陈军专门制作了一个层次图，用以指导分解——综合的训练，既做到“点”的突破，又注意研究突破的“层次”。

陈军解释道：“比如说写一个人的外貌，停留在第①层次区，只要求在描述人的形体、衣着时语句通畅，具体；在第②层次区，就要刻画生动、形象；在第③层次区，就要求只须刻画一处（如眼睛）便能反映出这个人的特点；在第④层次区就要求通过外貌描写能揭示人物的内在奥秘，并在表达上富有创造性。这一点在训练题的设计上是要严密关注的。”①

（2）局部模仿

局部模仿兼于点式模仿与整体模仿之间，它是指针对名师名课的一个环节或五大部分的模仿，它虽然已呈显性化，但由于整体的课堂教学处理仍然与名师有别，而且模仿的部分也显得比较灵活，因此，听课的人可能感觉其有模仿成分，但基本不会当作模仿来看待。这种模仿一般也在成熟教师手上出现，新手教师或准教师偶尔也能较成功地使用局部模仿。点式模仿和局部模仿，有的时候是难以明确区分的，例如上面所举陈军学习蔡澄清作文教学之道，就论点而言是点式模仿，但就其操作来说，又是与整个写作教学过程的相关环节有关，则又属于局部模仿。下面，我们再举几个较为典型的对名师课例进行局部模仿的案例。

例如，魏书生提出的六步读书法分别是：定向—自学—讨论—答疑—自测—自结。有老师就模仿魏书生的这种课堂结构方式设计了《祝福》一课。

案例：

一、定向

教师确定新课学习和训练的重点、难点，并且将重点、难点告诉学生，使学生学习

① 以上内容详见陈军.追随蔡澄清导师学教改的三个层次[J].语文教学通讯，1988(5—6)：51—53、73.

方向明确，心中有所准备，进而教师根据教学的要求，对学生提出具体的自学目标。笔者确定了《祝福》的重点难点是：

(1) 学会把握小说的情节结构，理解倒叙手法的运用。

(2) 准确把握祥林嫂的形象特征，理解造成人物悲剧的社会根源，从而认识封建礼教的吃人本质。

(3) 学习本文综合运用肖像描写、动作描写、语言描写等塑造人物的方法。

(4) 理解环境描写的作用。

根据教学的重点难点，笔者设计了学生的自学题目：

(1) 根据时间地点的提示，列出情节结构。

(2) 画出祥林嫂三次肖像描写的句子，仔细比较不同的地方。

(3) 思考祥林嫂悲剧的根源是什么？

(4) 文章开头和结尾的环境描写有什么作用？

(5) 分析主要人物形象。

(6) 理解文章以“祝福”为题的真正含义。

二、自学

学生根据老师确定的重点和难点自学教材，独立思考自学题目，自己找出答案。不懂的地方，用笔标注出来，也可以单独向老师提问。此时，教师要在班级内巡视，一方面观察学生的自学进度，另一方面便于学生提问。教师要启发学生主动质疑，并且搜集学生之间普遍存在的疑难问题。通过自学，学生普遍能够归纳出小说的情节结构，对人物形象也有比较准确的认识，对祥林嫂三次肖像描写也能较好地把握。但是学生也有一些问题，根据学生所提的主要问题，教师归纳总结出学生难以理解的题目：

(1)《祝福》是一出悲剧，为什么要以“祝福”为题？

(2) 造成祥林嫂悲惨命运的根源是什么？

(3) 她逃走后，婆家凭什么将她抓回来？

(4) 她捐了门槛后，太太仍旧不让她碰祭祀的碗筷，为什么对她精神打击那么大？

三、讨论

学生对课文有了初步感知和了解后，教师可以要求学生前后左右每4人为一组共同讨论和研究在自学中没有解决的问题，充分发表对问题的看法，大胆提出问题，相互交流，加深自己对课文内容的认识和理解。教师可以参加几组学生的讨论，听一听学生的见解。比如，在讨论导致祥林嫂悲剧的原因到底是什么时，一位学生说道："我认为，是当时的社会生活环境造成的。寡妇被婆婆绑回去卖掉是合理合法的，寡妇再嫁又是伤风败俗被歧视和排斥的。人们鄙视祥林嫂，嘲讽她改嫁留下的伤疤，咀嚼赏鉴她丧夫失子的悲哀，远远地躲避她，怕她给自己带来晦气，以致走得连拄着的长竹竿下端开了裂，她乞讨的破碗还是空的。以祥林嫂那样的身份生活在这样的环境中，她能不死吗?"另外一个学生说："我认为，祥林嫂的悲剧主要原因在自身。在封建礼教摧残下，她的性格严重地扭曲、变形，她麻木地自觉和不自觉地去维护封建礼教和迷信。她反抗再嫁，主要是'从一而终'的封建观念支配着她。她花一生的积蓄去捐门槛，也表明她崇奉神权及封建礼教，认为自己再嫁再寡是有罪的，以门槛作为替身'给千人踏，万人跨'，好赎了自己一世的'罪名'。所以，她麻木到自己都认为自己有罪，自己折磨自己。"……

四、答疑

经过小组讨论，一些学生自学中的问题也得到了很好的解决。同学们交流了观点、看法，进一步加深了对课文内容的理解。教师在学生自学、讨论的基础上，适当地讲解教学内容中的重点和难点，也可以将搜集到的学生未能解决的疑难问题，提出让全班学生共同讨论，并加以提示或指点。

比如说，一些学生提出祥林嫂受到压迫，为什么不反抗？教师把这个问题交给全班讨论。有的学生说："她不敢反抗，她只能逆来顺受，只能默默承担，直至被压迫致死。"有的学生说："她不是没有反抗，她一直在反抗。丈夫死后逃走是反抗，被婆家卖给了贺老六，她进行了强烈的反抗，甚至差点撞死，她不甘心受命运的摆布，捐门槛赎罪也是反抗，到最后她开始怀疑魂灵有无也是反抗。"学生讲到这里，老师给予适当的总结和点评：祥林嫂可以说是不断抗争，不断失败。那么祥林嫂到底有没有反抗精神？首先要明确她反抗的对象是什么。祥林嫂是遵守封建道德的，出逃是为了躲避被卖的厄运，抗婚是不做"回头人"，其实都是遵守封建礼教"从一而终"的道德规范。再嫁后她心里一直有极强的罪恶感，鲁家不让参加祭祀，她没有一点不平和抗争，而是认为自己不干不净并去捐门槛，以求获得宽恕。临死前在照例相信鬼神的鲁镇，祥林嫂发出了魂灵有无的疑惑，这不是对封建迷信的彻底否定，而是矛盾心理的反映。所以祥林嫂从未对压迫她的封建思想提出什么疑问，更不用说进行什么反抗，而是顺从地承认自己的“罪过”，希望得到饶恕。她的反抗，只是“想做奴隶而不得”的表现。通过班级内答疑，给学生创造倾听、讨论、陈述、争辩的机会，不断加深他们对课文的理解。

五、自测

测验方式各种各样。有时学生根据“定向”阶段所提出的重点、难点，自拟一组自测题，同桌互答互评。有时请一名学生出题，全班同学回答。也可以每组出一道题，其余组抢答。有时教师出一组试题，或做教材方面的练习题。需要书面回答的题，一般都限定时间，全班同学进入竞争状态，在短时间内完成，然后老师在班级内公布答案，同学们自批自改。通过这种方式，来检测学习的效果。

六、自结

即学生自己回忆总结这节课，学习重点是什么，学习过程有几个环节，知识掌握情况如何。每个学生都要总结自己学习的主要收获。教师在成绩优秀、中等、较差的学生中，选择有代表性的学生，讲述自己的学习过程和收获，使所获得的知识信息得到及时强化。然后，教师布置作业。①

可以说，这个案例的每个环节都是模仿了魏书生的六步读书法，但这种模仿只是借鉴，不是照搬，甚至不是对魏书生同课教学的模仿，其间同样隐含着一定的创造元素。

(3) 整体模仿

整体模仿，又称全模仿，指的是全方位模仿名师的课堂教学，包括教学内容、教学手段、教学语言、教学体态等等。一般说来，全模仿出现在青年教师或准教师身上比较多，如果一种新的理念与模式产生并推广，那么，绝大多数初次接触的老师，都会不自觉地采用全模仿。例如某校在开展“生命力学习中心”实验的时候，大家都不太懂，都不知道该教什么，怎么教，因此，一开始都学会了那位老师的教法，从教学流程，到说话的内容，甚至连口气都完全一样。因此，有的教师觉得比较困惑，觉得那已经不是自己了。而有“鹦鹉”之称的年轻教师邵臣的模仿力更强，下面是其教学场景及与导师的对话过程。

---

① 高昕，张晋良. 魏书生“六步教学法”在语文教学中的运用[J]. 成都之路，2009(14)：77.

案例：

各位同学，等一下的小队时间，各位要完成两项任务：

第一项是小队旗。小队旗代表小队的精神，上面一定要写有班级、第几小队和小队名。然后各位可以设计一些与小队名有关的标志，例如老鹰队就可以画一只老鹰，皮卡丘队就可以画一只皮卡丘（全班笑）。制作完成之后，请把旗面套在发给各位的竹竿上。这是第一项任务。有没有问题？（全班静默）……（大约两分钟后）好！那接下来我交代第二项任务，那就是小队日志。首先请大家设计一个封面，这个封面上一样要写上班级、第几小队和小队名，然后里面要有每个小队员的基本资料。基本资料包括什么呢？规定要有姓名、座号和照片一张，其他就由你们小队共同决定。然后是订小队契约，至少要有五条，内容要与上课有关。例如，我们上课会准时，不迟到。最后是日志。虽然叫作日志，但是我不要求天天写，只要每次上完课写就可以了。每篇至少要有50字才算合格，而且我希望不要每次都由同一个人写，而是轮流写或是全队合力完成。请问大家有没有问题？（没有停顿，马上接着说）好，请开始！

这是七年级某个班上学期的第一堂课。其他班级已经由我（指导教师）上过了，这是邵臣老师第一次讲这一段话。这段话就像是录音机一样，把我之前所说的话几乎一字不漏地重复了一遍，而且无论脸上的表情、说话的语气、停顿的时间，还是肢体的动作，几乎都一模一样。我好像看到自己站在上面一样。对此我觉得非常有趣。我知道他在模仿我，但是没想到可以模仿得这么惟妙惟肖。下课后我赶紧把他找来，想问问他的想法。

指导老师：你觉得你刚刚表现得怎么样？

邵臣老师：我知道你要说我都在模仿你，对不对？（他笑笑说）

指导老师：是啊。我在想你怎么这么厉害，几乎可以一字不漏地说出我说过的话。

邵臣老师：（笑）因为我记忆力好啊！其实我是真的很认真地在看你上课，因为我不知道要说什么，或者是怕说不好，所以干脆照着你所说的来说。你觉得这样不好吗？

指导老师：没有。我只是想知道你的想法。所以你连“笑点”都觉得不需要改？

邵臣老师：我觉得不必。因为你说的点都蛮好笑的，所以我觉得直接拿来用就可以了，不需要改。而且事实证明，他们也觉得很好笑。所以好的东西不需要为了改而改。

指导老师：那你中间停顿了2分钟左右，那时候全班都很安静，你的目的是什么呢？

邵臣老师：因为我记得上次你问了"有没有问题"之后，有同学发问，所以我在想也可能有同学有问题，就等了一下。没想到今天没人发问，所以……

指导老师：这也是你需要模仿的吗？

邵臣老师：我觉得要模仿就要模仿彻底。我现在是刚开始模仿，所以与其自己添枝加叶地乱说，还不如先好好把你说话的内容、方式、语气给学好，等我练习够了，自然能够慢慢走出自己的风格。不过现在我还没有把握，所以我宁可完全照着你的方式来做。

指导老师：那你知道我说这些话以及这样说的背后意义吗？例如基本资料为什么只规定要有姓名、座号和照片一张，其他都由小队成员共同决定？

邵臣老师：意义？（想了一下）应该都知道吧，我们开备课会议的时候你都说过，我也应该都记下来了。像你说的基本资料为什么那样规定，我知道有两个原因。第一，只规定姓名、座号和照片一张，是因为这些就足够让老师查阅；第二，其他基本资料涉及个人隐私问题，所以由小队成员共同决定，这样他们就可以自己决定要公开什么资料，而这符合我们"自己的事，自己做决定，自己负责"的教学理念，对吧？

指导老师：你连这个也记得这么熟？

邵臣老师：是，我觉得模仿不只是外在的，像是说话的内容、方式那些，也要把想法学起来，然后慢慢变成自己的东西。所以我都会很刻意地去记，然后模仿这些想法来设计课程、讲授课程。这样我讲出来的东西就会越来越像我自己的，而不是像你所讲的。

指导老师：所以你觉得"理念"也可以模仿？

邵臣老师：对，而且必须要连那些外在的东西一起模仿，才会变成自己的东西。[①]

这是一个非常典型的全模仿案例，这种模仿有利有弊。利在于教师即使原先处于

---

① 徐月，钟启阳. 教学模仿在教师专业成长中的作用[J]. 教育学术月刊，2011(5)：21—24.

零知识状态，也不懂基本操作程序，但通过模仿，能够有个大体模样；弊处就在于如果模仿不到位，就会浪费时间，甚至闹出笑话。例如邵臣连导师的“笑点”和停顿都进行模仿，结果2分钟的停顿未能收到应有的效果。当然，作为一个新教师，在不知道如何进行“生命力学习中心”课堂操作的情况下，上出了一堂大体像样的课来，还是值得肯定的。总之，成功模仿的前提条件是老师对自己的学生有充分的了解，对导师执教的理念与设想也有比较全面的掌握，因而即使在不同的课堂，也能大体还原导师的课堂教学。学生也能获得应有的知识与能力。

（三）课堂教学创新

中小学校应用课堂教学案例的最高层级是创新，只有创新，才有教育的发展，也只有创新，才能真正实现教师的专业成长。只会理论分析的人，只能称为掉书袋；只会机械模仿的人，只能称为教书匠。那些称为专家名师的老师，一定是具有强烈的创新意识、创造能力，并形成了自己的教学特点与风格的人。细心的读者也一定能够发现，我们前面在详细论述比较、模仿两种应用方法的时候，其实已经反复强调了案例应用的创新，只不过这种创新显得比较单薄或者比较隐蔽，因此，我们再专门对教学案例的创新应用加以阐述。教学案例课堂应用创新同样主要表现在语言、内容与方法三个方面。

1. 教学案例应用的语言创新

语言是思想与信息传递的主要工具，教学语言优劣，直接决定着课堂教学的成败。同样，当一个教师将别人的教学加以借鉴应用到自己的课堂的时候，语言表达的创新就显得十分重要。如果语言有了创新变化，那么，即使理念是他人的、解读是他人的、环节安排是他人的，但课堂仍然属于你自己的。

案例：韩军老师执教《登高》的导入语：

1 200 多年前，一个秋天，九月初九重阳节前后。夔州，长江边。大风凛冽地吹，吹得江边万木凋零。树叶在天空中飘飘洒洒。漫山遍地满是衰败、枯黄的树叶。江水滚滚翻腾，急剧地向前冲击。凄冷的风中，有几只孤鸟在盘旋。远处还不时传来几声猿的哀鸣。——这时，一位老人朝山上走来。他衣衫褴褛，老眼浑浊，蓬头垢面。老人步履蹒跚，跌跌撞撞。他已经满身疾病，有肺病、疟疾、风痹，而且已经“右臂偏枯耳半聋”。

重阳节，是登高祈求长寿的节日。可是，这位老人，一生坎坷，穷愁潦倒，似乎已经走到了生命的冬季。而且，此时，国家正处在战乱之中，他远离家乡，孤独地一个人在外漂泊。

面对万里江天，面对孤独的飞鸟，面对衰败的枯树，老人百感千愁涌上心头……①

分析这个导入，我们发现它的特点与于漪老师的导入非常相近：通过生动优美的语言，创造出一个虚拟的生活情景，令学生如入其境，如见其人，如闻其声。然而，我们会感觉到它模仿了于漪的导入吗？答案是否定的。因为，虽然导入的方法、特点和作用是那么地相似，但这个导入的语言全部属于韩军，带着韩军的印记。语言上的创新是韩军导入成功的保证。反之，如果韩军的表达式也直接模仿或接近于漪，那么，韩军的优秀就脱不开于漪的光环了。

2. 教学案例应用的内容创新

语文教学案例的内容，主要体现在对课堂教学内容的处理上，而聚焦点则在文本的分析上，包括作品的主题分析、环境分析、人物分析、情节分析、语言分析、写作手法分析等等。我们看到名师的教学案例，有诸多的独特理解，例如钱梦龙对于《愚公移山》寓意的解读，于漪对于《白杨礼赞》象征物的理解，韩军对于《背影》、《雷雨》主题的分析，都有着与当时教师不一般的地方，因此，使广大教师读起来有一种春风扑面的清醒感。但如果我们仅仅将这些名师的解读机械地搬到课堂，那很有可能达不到应有的效果。因此，即使感觉名师们的见解颇有道理，也要根据自己的理解加以创造，从而形成新的分析。请看下面一则案例。

为了给学员们提供诗歌教学的新思路、新方法，某位教师在语文名师案例教学的课堂上给学员们出示了这样一则案例：

师：我再改一次，往下一节，“我被生我的父母领回到自己的家里”这一句，我觉得，肯定丢掉了一个字，丢掉了一个“我”字。应当说“我被生我的父母领回到‘我’自己

---

① 蔡伟，纪勇. 语文案例教学论 · 课堂导入与收束[M]. 杭州：浙江大学出版社，2012：73—74.

的家里"？是不是呀？这次，老师的见解肯定对了！（有不少学生同意老师的观点，频频点头，且动手在课本上加上了个"我"。有的学生则不以为然，老师就把不同意的学生叫起。）

生："自己"是客观的，那确实是诗人的家，而"我自己"带有主观色彩，在诗人心里承认的家，诗人在这里用"自己"，说明诗人心里并不承认这个家。

生：我觉得，这里的"自己"不是"艾青自己"，而是"父母自己"。如果在"自己前面"加上"我"，就成了"艾青自己"了。

师：两个同学说的都有道理，家不是艾青的，而是"父母自己"的，艾青根本不认同的父母的家是自己的家，他认同的是……

生：大堰河的家。

师：所以，这句话，诗人是不是丢掉了一个"我"字？

生：不是。

师：（似乎无奈地）还是老师的意见不对。（稍微一停顿）不过，老师又发现一个问题，有一句话写得不好，我要改一改。"我做了生我的父母家里的新客了"，如果改成"我终于回到父母的家里了"，就好了。（似乎颇为得意）老师不但会朗读诗，还会写诗、改诗呢！

（学生几乎都摇头）

生：老师的绝对不好。

师：还绝对不好？说说为什么？

生：你改的诗，情绪根本就不对！"我终于回到父母的家里了"好像盼望着急切回父母家一样，愿望终于实现了，非常高兴。而作者原来的意思是不愿意回去。

师：我的改句——表明作者盼望着回去，非常高兴，而原句表明不大情愿回去，你能把这两种情绪通过朗读，表现出来吗？（学生读完后，教师评价并示范朗读）[①]

这个案例的创新点在哪里呢？我的研究生们对此提出了三点看法。

（1）巧妙切入，有效教学

① 韩军.《大堰河——我的保姆》课堂实录及分析[EB/OL]. http://www.doc88.com/p-932705898028.html.

教学《大堰河，我的保姆》，掌握艾青与大堰河之间的复杂亲密的情感是本文学习的一个重点和难点。而韩军老师巧妙地通过添加“我”，改“我做了生我的父母家里的新客了”为“我终于回到父母的家里了”为教学切入点，有效地触发了学生学习的“兴奋点”，让学生从具体的语境中揣摩文句的深刻内涵，品味精彩语句的表现力，并由此体会到作者的情感，加深理解和认识。这反映了韩军老师能够通过刺激学生“兴奋点”，使学生获得强烈的情感体验，并得到有效的语文能力训练，从而提升教学效果。

（2）师生平等，气氛和谐

韩军老师在课上将自己对课文的“见解”与学生们共享。学生通过思考，发现老师的理解是错误，并阐明了具体的理由。由此，教师要通过个别词句的理解突破教学难点的目的达到了；学生通过思考体会，明白了作者的思想情感，加深了理解；而在反驳教师“见解”的过程中，感觉与教师的距离近了，感受到平等的师生关系，课堂气氛不再沉闷无趣，而是和谐活泼了。这反映了在教学过程中，韩军老师努力建立一种“师生互相尊重、互相信任的平等关系，开创民主和谐的教学气氛，使学生能在欢乐、和谐、宽松的支持性环境中学习”①。

（3）情感朗读，加深体会

在通过揣摩重点词句在文中传达的意义，帮助学生明确作者与大堰河之间深厚的情感之后，韩军老师并没有匆忙地结束这部分教学环节，而是要求学生借助富有感染力的声音把这种情感生动地表达出来。教师这样做，可以帮助学生更好地体会到饱含深情的诗歌语言，感性地体会本诗中蕴含着的真挚感情，获得真实的情感体验。学生朗读结束后，教师的示范朗读，则让学生再次从教师声情并茂的朗诵中，深入体会诗歌的思想与情感。

（4）教学案例应用的方法创新

笔者始终坚持这样的观点：在中小学阶段，语文教师对于教学形式的研究创造要重于语文教学的内容。原因很简单：中小学语文教学内容其实已经被课程标准和中高考考试说明差不多规定好了，中小学教师重点要做的是引导学生能够根据课标与考纲的规定，自己学会阅读和写作。这里面，教师当然要先有个示范。此时，教师的读解

① 赵国超. 中国著名教师的课堂细节[M]. 南京：江苏人民出版社，2007：167.

能力是必要的，接着教师要重点考虑的就是如何生动活泼地将各种信息（内容）有效地传递给学生，这就需要教师在教学模式与方法上狠下功夫。案例教学法本身就是一种方法，那么如何根据已有的教学案例在课堂教学中创新教法呢？

一是不同文本之间的“通假”。即利用名师执教过的相近文本，进行方法的借鉴。这种案例应用严格地来说，还属于一种模仿，但对于新课教学来说，因为它存在着首用性，因此，称作创新也不为过。例如，笔者在中学执教时，创造了众多的教学方法，通过讲座与示范被参训教师及师范生成功借鉴，并写出了优秀论文。下面是语文专业学位教育硕士俞丹写的学位论文中的一段：

例如学习者在面对鲁迅先生的作品《药》的教学设计时，可以借鉴蔡伟教授的《〈阿Q正传〉备教策略》[①]。蔡教授在《阿Q正传》的教学中采取了表演法，辅之以评论法，整个教学流程分为五个环节：小组讨论，确定主题；编写台本，小组彩排；当堂表演，口头评论；评选最佳，书面评论；总结反馈，成果展示。由于《药》和《阿Q正传》具有很多的相似性，如都属于鲁迅先生众多作品中较为“通俗”的一篇，都具有较强的故事性等等。因此，我们在进行《药》的教学设计时可以吸收借鉴蔡教授的《〈阿Q正传〉备教策略》的精华，并作适当改造。在具体教学中，可将表演——演读法、研讨法、评论法融为一体，为学习者的阅读实践创设良好的环境和条件。整个教学流程可分为：独立研读，小组讨论；集体讨论研读，深入文章主题；编写课本剧，小组彩排；当堂表演，互评互荐四个环节，充分关注学习者阅读态度的主动性、阅读需要的多样性、阅读心理的独特性，尊重学习者的个人见解，培养学习者的合作意识、探究精神与创新能力。[②]

鲁迅先生的作品是我比较喜欢执教的教材，而上得成功的犹数《阿Q正传》和《药》，但两篇课文的执教方法完全不同。这里，俞丹借用我执教《阿Q正传》的方法，去处理《药》一课，这是我在此课的课堂教学中从来没有过的，因此，相对我的《药》，她的执教具有了一定的创造性。

二是不同方法的组合。有人认为教学方法是无穷尽的，只要你去动脑筋总会想出新的来。这话也没错，但教育发展到现在，要再创造一种新的方法其实已经是相当地

① 蔡伟.《阿Q正传》备教策略[J].语文教学通讯，2007(7—8A)：52—55.

② 俞丹.基于协同论的语文名师教学案例应用研究[D].金华：浙江师范大学，2009：5.

困难。然而，我们不妨尝试教学方法的组合创新。因为，每位名师都有自己独创的或擅长的方法。如果我们只跟随一位名师去学，即便学得最像，也有可能走向过于形似而“死”，而要做到神似，则必须多接触各类名师，取长补短。甚至，有些普通教师也可能在某篇文本或写作教学中有某个独到之处，这也应成为我们组合的对象。总之，一旦我们的教学中，拥有了这样那样的教学方法，经过有机的组合，我们就一定能够创造出显示出自己教学风格的方法来。

当然，不是任何方法都可以随时组合的，组合创新必须坚持几个原则：一是匹配性原则，即所用来组合的教学方法之间具有某种互补性、增强性，而不能成为相互对立、互扯后腿的矛盾体。二是简省性原则，即用一种方法可以讲清楚的，就决不用第二种方法（用以强调的除外），要让课堂如行云流水，详略得当，不浪费一时半刻。三是适切性原则，即任何方法都必须能够适应所教学科与年段特点，难易雅俗适切，令每个学生都能愉快接受。

下面笔者试以自己在第六届全国新语文教学尖峰论坛上的一堂作文公开课前两部分为例，作简单说明。

一、激情导入

（播放背景音乐《汉宫秋》）

师：已经上了两节课了，同学们累不累？

生：不累。

师：苦不苦？

生：不苦。

师：写作怕不怕？

生：怕。

（师生笑）

师：为什么怕？

生：因为它太难了……

师：因为写不好，宁可坐在这里，也不愿写，是吗？告诉你们，写作其实是一件快乐的事。老师今天就让你们把痛苦的写作变成一件十分开心的事。

（教师边说边出示课题：把写作变成一件快乐的事）

师：怎么样把它变成一件开心的事呢？我们学一位名人，这位名人应该是你们很喜欢的，或者说你们是因为喜欢一个人而喜欢他的。他是谁呢？是方文山。

（教师在课件上出示：你也能成为方文山）

二、知人解词

师：但是，我保证通过我这节课，你也能成为方文山。说到这里，有人可能会问，方文山是什么东东？

生：（笑）作词的。

师：都知道作词，给谁作词啊？

生：周杰伦。

师：其实他给好多名人写过词，不过，他是周杰伦的御用词人。好，我们来看看专家是怎么介绍方文山的，红色的字体，我们一起来朗读一遍。一二三开始。

（课件出示——

方文山，华语乐坛作词人，曾为吴宗宪、温岚、潘玮柏、袁咏琳等艺人作词，也是歌手周杰伦的御用作词人。他擅长拆解语言使用的惯性，重新浇灌文字重量，赋予其新的意义，纺织出新的质地，建构后现代新词风；他创作的词中有画面感和东方风。曾获得过一些重要音乐奖项。但今天，我们不是学习方文山的文本，而是拿他作为一个标杆，我们要追求的是如何成为乃至超越方文山。）

（学生齐念）

师：这是专家们给方文山的一个很高的评价。但是今天我们可不是来学习方文山的词的，不是把他当文本来学，而是把方文山当作我们的一个高标准去追求，去超越。大家觉得我们能不能超越方文山？

生：不能。（学生笑）

师：我们能不能超越方文山？

生：不能。（学生笑）

师：你们都还没试过，怎么就知道自己不能呢？什么事情都要试一试再说。当然方文山是我们学习的榜样，一下子要超越他是有一些困难的，但是有困难并不表示不可能。为了让大家觉得有可能，现在轻松一下，我们先来欣赏一首歌，同学们一定很熟悉。

师：当音乐响起来的时候，你的脑海里浮现的是什么景象？

（教师播放视频音乐《菊花台》，学生静静地听）

师：好听吗？为什么好听？都沉浸在歌中，没听到我的声音是吧？我们今天不是音乐课啊，听一段就可以了。

（学生笑）

师：好听，不但觉得好听，方文山的歌词也美，但他的歌词为什么美呢？最大的特点是什么呢？

（教师课件出示《菊花台》的歌词）

师：听出来了吗？方文山歌词最大的特点是什么？

师（等待）：想不出来？谁知道？有知道的吗？刚才我听啊听啊听，觉得方文山的词真美，美在哪里啊？经常猜，但是就是不知道美在哪里，那叫什么呢？那叫我们有美的眼睛，但是我们没有美的大脑，我们只能看却不能欣赏，对不对啊？但话要说回来，我就给你们看这么一点点，你说我们都还没感觉到呢，你最好希望我放三遍，你就知道了，对不对啊？想得美，哪有一节课能够放三遍呢？以后我们要学会听，听两句我就知道。老师听一句就知道，为什么呢？因为方文山的歌词有一个很大的特点，他的美的意象，美的行为都有出处，信不信？

（教师课件出示：方文山歌词中最美的意象、行为皆有出处。）

生：不信。

师：不信是吧，事实来说话。请大家看一看 PPT 上标注红色的部分。

（教师边说边出示课件）

师："月儿弯弯"、"阁楼"，还有"朱红色的窗"、"向晚"、"马蹄声狂乱"，这种意象，这种行为，皆有出处，现在信了吧。特别是"秋心拆两半"，你们在很多文字游戏中都做过，秋心拆两半，合起来是什么字？

生：愁。

师：好，下面的"一夜惆怅"、"断肠"、"夜未央"等等也都有出处。同学们，现在你们知道了方文山的词处处皆有来历，如果不知那些妙词的出处，就上网查查看，到图书馆查查看，查出来了就是学问，这个工作就是研究，原来研究就是这么简单的。

师：刚才我们证明了方文山的词都有出处，都出自什么地方呢？自然是中国古典诗词。那么，他的歌词创作，可以给我们一个什么启发呢？

生：要阅读诗。

师：可以这么说，中华民族历朝历代都有许许多多的经典诗词，是这些诗词养育了方文山。那么反过来，方文山用他的创作把我们中国的古典诗词推向了另一个高峰，那是现代的高峰，具有了现代的意味。这就是方文山对于我们中华民族经典诗词的一个贡献。

（教师边说边出示课件：浓厚的古诗词功底成就了方文山，方文山让中国古诗词散发出迷人的现代光彩。）

在这两部分实录中，笔者融入了多种教学方法，这些方法均不是笔者的创造，但结合在一起以后，就使人有耳目一新之感。粗略地说，这两部分主要使用了：一是音乐介入法，包括用音乐导入，以音乐作为学习的文本，这非常符合诗词写作教学的特点。二是连续追问法，为了制造气氛，导入的时候，我使用了连续问，这些问题比较简单，但求答案不是目的，目的是想通过这种连续问，制造氛围，减轻学生的写作心理负担。三是多媒体教学法，笔者在关键时候均以多媒体来帮助出示信息，达到师生交流的目的。四是比较法，通过现代歌词里的词句与古代诗词的比较，帮助学生获得写作新知。五是引探法，即在课堂教学中引领学生探究体验。例如笔者在分析了“菊花台”的意象后，强调指出：“如果不知那些妙词的出处，就上网查查看，到图书馆查查看，查出来了就是学问，这个工作就是研究，原来研究就是这么简单的。”这样的鼓励，将极大地调动学生研究的积极性。

第四章 语文教学“病例”的分析与处理

“病例”是一种特殊的教学案例，对其分析处理与对一般的教学案例有所差别。“病例”在此有两层意思：一是教学本身有问题，案例编写者认识到了这一问题，并将之撰写成一个供人诊断防治的教学案例，以提醒后学者注意在教学中避免出现类似的问题；一是教学本身有问题，但案例编写者没有认识到教学问题之所在，反而将之作为成功的教学事例来对待，从而写出带病的案例，这种案例容易引起误导，更值得我们注意。

关于教学案例病例，还有几种情况：一是教学本身没有问题，但案例撰写者分析处理不当，使整个教学案例呈现“病态”，产生误导；二是教学本身瑕瑜互见，但案例分析者只注意到一点，而未注意到另一点，从而有可能产生误导。然而，这不是我们研究的重点，我们将会有一定的提醒，但不作系统的详论。

还有一些特殊的教学“病例”，有的是教师理解错误造成的，有的是教材中的问题，还有的是学生在学习中犯的一些错误，这些病例基本属于知识范畴，解决起来比较容易。对此，我们将分别举一些简单的例子予以说明。

第一节　语文教学“病例”的特征

教师是人不是神，是人就会犯错误。也就是这个世上没有一个教师的教学可以做到天衣无缝，完美无瑕。教育的进步，正在于发现问题，解决问题。因此，撰写并分析“病例”便成为教育工作者的重要任务。要研究分析教学案例，必先把握案例的类型与特征。同理，要分析病例，也需要了解“病例”的类型与特征。下面我们主要谈谈病例的几大特征。

一、典型性细节

对于受过专业训练的教师来说，他们掌握着教育教学的基本规律与一般的课堂教学常规，其在课堂教学处理方面不太会出现漏洞百出的状况；而对于那些具有较长教历而又成功经验丰富的教师来说，更不会犯低级错误了。也就是说，一般我们在课堂上能发现的错误，往往不是整体上的毛病，而是教学细节上的问题。而细节的问题又分多种，例如，教学行为(体态)细节，教学语言细节，教学活动处理细节等等。

1. 教学行为(体态)细节中的问题

教学过程是由教学的诸环节构成的，每个教学环节又由教师诸多的行为构成。教师的每一个教学行为或由多个细节构成，或一个行为就是一个细节。教学行为包括体态上的某些差错，有可能造成学生注意力分散，教师形象受损等后果。

案例：

笔者曾经去某校听课，有一位女性语文教师在课堂上的综合表现并没有什么大的问题，甚至在普通话、板书等方面超越一般的女教师。然而，她有一个她始终没意识到的问题，就是经常去摸衣角，即便穿连衣裙，也会硬生生扯出一个角来。这是教师教学中的细节问题，但十分典型。因为，就是这个细节，导致她在学生心目中的形象有所损害。当我们将视频放给这位女教师看后，她才恍然大悟。我们给出的校正建议是：今后上课，两只手分别拿教科书和粉笔，不使其有空去摸衣角。经过一段时间的训练，如今教师的这一教学行为细节问题得到了校正。

这一案例，我们在师范生课程及教师职后培训中广泛应用，并成功引起了学生和学员对于教学行为的重视。不少人在我们的建议下，运用各种摄像工具将自己的课堂教学摄录下来，进行分析。有的甚至经常分组召开学生座谈会，从而寻找到自己在教学行为上的问题，并加以纠正或改进。

2. 教学语言中的细节问题

我们都说教学的艺术是语言的艺术，由此可见，教学语言是教学最为重要的组成部分。教师往往能关注到教学语言宏观方面的问题，但有时候，容易忽略某些细节，包括用词、语气等微观方面的问题。如此，就有可能出现较大的课堂教学问题。

案例：

某次课上，老师把一位学生叫到讲台上来分析一个长复句的语法结构，学生分析正确无误，老师很高兴，以惊喜的语气表扬：某某同学，这个长复句可是很难的，没想到连你都分析出来了。老师确实是在表扬，但学生脸上却没有一丝喜色。下面听课的老师也马上感觉出来了，刚刚在黑板上分析句子的是个学困生。老师表扬学生没问题，总体上，老师的用语也确实是肯定的，但“没想到……连你都……”这样的句子，隐含着一个真实的意思，那就是：本来凭你的水平是分析不出来的，因为我教得好，所以你超常发挥，也解析出来了。表扬变成了隐私的暴露，学生自然就不开心了。

这个案例告诉我们，语言既是人际交往不可缺少的工具，但同时又有可能成为人际情感的破坏力。一语不慎，就有可能导致整个教育的失败。因此，每位教师都要注意通过各种教学语言病例来提醒自己不该说什么。

3. 教学活动处理中的细节问题

教学活动是学生体验感悟实践的重要途径。合格的教师应该具有把握整个教学活动的能力，但在组织处理过程中出现细节问题却又是不可避免的。有时候，活动细节处理不当，不一定影响整个课堂教学，但有可能在某些学生中造成不可挽回的损失。

案例：

这是一堂研究性学习课，课题是研读《说不尽的桥》。教师要求前后同学四人为一组进行讨论，讨论内容自定，结束后各小组派代表宣读本组讨论结果，并允许互相质疑。整堂课气氛相当热烈，看得出学生的思维也很活跃。课后多数听课代表给予高度评价，授课教师也显得非常兴奋。但当曲尽人散后，我将用数码录音笔偷录的一段讨论放给这位教师听。录音笔上记录的是我身边一个组讨论的内容，其间几乎没有一句话与课文或者与教师的教学目标有关——

"昨晚的《铁嘴铜牙纪晓岚》看过吗？那个小月姑娘长得十分好看。"

"好看？能好得过范冰冰？"

"范冰冰早就是过气美人了，你太老土了，现在流行张曼玉了。"

"张曼玉？得了，她更是个老姑娘了。"

"嘘，老师过来了，咱们还是说桥吧。"

"如果以桥为题材，你们说可以拍多少种片子？讲不出吧？告诉你们，至少可以拍21种，我数给你们听：一个男孩驾车去追赶女孩，这是浪漫爱情片；女孩子的车刚过桥，桥就断了，男孩只能望着对岸流泪，这是悲剧片；男孩无处发泄，捡起一块石子向对岸扔去，这是暴力片；刚好击中女孩坐的车，这是喜剧片；车子被击起火，冲向悬崖，这是灾难片；汽车在悬崖边停住，一个轮子挂在了悬崖外，这是惊险片；警方开始追捕肇事的男孩，这是警匪片……"

听完录音后，执教教师沉默了，他也不明白为什么在一堂众口叫好的课堂中，竟会有如此糟糕的插曲。①

从这个案例中我们可以得出这样的结论，并非所有的教学研讨活动都是成功的，或者说一个总体成功的教学研讨活动，在局部有可能是有问题的。这个案例中，教师的课堂活动设计没问题，目标清晰，组织得当，但由于教师没有关注到全体，遗忘了一个角落，结果导致总体上的成功掩盖了局部的失败。

二、夸张性事实

教学“病例”所反映的一定是课堂上的事实，但如前所述，这个事实往往表现为容易被人忽略的细节，因此，编写者在撰写教学“病例”时，有可能使用一些夸大的事实来引起人们的注意。研究表明，绝大多数反映细节问题的病例，往往都有“夸大事实”的地方。或者编写者有意删去一些枝节后，突出问题的严重性。

1. 将课堂回答分散或集中

课堂教学中，教师的提问，有些可能是不同的学生回答的，但分散后可能说明不了问题，为了聚焦，案例编写者有可能将之集中到某一位学生身上；有时候则相反，将同一学生的回答分散到其他同学身上。这种修改在教学案例撰写中是允许的，毕竟教学案例不是课堂实录，即便是实录，也会允许有适当的修饰。

案例：

有位教师上《乡愁》，教师设计了一个提问导语，目的是想让学生说出课题来。于是他叫起一个学生，启发道：“如果有个人到了一个遥远的地方，时间一长，他开始想念自己的亲人，这叫作什么？”

学生答道：“多情。”

“可能是我问得不对，也可能是你理解有误，好，我换个角度再问：这个人待在外乡的时间相当长，长夜里他只要看见月亮就会想起自己的家乡，这叫作什么？”教师又问道。

---

① 蔡伟. 新理念：为何难以走进语文课堂——从两则案例谈起[J]. 语文建设，2003(5)：23—24.

“月是故乡明。”学生很干脆地答道。

“不该这样回答。”教师有点急了。

“举头望明月,低头思故乡。”学生回答的语气显然不太自信了。他抬头一看,教师已是满脸阴云,连忙换了答案:“月亮走我也走。”

“我只要求你用两个字回答。而且不能带‘月’字。”教师继续启发道。

“深情。”学生嗫嚅道。

好在此时下面有学生接口“叫作‘乡愁’”,教师才如释重负。[①]

这个案例主要是为了说明新课程实施以来,教师的教学理念虽然有所变化,但在具体的教学过程中,还是会出现这样那样的问题。例如,追问的运用,可能只是为了让学生能够回答出自己预设的问题,换言之,教师的教学依然是以自我为中心,牵着学生鼻子走。这个案例影响很大,曾被各类论文与书籍转引。但需要强调的是,笔者当初听课的时候,教师的追问是由不同学生来回答的,有的甚至是接嘴。如果完全实录,那整个案例就显得有点散,故笔者作了必要的修改,使之集中到一个学生身上,虽然问题的性质是一致的,但读者读起来感觉是不一样的。也就是说修改后的案例更集中,更突出,也更能引起人们的关注。

2. 将貌似小的问题“上纲上线”

如前所述,教师课堂教学中出现的问题,很多是细节性的,有的甚至小到令大多数人忽略,而这些问题如果不及时解决,有可能成为痼疾,再难根治。因此,案例编写者往往能从貌似细小的问题中,看出大的状况,通过“上纲上线”引起教师的注意。例如下面这个案例。

【病例呈现】

师:(课件出示“寻、哭、良、食、双、体、操、场”8个要求学会的字)请同学们仔细观察,哪个字最容易写错?

生1:“寻”字上面的“雪字底”的第三笔“横”不能出头。

师:她说得真好!看老师来写一遍。(师示范书写)

---

① 蔡伟.新理念:为何难以走进语文课堂——从两则案例谈起[J].语文建设,2003(5):23—24.

师：还有哪个字容易写错？

生2："哭"字不能少一点。

师：你真善于观察！看老师来写一遍。（师示范书写）请同学们照着老师的样子在书上将这两个字描一遍写一遍。

【病例剖析】

问题1：问题从何而来？个别学生的问题不能代表全体学生，问题要从实践中产生，不能主观臆测。学生还未写，怎知道哪里容易写错？只有在写的过程中，才能产生真实的问题。教学时，应先让学生自己练写，教师观察，然后再找到带有普遍性的问题加以强调，这样才能提高教学的针对性，进而提高有效性。当然，教师对学生容易出现的问题的预测是不可或缺的，这种预测越充分，越能妥善处理好课堂"生成"的问题。

问题2：写字的要求是什么？写字不仅仅要求写正确，还要写规范、写美观。这八个字中"捺"画比较多，怎样书写"捺"画，教师可进行必要的讲解和示范。"良"字在"食"和"粮"中是不同的，教师也要提示学生注意笔画的变化。时间久了，就能够帮助学生养成"提笔即是练字时"的意识与习惯，从而使学生不断将字写得正确、工整、美观。

问题3：怎样培养学生的写字能力？"教是为了不教"，写字时不能学一个教一个，教一个写一个，以教师的范写来代替学生自己的观察、分析和描摹。教师要注意培养学生对字形的观察、分析能力，久之，才能做到"不待教师教，学生自能写字"。

问题4：如何对待学生发言中出现的错误？有一名学生说"寻"字上面的"雪字底"的第三笔"横"不能出头，这样的说法是错误的。"彐"这个偏旁名称不叫"雪字底"而应叫"横山"。对学生发言中的错误或者不规范的语言，教师应随时随地给予指正，不能熟视无睹、放任自流。这就要求教师注意倾听学生发言，准确做出判断，也要求教师不断完善自己的知识体系，健全自己的知识结构，丰富自己的文化素养。①

在这个案例中，教师课堂的任务似乎完成得不错，看上去没有大的问题。绝大多数老师也是这么做的。因此，很容易被忽略过去。为此案例编写者，经过分析，提出了四大问题，这些问题分别从"预测与生成"、"讲解和示范"、"观察和分析"、"主导与修

---

① 吴秀玲. 小学语文课堂教学病例剖析[J]. 小学语文教学，2013(33)：27—31.

炼”等方面加以评述，分别指出问题的成因及纠正方法。

三、独到性分析

课堂教学是十分复杂的艺术，是精巧还是多余，是创新还是离题，有时候很难一眼看出来。诸多教学病例也就往往需要通过案例撰写者的精心分析才能让人感觉到。例如下面这个病例分析。

【病例呈现】

师：（用课件出示课文插图1）小鸭子和妈妈在说什么？请同学们读一读第1自然段。

（小鸭说：“妈妈，您带我去游泳好吗？”妈妈说：“小溪的水不深，自己去游吧。”过了几天，小鸭学会了游泳。）

师：小鸭跟妈妈说什么了？

生：妈妈，您带我去游泳好吗？

师：（板书：游泳）小鸭是怎么跟妈妈说的？

生：妈妈，您带我去游泳好吗？

师：这是小鸭在和妈妈商量呢，谁能读出“商量”的语气？

（生：妈妈，您带我去游泳好吗？）

师：妈妈还没想好，同意还是不同意小鸭去游泳呢？谁来求求妈妈？

（生：妈妈，您带我去游泳好吗？）

师：妈妈怎么说？

（生：小溪的水不深，自己去游吧。）

师：老师做妈妈，谁来做小鸭，一起读读他们的对话？

（师生读，同桌读，指名读。）

师：听了妈妈的话，你是怎么想的？

（生沉默不语）

师：燕子大婶听见了小鸭妈妈的话，她说：“小鸭妈妈，孩子这么小，你怎么能够让孩子自己去游泳呢？要是水深，淹着小鸭怎么办？我可从来不让我的孩子自己出去。”小朋友们，你们更喜欢哪个妈妈？

生：喜欢鸭妈妈。

师：如果你是鸭妈妈，你怎么劝燕子大婶？

生：天才是打骂出来的。

师：燕子大婶听了鸭妈妈的话，会怎么做？

生：让小燕子自己练习飞翔。

师：请一位同学来读一读鸭妈妈的话，鼓励鼓励小鸭子。

（生读）

师：我来采访采访小鸭：自己游泳，怕吗？

生：不怕！

师：为什么不怕？

生：因为小溪的水不深。

（课中休息：播放《门前大桥下》歌曲，学生做游泳动作。）

师：想一想，小鸭游泳遇到困难了吗？

（生纷纷回答：迷路了，淹了，呛水了，碰见坏人了……）

师：第二天，第三天，小鸭又去干什么去了？

生：又去练习游泳。

师：过了几天，小鸭终于学会了游泳。小鸭高兴吗？开心吗？

生：高兴！开心！

师：那你来开心地读读最后一句话。

生：过了几天，小鸭学会了游泳。

师：小鸭学会了游泳，他想对妈妈说些什么？

（课件出示练习，填空：）

小鸭说：

妈妈说：

过了几天

【病例剖析】

问题1：教学的目标是什么？一年级阅读教学的主要目标是识字、写字，练习用普通话正确、流利地朗读课文，积累词语。这个教学环节把大量的时间用于理解和感悟课文的内容上，偏离了教学的目标，使得教学信马由缰，不着边际，从而浪费了课堂学习的宝贵时间。目标游离的现象在语文课堂中普遍存在，要引起注意。

问题2：理解的重点和难点何在？鸭妈妈说："小溪的水不深，自己去游吧。"以孩子们的生活经验来说，理解起这句话来不是很容易，这就需要教师重点引导学生关注这句话的前提——"小溪的水不深。"鸭妈妈不是不关心爱护孩子，而是她知道"小溪的水不深"，没有危险，所以才会放手让孩子自己去体验，这正是鸭妈妈"既关心孩子，又善于放手锻炼孩子"的体现。教学时可以去掉"小溪的水不深"这个前提，让学生对比着原文来读一读，相信学生在这样的比较阅读中能够很好地理解鸭妈妈的思想感情。可是这位教师却把简单的问题复杂化了，用了多个回合指导学生有感情地朗读鸭妈妈的这句话，孩子们却根本就没有感悟到鸭妈妈的用意，怎么能读好呢？

问题3：教师总是问个不休的目的是什么？这个片段中教师提的问题太多，且很多问题的意义不大，思考价值很低。特别是加入"燕子大婶怎么说"、"你更喜欢哪个妈妈"及"小鸭学游泳遇见困难了吗"等问题，游离于文本之外，无论是思想教育还是语文训练的目的都不明确。因为教师问题设计不准确，指向性不明确，于是出现了"天才是打骂出来的"这样的回答。这种枯燥乏味的"一问一答式"的教学，显然对于一年级的小孩子来说没有吸引力。"问题设计"至关重要，好的问题能够起到牵一发而动全身的效果。教师在设计问题时，要避免零敲碎打，"十万个为什么"。

粗看原病例，其教学设计十分地精要，教师在使用对话教学方面显得十分娴熟，整堂课基本就在师生的对话中完成。因此，当笔者将此案例交给研究生去分析，他们基本都是从肯定的方面来处理，然而，当他们读了编写者的分析后，恍然大悟，终于明白病例病在何处。在这里，案例分析对于学习者的理解起到了积极的作用。可以对案例进行独到的分析，是教学病例特别重要的一个特征。离开了准确而独到的分析，病例不但不能起到应有的警示和校正的作用，反而会引起误导。

第二节 语文教学病例的类型

语文教学病例属于教学案例的范畴，因此，其分类自然有着与教学案例相同的地方。但由于教学病例有其独特性，因此，就某些角度看，其分类上也有不同于一般的教学案例分类。下面我们着重从“病例”之“病”的角度，作一分类，以便于教师之教和学生之学。

本章导言部分我们其实已经对病例进行了分类，这里再加以梳理。从对象方面说，它可以分为两大类：教师之病和学生之病。如果从教师的角度继续划分，又可将教学病例之“病”划分为三个方面：执教者教的问题；撰写者分析的问题；执教者与分析者皆有问题。如果从学生的角度去划分，则主要分为三类：知识接受（学法）的问题，知识分析的问题，读写能力的问题。下面我们重点分析教育者之“病”，兼及学习者之“病”。

一、教育者之“病”

教育者之“病”是语文教学病例分析应用的重点，只有发现教育者教之病，才能改进课堂，改进教学，提升教学质量；而只有发现教育者案例分析之病，才能改变分析的视角与思路，从而写出更有启发性和指导性的“病例”，使教学“病例”能够成为批判的典型，并在此基础上构建有效的教学模式与方法。

（一）执教者之“病”

我们在前面所举之例，绝大多数属于执教者教之“病”，而且又以课堂教学之“病”为主。此外，执教者在教学设计、练习布置与作业批改等方面都有可能出错。下面我们分别从课前、课中、课后三个时间段再试举案例加以论述。

1. 课前准备之“病”

语文教师在上课前的准备工作是其教学成败的前奏，其重要性是不言而喻的。它包括文本解读、资料准备、学情分析及具体的编写教案（教学设计）的过程。

（1）作为教学主导者，语文教师的引领之责大半体现在阅读指导上。虽然教师的阅读不能替代学生的阅读，但毕竟语文教师自己对于文本有了正确的解读，才能带领学生实现教学目标。反之，以己昏昏，岂能使人昭昭。教师文本读解能力低下，文本解读错误，不但会使教学事倍功半，甚至有可能产生误导，教学就会南辕北辙。如一些教师在执教《愚公移山》一文时，对于“孀”一字反复强调、不断举例让同学加深印象，这样的文本解读难免有些抓到芝麻丢了西瓜，让人哭笑不得。因为，“孀”字的理解与掌握固然是学生应该做到的，但这个字并非此课教学的目标，也称不得重难点，如果想从“孀”字切入来帮助同学们体会愚公及其追随者大智若愚的锲而不舍的精神，那也不需要对“孀”做过多的渲染。

当然，这只是在教学重点上发生了目标位移，而不是致命的。有时候，教师备课时对于文本的误读，可能会导致整个教学设计的失败。例如，笔者在中学时，有次集体备课是关于宋濂的《送东阳马生序》。其中有位老师提出了自己的解读：《送东阳马生序》，实际上并非一篇赞扬马生好读的文章，实际上是在批评东阳马生，说东阳马生以同乡子的身份去拜见他的行为类似于走后门，是学风不端正的表现，因此宋濂写此文予以委婉批评。否则，宋濂没有必要花费大量笔墨回顾自己学习多么地艰苦而又努力，更不必指责现在的太学生条件多么优裕却学而不专，业而不精，德而不成。这样的解读，表面看起来非常有创意，但实际上是忽略了“序”的特点与目的，忽略了宋濂借此寄望于年轻一代的良苦用心，完全凭个人的猜度而进行的阅读，其误读是显而易见的。如果按照这位老师的理解去备课，去教学，就会走向语文教学的歧途，学生最终会产生阅读的虚无主义。

（2）资料准备和学情分析两者密切相关，根据学生的具体情况来准备课内、课外材料，才能有的放矢，让学生将材料中所蕴含的养分充分吸收，让材料能物尽其用。反之，如果给较高水平的学生准备比较肤浅的教学补充材料，会使这些学生像海绵吸不满水一样无法满足他们对知识的渴求；而给较低水平的学生准备高深的材料，则会使学生无法理解，产生挫败感。教师在资料准备方面，还存在两种极端倾向：一是偷懒或能力差，找不到任何资料，一本教参包打天下，导致因资料匮乏而使课堂贫血；另一种情况是，教师不分轻重缓急、头脚主次，眉毛胡子一把抓，什么资料都放到自己的备课与教学中，舍不得割爱，结果导致资料泛滥，浪费学生时间。

例如浙江某重点学校，有位老师被称为资料达人，他通过剪报、手抄及后来的网络，积累了大量的文字、图片与视频材料。每次备课他都会搬出令人眼花缭乱的“宝贝”……因此，他的课往往是有着内容的丰富性，却缺乏课堂的逻辑性。而且，由于资料使用过多，往往出现两个问题：一是丰富的内容淹没了教学的核心，每次听完他的课，都有一种感觉，好听好玩，但不知道学了什么；二是内容过多，经常拖堂，甚至在公开课上也屡屡遭遇因拖堂而被一票否决的“悲剧”。

(3) 教案或教学设计，是将教师教、学生学的原理转化成教学材料和教学活动的方案的系统化过程，是一种教学问题求解，侧重于问题求解中方案的寻找和决策的过程，更明确地说，它是一堂语文课的教学蓝图。因此，教案或教学设计中存在的问题，往往与教师的教学理念、学情分析、任务分析、文本解读、目标确定密切相关。换言之，教学设计的问题直接反映为教师课前准备的问题。

2. 语文课堂中的“病例”

(1) 语文课堂导入的“病例”

所谓“万事开头难”，好的开始等于成功的一半。在语文教学中，一个好的教学导入，好比是乐曲的前奏、戏剧的序幕，为整个演奏或表演奠定基调。好的导语就是一个良好的开端，它是一堂课在开始时，教师为新课讲授而说的。其内容可以是温故，也可以是知新。导语可以用来引发学生兴趣，调节教学气氛，是切入新旧知识的衔接点，为一节课顺利进行打下良好的基础。一个好的语文课教学导入一般都能做到以下几点：强调“情”、注重“趣”、设置“疑”。

教学的艺术不在于在一节课内塞给了学生多少知识，更重要的在于“激励、唤醒、鼓舞”。虽然教学导入只是整堂课一个较小的组成部分，占用时间也不宜过长，一般在

3—5 分钟，但我们也不能忽视教学导入，要谨慎待之，它不仅仅是一门技术，更是一门艺术，如果没有精心的设计，巧妙的安排，一堂课刚刚开始就“缺情、少趣、乏疑”，那么这堂课的导入必定是失败的，整堂课也势必无法做到尽善尽美。

(2) 语文课堂师生互动的“病例”

语文课堂教学过程中的重要组成部分，就是师生互动。随着新课程改革的日益深入发展，自主、合作、探究已成为中小学教师的重要理念与教学范式。新课堂与旧教学的本质区别就在于前者是以学生为主体，后者以教师为主体；前者注重师生互动，后者强调教师讲授。众所周知，教学即交流，没有课堂交流，课堂教学就不可能发生。师生之间在课堂上良好的交流是教学成功的基本条件。可以说，当下的语文课堂教学已在多方面多层次体现着新课程改革的理念，广大教师正在努力践行新课程模式。

然而，这并不是说，当下的课堂在努力摈弃原来的填鸭式、倡导感悟体验后，师生之间的互动就能自然达到尽善尽美的程度。恰恰相反，在语文课堂教学中，师生互动的问题或多或少地存在着，有的课堂还相当严重。因此，将师生互动中存在的问题陈述出来，加以分析，是教学案例撰写与应用中必不可少的一项内容。

那么，当下语文课堂教学中究竟存在哪些问题导致师生互动失败呢？概括起来当有如下几种：一是只允许学生回答自己的提问，而不允许学生任意插嘴；一是教师自己做到了激情澎湃，口若悬河，而学生却在下面各干各的，无心听课；三是教师抛出了一个又一个的问题，但学生置若罔闻，无人应答；四是学生回答纯粹寻教师开心，恶搞教师；五是教师自以为设计了很好的活动，但学生却不感兴趣，或者学生感兴趣，却没有按照教师的设想去行动，导致课堂失控；六是师生表面上对话热烈，教师问学生答，不亦闹乎，但仔细分析那些问题与回答，毫无价值，属于伪互动……下面试举一个案例：

教学案例：《翠鸟》和《一个小村庄的故事》教学片段

【《翠鸟》病例呈现】

师：请同学们默读课文第 4、5 自然段，边读边想一想：课文想告诉我们什么？

生：课文告诉我们，翠鸟的家住在陡峭的石壁上。

生：“我们”想捉一只翠鸟来饲养，但是老渔翁告诉“我们”说，翠鸟的家住在很远的陡峭的石壁上，飞到这里是要和“我们”做朋友。于是，“我们”打消了这个念头。

师：“我们”的脸为什么发红？

生：因为“我们”想捉一只翠鸟来饲养。

师：翠鸟喜欢生活在笼子里吗？

生：不喜欢。

师：那“我们想捉一只翠鸟来饲养”这种想法对吗？

生：不对！

师：为什么？

生：因为翠鸟是人类的好朋友。

生：翠鸟能帮助“我们”捕鱼。

师：下面请同学们带着自己的体会再来读读这两段。

（生练习读文）

师：学习了课文，你们有什么收获？

生：我们要保护翠鸟，不能乱捕乱捉鸟类。

生：鸟类是人类的朋友，我们要和它们和谐相处。

生：学习了这篇课文，我明白了写作文时要多采用比喻、拟人等修辞方法，这样才能使作文更生动。

生：我知道了翠鸟能够帮助人们捕鱼，是人类的朋友，我们应该爱护它们。

生：保护动物，人人有责。

生：学习了这篇课文，我知道了要保护环境，爱护动物。

生：鸟类是人类的好朋友，我们要保护它们。

师：看来同学们的收获真不少。下面我们再来读读课文。

【《一个小村庄的故事》病例呈现】

师：下面请同学们读读课文的最后一段话。

（生自由读课文）

师：“什么都没有了”，是说什么没有了？谁能来说一说？

生：一棵棵树木没有了，一栋栋房子没有了，各式各样的工具没有了，应有尽有的家具没有了。

师：还有什么也没有了？

生：郁郁葱葱的森林没有了，清澈见底的河水没有了，湛蓝深远的天空没有了，清新甜润的空气没有了。

师：还有补充吗？

生：村里住着的几十户人家也没有了。

师：那么，这把斧头到底是一把什么样的斧头？

生：是一把锋利的斧头。

生：是一把能够给人们带来方便的斧头，也是一把能给人们带来灾难的斧头。

师：现在，你想对小村庄的人们说些什么？

生：不要再乱砍滥伐了！

生：要爱护我们的环境！

生：停下你手中的斧头吧！不要再破坏树木了！

生：不爱护我们生存的环境，就会受到大自然的惩罚。

师：是呀！让我们永远记住这句话——保护环境，人人有责！好！这节课我们就上到这里，下课！

【病例剖析】

问题1：语文课程的工具性和人文性如何统一？这两节课都是三年级下册第二组"爱护周围环境"中的课文，两位教师在结课时非常相似——都在不遗余力、响鼓重锤地对学生进行着思想教育，给语文课贴上了一个思想政治教育的标签。像这样的语文课在我们的教学中越来越多，给人一种叠床架屋、隔靴搔痒、狗尾续貂的感觉。

问题2：教师的主导作用如何发挥？学生主体地位的落实离不开教师主导作用的发挥。没有教师的指导、引领和帮助，学生的学习大多时候就会原地踏步、停滞不前。这两节课中，教师的主导作用都发挥得不足。如《翠鸟》的教学中，教师让学生总结学习收获，但是发言的七名学生中有六人都是在谈自己在思想认识上的收获，只有一名学生谈到了语文学习上的收获，而教师也没有从中做任何指导与评价。

让学生自己总结学习收获的做法很好，但是"收获"应从多种角度来谈，特别是要引导学生从语文学习的角度来谈，这样才能深化学生的收获，并帮助学生不断提高总结、概括等语文能力，让学生真正做到学有所获。

问题3：如何引领学生体会句子中蕴含的深刻含义及其在表情达意方面的作用？“能联系上下文，理解词句的意思，体会课文中关键词句在表情达意方面的作用”，这是中年级阅读教学的训练重点，但是很多教师在教学中训练的意识较弱，没有将这一训练重点落实到位。《翠鸟》中，作者并没有直接写“我”对翠鸟的喜爱，但是在字里行间处处流露出对翠鸟的喜爱之情。如第四自然段：“我们真想捉一只翠鸟来饲养。”第六自然段：“我们的脸有些发红，打消了这个念头。在翠鸟飞来的时候，我们远远地看着‘那美丽的羽毛，希望’在苇秆上多停一会儿。”这些语言在教学中都应该引导学生认真加以体会，感悟作者在表达上的精妙，而没有必要去讨论“我们真想捉一只翠鸟来饲养”这种想法对与不对。再如，《一个小村庄的故事》的最后一段，“什么都没有了——所有靠斧头得到的一切，包括那些锋利的斧头”。这句话在文中起着怎样的作用？作者为什么用破折号来强调“那些锋利的斧头”？这句话表达了作者怎样的思想感情？这些问题，教师若不加以引导，学生无论如何是不会关注、不会深思的。

当前不少阅读课将主要教学目标锁定在对课文内容的理解和思想道德的教育上，在很大程度上造成了语言学习任务的落空，这就是我们常常说的“得意忘言”现象。教学中，教师要摒弃繁琐的内容分析和在人文内涵上“深挖洞”的做法，把教学重点坚决地锁定在理解、品味语言，特别是运用语言上。这样才能真正提高学生的语文能力，提高语文课堂教学的效益。①

这是一个“双黄蛋”式案例（病例），两位老师执教的两篇课文出现了同样的问题，作者把它概括为三个方面：偏重思想教育，给课文贴标签；主导作用失落，学习发生偏差；语言学习欠缺，教学目标失误。不过，这一案例的编写者并没有看出这些问题的出现，实际上与执教者的师生观及师生课堂互动行为有关。师生表面看起来一问一答，一点也没有缺少互动，但是，教师的问题都是推磨式的，学生几乎不需要作深入的思考，随口就能回答，达不到语文教学的启迪思考、发展思维的目标。而这种情况的出现，往往与执教者真正缺乏正确的师生观与对话观是密不可分的。

(3) 语文课堂用语的“病例”

语文教学课堂用语由两部分构成：一部分是无声的语言；一部分是有声的语言。

---

① 吴秀玲．小学语文课堂教学病例剖析[J]．小学语文教学，2013(33)：27—31.

无声的语言包括四个方面：发型、装饰、衣着（称为教师的形象语言）；微笑、皱眉、鼓腮、手舞、足蹈、挺胸（称为教师的体态语言）；气质、魅力、精神（称为教师的内在语言）；实物、挂图、板书（称为教师的媒介语言）。教师的有声语言只有一种，就是教师通过发声器官发出的有意义的声音，但教师的有声语言却是我们研究的重点与关键。我们对于教师语言的要求，主要体现在有声语言上：形象生动，绘声绘色，修辞精当，逻辑严密，具有言辞美；幽默诙谐，妙趣横生，抑扬顿挫，思绪飞扬，具有情趣美；普通话标准，文化常识无误，句式表达正确，具有科学美。但在课堂实践中，能够达到这一语言要求的语文教师并不多见。相反，在教学语言运用上，各种毛病或多或少存在，其中主要包括：口头禅、破句、重复；言不由衷、话不得体；语速失常、轻重失当、语调单一、强弱混乱等等，此外表情呆板、手足无措、喜怒错位、情绪失控也是相当普遍的问题。

关于中小学教师课堂用语的错误，我们在此引入一个研究成果：

（1）第一种是语法错误。也就是指教师的教学语言，有的是用词不当，有的是搭配错误，有的是句子不完整，有的是意思重复。第二种是语音不准。包含平、翘舌不分，前、后鼻音不分等。第三种是口头语说法不当。第四种是字词误用。这种口误现象在一定程度上存在，但出现频数相对较少。

（2）重复。教学中教师口语的重复可分为积极重复和消极重复。积极重复即指教师在教学过程中为强调和突出教学内容、教学重点而运用的重复性语言。消极重复是教师无意识的多次重复，是属于无必要的重复，在课堂中表现为同一语句多次重复或重复学生的回答，这种重复是消极的、多余的、没有意义的。

（3）语癖。这里的语癖指不适当的口头禅、惯用语、语气词等，有的来源于语音习惯（久而久之），有的来源于思维阻滞和心情紧张等因素。不良的语癖危害着课堂积极健康的学习氛围，牵引着学生的学习注意力。

（4）插曲。也就是教师在教学过程中无意识地拉开话题（题外之话），所讨论、讲述的内容跟教学内容、目标不相融，甚至是毫无关系，不仅破坏了学习氛围，某种程度上是浪费了宝贵的课堂教学时间。①

---

① 鲍宗武，雷金南. 教师课堂教学语言问题行为分析与对策[J]. 现代中小学教育，2008，175(9)：11—13.

应当说两位老师对于课堂观察的调查是比较细致的，对于教师课堂语言问题的概括分析也是到位的。但是，我们更要关注的是教师课堂用语中那些不得体而易伤学生的语言，这种语言病例主要出现在教师的课堂评价上。下面我们就来看这样一个教师教学评价语言方面的“病例”。

案例背景：

这是语文专业学位教育硕士教育实习结束前的一次汇报课，课题是《爱莲说》，采用了提问式导入。

案例陈述：

师：同学们，这个世界上花的品种数不清，爱花的人也数不清。但不同的人，所爱的花也有所不同。不知你们喜欢什么花？

生：老师，我喜欢牡丹花！

师：好，坐下！

生：老师，我喜欢玫瑰花！

师：好的。

生：老师，我喜欢向日葵！

师：嗯，向日葵也可算作花。

生：老师，我喜欢太阳花！

师：还有喜欢别的花的吗？

生：老师，我喜欢蔷薇花！

师：还有其他花吗？

（大约说了十个左右）

生：老师，我喜欢莲花！

师（如释重负）：很好，这位同学与老师英雄所见略同，老师也喜欢莲花。为什么呢？因为莲花出污泥而不染，因为莲花的茎挺直，中间虚空，就像一位谦虚正直的君子。其实，不仅仅这位同学和老师喜欢莲花，凡学有所成的人，勇敢无私的人，襟怀坦白的人，都喜欢莲花。例如，北宋著名学者周敦颐就特别喜欢莲花，他还专门写了篇文章叫作《爱莲说》，下面请大家打开课文，我们一起来学习《爱莲说》。

这个导入，最大问题就出在教师的评价语言上。首先是应付，当学生说其他花的时候，老师一律只作机械的简单的回应，而不作任何评价，这会影响学生学习思考的积极性；其次是评价夸张失度，当有学生说出了教师预想中的莲花时，教师大加表扬，甚至不惜以“英雄”形容之，这不但使其他同学难堪，也会使说“莲花”的同学不自在；再次，这样的评价，显然带着强烈的教师话语霸权，这会导致学生在今后的学习中放弃真实的自我而迎合教师，其硬拉强牵的问题十分严重；最后，隐含的道德比较，是最大的问题，会让说其他花的同学有一种失败感，似乎因为他们没有说莲花，就与学有所成，勇敢无私，襟怀坦白无缘了。

3. 语文课结束后的“病例”

语文课结束后的“病例”，实际上就是教师反思中的问题。一堂语文课的结束，是另一堂语文课的开始。因此，上完课不意味着万事大吉，而需要作深刻的反思，作为第二堂课的准备。早在20世纪30年代，杜威(Dewey)在《我们如何思维》中就对反思做了界定：“反思是对某个问题进行反复的、严肃的、持续不断的深思。”他还进一步提出：“反思一旦开始，它便具有自觉的和有意的努力，在证据合理性的坚实基础上，形成信念。”①到了20世纪80年代，在教师专业化运动的背景下，国外教师研究者将“反思”引入教师教育，反思的含义得到进一步的阐释。伯莱克(J·Berlak)从哲学和教育学的角度把“反思”理解为“立足于自我之外的批判地考察自己行动及情境的能力。使用这种能力的目的是为了促进努力思考以职业知识而不是以习惯、传统或冲动作为基础的令人信服的行动。”②

教学反思是一种基于教学实践活动的认知活动，它不是简单的经验总结，而是一种比逻辑的理性的问题解决更为复杂的思维过程，它是动态的变化的过程，是教师自觉的、有意识努力的过程，它在解决教学问题的过程中发展提升，最终实现对教学经验的重构，从而使教师由普通起身卓越。华东师范大学叶澜教授曾说过：一个教师写一辈子教案写不成名师，但如果写三年教学反思，他就有可能成为名师。我国著名学者

① (美)杜威著，姜文译.我们怎样思维·经验与教育[M].北京：人民教育出版社，1991：1—6.

② 熊川武.反思性教学[M].上海：华东大学出版社，1999：1—4.

林崇德则提出这样一个公式：优秀教师 = 教育过程 + 反思①。问题是目前中小学教师中，进行积极主动开展教学反思的并不多，而在一些能够进行教学反思的教师中，又有容易出现这样那样的问题。如果反思的问题解决不好，那教师的成长会受限，甚至反思不当会起副作用。例如，下面是两位语文教师的一段对话：

师 1：你今天讲了几道题？

师 2：比原设计超了 2 道，一共讲了 8 道。

师 1：糟糕，我只讲了 5 道题。不行，我得去问问体育老师，今天的晚锻炼请他借给我讲题目。

师 2：呵呵，那我也去借下，再多讲几道。

这段对话中，师 2 也在反思，可他反思的却是自己少讲题的担忧和如何多挤占学生的体育锻炼时间，直接的危害就是引起恶性竞争，师 1 还不满足，也要去跟体育老师"借"时间。我们可以预见，两位老师长此以往，不但自己的发展受限，更会使自己的学生陷于题海大战而得不到素质的提升，个性的发展。

（二）分析者之病

案例的价值很大一部分取决于分析者的眼光、思维与战略行动。有的案例本身其实不一定有问题，但分析者的理念与经验发生了偏差，会把比较好的教学处理当作"病例"来处理，而对明显有问题的案例，又不能看出问题之所在，会当作一个成功的教学事例加以推广。因此，作为分析者一定要减少误读的可能，将成功而有效的分析奉献给广大读者。

错将好课作病例

（1）案例简述：

《鹬蚌相争》故事学起来可真带劲，孩子们诵读着，表演着，乐不可支。

奇怪的是，每逢这时就分外活跃的小常今儿个怎么似乎游离在外？

---

① 安晶晶. 探究优秀语文教师的反思智慧[D]. 首都师范大学，2004.

我正待悄悄过去看个究竟,他已经高高地举起了小手。

"老师,我觉得课文有问题!"语气是那样地兴奋,"你看,书上写鹬威胁蚌说:'你不松开壳儿,就等着瞧吧。今天不下雨,明天不下雨,没有了水,你就会死在这河滩上!'你想呀,鹬的嘴正被蚌夹着呢,怎么可能说话呀?"

"是呀是呀,这样想来下面也有问题。下面课文又写蚌得意洋洋地对鹬说:'我就夹着你的嘴不放,今天拔不出来,明天拔不出来,吃不到东西,你也会饿死在这河滩上!'蚌正夹着鹬的嘴呢,怎么说话呀。一开口不就让鹬拔出嘴了吗?"其他同学受到启发,也有了新的发现。

这不就是新课改提倡的"生成性资源"吗? 我接着他们的话题:"同学们不迷信书本,善于思考,勇于发表自己的想法,真是好样的! 这样吧,大家就这个问题小组讨论讨论。另外,还可以参阅老师课前发下的这则寓言的古文。"

片刻之后教室里叽叽喳喳响成一片。

"我同意刚才几位同学的意见,课文这样写不妥。"

"我觉得那不能怨编者,古文就那样写着呢,课文是根据古文改编的。"

"不对,古为今用,可不是照搬照用,不正确的也要修正。"

"要我说,课文是寓言,你想想,鹬也好蚌也好,其实哪个会说话呀,那是人们借这么个故事说明道理呢,所以我觉得课文这么写是可以的。"

"我不同意,尽管是寓言,想象也要符合实际情况,譬如总不能说鹬夹住蚌的嘴吧!"

"同学们讨论得真热烈,也很够水平。不过咱们不能光停留在发现问题上,我建议,同学们一起动脑来改改教材,再动动手给编辑叔叔写封信,如何?"

"好!"一致通过。

下面是柠檬酸小组的一封信。

亲爱的编辑爷爷:

您好!

您组织编写的语文课本真是太棒了! 这一本本语文书就像一艘艘小船,带着我们在知识的海洋里遨游。每次新学期开学发新书,我们总是抢先翻看语文书。

今天上《鹬蚌相争》时,我们觉得有些地方有点欠妥。我们读到"鹬威胁地说"和

“蚌得意洋洋地说”这部分内容时，脑子里闪出了疑问：蚌用外壳把鹬的嘴夹住，鹬怎么能说话呢？而蚌一旦说话，鹬不就可以趁机拔出嘴巴逃走了吗？我们想是不是可以这么改：

“鹬用尽力气还是拔不出来，便恶狠狠地瞪了蚌一眼，心想：哼，等着瞧吧，今天不下雨，明天不下雨，你就干死在这河滩上吧。蚌好像看透了鹬的心思，得意洋洋地想：我就夹住你的嘴巴不放，今天拔不出来，明天拔不出来，吃不到东西，你就会饿死在这河滩上！”

编辑爷爷，您觉得我们的想法有道理吗？

海门市实验小学四(6)班

正想着为这次讨论画上句号时，又有一位学生要求发言：“我觉得我们刚才的讨论有问题。鹬的嘴被蚌夹住了确实不能说话，可是蚌就不一定了。它是软体动物，嘴应该在壳里，也许不用开合壳就能说话呢！”

呵，链接到生物学上了！“这个问题怎么解决？”我问。

“上网或去图书馆查资料。”

“请教自然老师去。”

“不，设法弄只蚌来自己观察。”

呵呵，看来这一课还没有结束呢！

（本案例由海门市实验小学周易民老师提供）

(2) 案例分析与探讨

上述案例中，学生们思维活跃、反应积极、讨论热烈，学生的主体性地位得到了很好的体现，从某种意义上鼓励了学生的“离经叛道”精神。表面看来，完全是一堂精彩的好课，但经仔细分析，就会发现其中漏洞百出。首先，就教学目的而言，上述教学并没有让学生明白“鹬蚌相争，渔翁得利”的道理，而是为生成而生成，完全抛弃了预设的课程目标，导致了迷失方向的自由生成。最终，寓言课上成了写作课，一封给编辑爷爷的信可谓是本堂课最出彩的部分，但是否锻炼了学生的写作能力仍值得怀疑。也许学生的写作水平完全超过了写那样一封信，况且在信发给编辑爷爷之后，有没有积极的反馈，不得而知，如果没有，那么学生对教材富有创意的革新热情是否还会继续。其中，最让笔者感到不解的是，教师心中的教学目的到底是什么？是单纯追求课堂教学的民主气氛还是发展学生的某种能力？如果是发展学生的能力，那么发展了哪些能力？这样的教学只能给学生造成一种假象：谁的想法越离奇谁就越了不起。这对学生的长远发展是有百害而无一利的。再次，从教学内容来看，本课是一堂寓言学习课，而整堂课却找不到半点寓言的影子。所谓寓言，就是用简短的故事说明一个深刻的、有教育意义的道理。寓言的学习最主要的目的是让学生懂得故事中蕴含的道理，而本堂课中，教师把学生在课堂上出现的节外生枝的想法不加选择地、被动地延伸都视为"生长源"而进行随意开发，完全否定了文本的价值。就学生的疑惑"鹬的嘴正被蚌夹着能否说话？"而言，这个问题是不是理解课文的关键性或全局性问题？对课文学习作用有多大？有没有必要展开讨论？对此问题进行讨论是否有本末倒置之嫌？如果这堂寓言课就此结束，教师是否还要留出其他时间对本课的教学进行补充？这些都是需要我们深入思考的问题。最后，在教学主体方面，学生主体完全取代了教师主体，学生活了，教师"死"了。当学生对文本提出异议时，教师却不能敏锐地把握教学契机，不知从哪里入手深入点化、引导，巧妙地指出潜藏在字里行间的人文内涵。面对生成，教者无所适从，只能将问题推给学生集体讨论。表面看来，是教师在指导学生，实质上是学生牵着教师的鼻子走，教师被动地隐身于学生"异彩纷呈"的讨论之中，丧失了自己的主导地位。其实，越是动态生成、流程灵活的课堂，越是需要教师强有力的引导，需要教师对纷至沓来的生成信息进行筛选点化，在交往互动的过程中，做有效生成的催发者。

(3) 结论：课程资源开发中生成性与预设性相结合的必要性

生成就其本质而言，是非线性的、动态变化的，是不可以被预设的。既然生成性的东西无法预设，那么是不是就意味着教师要沦为课堂上生成性资源的奴隶呢？这倒未必。合理地利用课堂上的生成性资源，并不意味着教师角色的缺失，而是需要教师在创设情境、引导课堂动态发展的过程中，要理直气壮地拥有自己的声音，把握课堂主旋律，切实渗透"三维目标"，要正确理解和把握文本的价值取向。

"凡事预则立，不预则废"，预设是生成的基础，生成是预设的升华。没有预设的课堂很难取得教学的实效性，生成也就成了"无源之水，无本之木"，是不可以想象的，生成源于预设的充分把握。教学不能没有一定的目标预设，今天的中小学教学承载的使命、学生学习的目标指向、教师评价考核的运行机制、家长对教学的关注与期望等诸方面的因素都要求我们的教学指向一定目标的达成，而要达成这样的目标，就需要教师合理地选择教学内容、准确地把握教学重点、正确地分析学情教情。预设不一定是僵化的、固定的，预设也可以是动态的、开放的，是可以在教学过程中不断调整生成的。预设只是一个基于学生最近发展区和学科内容的框架构建，最终实现的课堂教学目标是在教学过程中，通过师生的互动交流生成的。

当然，强调预设，并不意味着轻视生成的重要性。长期以来，我们的课堂教学过分强调预设的必要性和重要性，过分追求教案设计的科学性、严谨性，使本该灵活多变、充满生机的课堂教学变成讲究“套路”、固定不变的封闭式教学。新课程强调教学实施方式的转变，倡导为学生留下自主探究的余地和空间，注重创新精神和实践能力的培养。因此，课堂教学必须从封闭走向开放，在预设的基础上突出“生成”的意义与地位。①

我们需要指出的是，案例分析独立地来看是颇有道理的，但是结合整个案例来看，这个分析就有诸多问题：首先，这个案例只是课堂教学的一个部分，我们需要分析的是这个部分是否精彩，是否重要而必要，是否有效，因此，不能拿一部分来否定作者整体的教学设计。其次，这个案例所讨论的问题其实涉及寓言的根本性问题，即寓言中的形象有多大的自由性，而目前文学教育(包括寓言教育)最大的问题就是过实，缺乏想象力。这个案例把这个阅读问题严肃地提了出来，如果解决得好，十分有利于学生未来的文学阅读。再次教材是什么？无非是个例子，我们借助教材目的是达到学生自能阅读，自能写作，这个案例恰好告诉我们，作者能够正确对待教材，随时调整教学内容，充分发挥了学生的潜能。最后，我们从案例中不能得出教师放弃主导的结论，学生“活”着，教师也没“死”，教师不但随时提出自己的看法，而且处处都在或明或暗地指引着学生学习，例如启发鼓励学生给教材编辑写信，引领学生去网络寻找资料等等。所以，这个案例评析至少过于吹毛求疵了！

(三) 执教者与分析者皆病

有时候，案例事件中所反映的执教者的教学处理有问题，但分析者没能注意到，因此会出现教学案例事实本身与教学案例撰写者在进行案例分析中均存在着大小不一

① 王芳芳.生成性课程资源开发的冷思考——分析一则语文教学案例[J].基础教育研究，2008，(1)：16—17，22.

的问题。请看下面一个案例。

案例背景：

我在给语文专业学位教育硕士开“案例教学与教学设计”一课时，曾布置学生通过各种途径，寻找以病例剖析为核心的教学案例，并试作分析。其中有位教育硕士提供了如下的案例事实与分析。

案例事实：

2002年5月9日上午，在高二(13)班上《杜十娘怒沉百宝箱》。学生在课外完成下列预习作业：1. 利用课本补白提供的资料了解“三言”、“二拍”、“话本”、“拟话本”、“古今小说”和“古今奇观”等名称；2. 读小说，写一个300字左右的课文故事梗概；3. 摘录本课应该积累的词语。经检查，学生表面上看也过得去，于是按既定方针施教：①交流预习作业，并初步讲评；②教师读自己准备的两个“梗概”，要求学生比较分析；③讨论杜十娘这个人物形象；④体会作者的思想倾向。但实际效果并不理想：学生发言不踊跃，只有十几个学生参与讨论；内容也显得空乏肤浅，而老师又试图淡化“知识传授者”的色彩，不肯讲解。结果下课的时候，学生问：“这样就学完了?”老师无语，心里却说：谁叫你们不好好预习啊，现在课时用完了，你叫我怎么办![①]

案例分析：

作为一篇自读课文，《杜十娘怒沉百宝箱》的教学时间是有限的，且又是古代白话文，学生理解有一定的难度，因此，教师选用了课外预习的处理方式来帮助学生熟悉课文，这种通过预习来解决教学内容与教学时间的矛盾是十分对头的。但更重要的是课堂内对学生阅读积极性的调动，帮助学生成为真正的自主阅读者，如此才能真正解决教学中的问题与矛盾。然而，在这个案例中，教师的教学设计不够灵活，而最大的致命伤则是在教学反思方面，整堂课学生提不起参与的兴趣，教师却归因于学生没有做好课前预习，丝毫没从主观的方面寻找原因，这样就不可能真正解决问题，自己的教学水

① 褚树荣. 高中阅读教例剖析与教案研制[M]. 广西：教育出版社，2005：109—119.

平也将停滞不前。案例中的教师试图淡化自己"知识传授者"的身份,却忘了教师是"平等中的首席",课堂上教师如果一言不发,那要教师又有何用?问题抛出后,教师需要给予学生一定的提示和启迪,让学生迅速能锁定正确答案,给他们一种成功体验,这样才能让学生有参与课堂的积极性,就不会出现像案例中课堂上一问三不知,课时用完了学生还在疑惑"这样就完了"的问题。这才是教师应有的反思,只有认识到这一点,教师以后的教学才能得到改进。

因此,教师应从以下几方面进行深刻的自我反思。首先,他需要"凝眸"于这堂《杜十娘怒沉百宝箱》,寻找闪光点,更重要的是寻找失败之处:闪光点可以说是用预习解决教学内容与教学时间的矛盾;而败笔是没有从根本,也就是教学设计上提高学生的参与度与积极性,在发现学生预习情况不够理想之后没能及时调整教学方法,应变能力还不够。最不该出现的错误就是案例最后把教学失败归因于学生,而丝毫不从自己的错误角度去想,没有进行正确的反思。其次,在进行了反思之后还要进行行动研究,也就是亡羊补牢的一个程序。虽然只是一篇自读课文且课时已经用完,但是,并不能以这个为理由就匆匆结束此课。语文重在积累,作为语文教师,不可以放过任何一个知识死角,要让我们的语文课堂充满人文性、趣味性和关怀性,让同学们日积月累,每节语文课都能有所得。

这堂课有问题吗?答案是肯定的,但这堂课的真正问题在于老师布置的预习任务,并没有很好地在课堂上落实,老师在课堂上重点要完成的任务——讨论杜十娘这个人物形象、体会作者的思想倾向——却没有出现在预习中。由于预习任务与教学任务不对应,导致课堂讨论效果不理想。作为案例编写者,在分析的时候,应当着重指出预习与教学的对应性问题,才会对当事者及学习者具有指导意义。然而,本案例的分析却将重点落在了教学反思与教学归因上,虽然这方面执教者确实有问题,但就本课教学来说不是最主要的,何况教师内心的想法案例编写者是无从知晓的,因此,出现了不必要的编造痕迹;另外,教师的想法如何并不是本堂课成败的关键。此外,学生讨论不积极还在于教师的组织方法问题,而不在于教师放弃了主导地位。如果教师组织得好,少讲是必要的,组织得不好,多讲未必有效,学生也许更加心烦。因此,研究生的这一分析从其选择的角度来说,是有道理的,但毕竟没有抓住案例的关键,因此,总体上是个有问题的分析。

二、学习者之“病”

这里的学习者主要是指中小学生，这里的“病”是指中小学生在学习过程中产生的各种错误，它往往发生在可传承知识领域，也可能是学习方法、能力上的问题。这种“病例”不但可作为教师教育中的案例材料，提醒教师和准教师注意科学文化知识、学习方法与技能的正确性，同时，也可直接作为中小学生阅读材料，帮助中小学生正确掌握知识、提升能力。下面，我们就从科学文化知识、学习方法两大方面简述学习者之“病”。

（一）知识之病

科学文化知识类型特别丰富，因此，在这方面发生的错误也特别多。对于这些错误构成的“病例”其作用也特别直接和显性。

1. 文言文学习知识上的错误

文言文是中小学生语文学习“三怕”之一，其存在的巨大障碍就是词语的理解与特殊句式的把握。因此，不但是中小学生，许多语文教师在阅读文言文过程中，常常因错解字词句而导致整体理解的错误，这就为我们编写“病例”提供了丰富的材料。有的老师就特别注意观察中小学师生在学习文言文过程中的字词句的理解，并将错误汇编起来，形成“纠错集”，以提升文言文阅读与教学的效果。

案例：

一、误译

例①〔原文〕不如拼博一笑。

〔译文〕不如拼一拼，斗一斗，让大家笑一笑。

这是因不明文言词义而造成的误译。逐一对照原文便可发现，译文将“博取”的“博”误当成“搏斗”的“搏”了。

例②〔原文〕已股落腹裂。

〔译文〕已经屁股掉落，肚皮爆裂。

这是由于不知古今词义的变异,“望文生义”而闹出的笑话。“股”,文言文中一般指“大腿”。正确的译文是:“已经大腿断落,肚皮爆裂。”

二、硬译

例①〔原文〕翼日进宰。

〔译文〕明天进献给县令。

“翼日”即“翌日”,课文注释为“明天”,译文照搬注释,不加变通,使读的人看来,似乎是当事人今天讲明天的事情,联系下文“宰见其小,怒呵成即,便见情理不通,应换成“第二天”才好。

例②〔原文〕抚军大悦。

〔译文〕明代的省级长官非常高兴。

古文中的年号、国号、帝号、人名、物名、官名、地名及度量衡单位等在课本后常用注解,但这些一般都作为阅读时的参考,而翻译时则完全可以不译,不必将注释代替译文。应留的不留,不观上下文,机械地套搬课文注释,这是硬译中的一种最常见的现象。

三、漏译

例①〔原文〕乃强起扶杖,执图诣寺后……

〔译文〕(　　)就勉强起床,扶着拐杖,拿着图画,走到大佛阁后面……

例②〔原文〕……归以示成。

〔译文〕……回家给成名看。

例③〔原文〕……不敢与较。

〔译文〕……不敢较最。

文言文中,有时省略主语、谓语、宾语或其他成分,译时应增补上被省略的部分。如例①应补上主语“成名”;例②③应补上介词“以”和“与”后的宾语,分别译为“回家把图片拿给成名看”和“不敢同它较量”。上面几例的译文或缺成分,形成语病,或将有关词语如“以刃”“与”漏译,都是不合文言句译的规则的。

四、胖译

例①〔原文〕循陵而走。

〔译文〕沿着土丘慢慢地跑动。

“慢慢地”虽准确地表现了成名此时此地的心理、情态，但这纯属译者的领会，却不能附加入译文之中。

例②〔原文〕市中游侠儿得佳者笼养之，昂其直，居为奇货。

〔译文〕当时社会上的一些浪荡子弟，得到了好的蟋蟀，就小心翼翼地用笼子把它养起来，企图抬高它的价格，留着等待时机，当作稀奇的货色卖出去，赚大钱。

这段译文似乎非常详细生动，但加点的词语全属放胖，都是添枝加叶，均应删去。翻译不等于扩句，必须尊重原文原意，要尽量避免这些累字赘词。“胖译”，与“漏译”这两种病译现象。表现不同，然毛病的性质却有共同之处，这就是误将翻译看作改写，或片面强调简要概括，或过分强调生动形象以致削足就履或画蛇添足。

五、脱节

例①〔原文〕：每闻琴瑟之音，则应节而舞，益奇之。

〔译文〕每听到琴、瑟的声音，就和着节拍舞蹈，更对它感到奇怪。

文言句子不仅常有主语成分省略的现象，而且多有主语转换的情况，一味强调直译，不仅会造成漏译，而且会失去译文的句与句之间的连贯性，因此译时应特别注意句间的过渡和衔接，以免译文中出现脱节和跳跃现象。此可译为“每听到琴、瑟的声音，(那头蟋蟀)就和着节拍舞蹈(起来)，(大家)更对它感到奇怪”。这样一补充，一疏理，译文也就明晓顺畅了。

例②〔原文〕宰严限追比，旬余，杖至百，两股间脓血流离，并虫亦不能行捉矣。

〔译文〕县令严定期限，严厉勒逼，十余天挨打了几百板子，两条大腿间脓水鲜血淋漓，连蟋蟀也不能走路捕捉了。

这句译文表面上似做到了字字落实，但细读之，即可发现中间有跳跃脱节之处，“打了几百板子”是“县令打成名呢”？还是“县官自己被打呢”？“不能走路捕捉”的是成名，自然不会是促织。因此译时要注意承接和语气转换，可整理译成：“县令严定期限，严厉勒逼，(只)十几天，(成名就)被打了上百下板子，(打得)两条大腿间脓水鲜血淋漓，连蟋蟀也不能够(去)行走捕捉了”。

六、时髦

例①〔原文〕市中游侠儿

〔译文〕社会上的流氓阿飞

例②〔原文〕抚军亦厚责成

〔译文〕抚军亦发给成名许多奖金

以上译文中加点的词语用得过于时髦。"阿飞"、"奖金"一类的字眼过于"现代化",文言作品多是古文,用词遣语总带上一定的时代色彩和历史的局限。以上的理解虽未尝不可,但这类新名词出现在反映古代社会生活的译文之中,难免会给人一种非驴非马、不伦不类的感觉。至于将"里正"译为"居民小组长"之类,这就越发令人啼笑皆非了。[①]

需要指出的是,上面的问题,不但学生中存在,教师的解读与讲解过程中同样会出现,而后者若不及时加以校正,其带来的危害不是个人的,而是数十人甚至上百人的,而且这种危害是长期存在的,不得不引起全体语文教育工作者的重视。

2. 现代文学习知识上的错误

相对文言文来说,现代文知识上的错误发生率相对较低,但正因为如此,有时候会错得离谱,产生极坏的教学影响。例如下面这个教学案例。

案例:

这是发生在某县教坛新秀评比的课堂上的真实课例。

一位有着十二年教龄的"老"教师执教朱自清的《荷塘月色》。其间,他请一位学生起来阅读课文,读毕,老师评价道:"该学生不但读得自然流畅,而且情感丰富,读得抑扬顿挫,不过,老师听到他有一个字念错了,大家感觉到了吗? 谁能指出来?"老师等了约 30 秒钟,无人举手。于是,老师只能自己出来纠正:"看来大家听得都不够仔细,这么明显的一个错误都未能听出来。请大家记住,'曲曲折折的荷塘上面'的'曲'不念'qū',而要念'qǔ',以后千万不要搞错。"读课文的那位同学辩解道:"老师,我念的没错,是应该念'qū'。"老师显然不高兴了:"唉,你这个人啊,错了就错了,不要强辩,老师刚查过字典的。来,同学们,大家跟着我一块念,'qǔ qǔ zhě zhě'。"有的学生惊愕,有的学生觉得好笑,但大家都跟着老师念"qǔ qǔ zhě zhě"。最终,该教师最后一次冲击

① 鲍志伸. 文言文病译例谈——《促织》词句教学笔记之一[J]. 语文教学通讯,1981(12): 27—29.

教坛新秀的努力失败了。

这个病例，教师作为课堂教学者，犯了教者之病，那就是缺乏民主平等意识，坚持话语霸权，强不知以为知，导致以讹传讹。教师作为文本解读者，又犯了学习者之“病”，即犯了低级错误——“曲”字的读音错误。也许大家觉得，这个案例属于个别化事例，不足为训，但事实上，教师在教学中张冠李戴、牵强附会的知识错误是经常发生的，只是我们平时不太注意罢了。例如我们前面曾经引用过的一个案例，当学生说：“寻”字上面的“雪字底”的第三笔“横”不能出头。老师不但没指出其错误，反而点赞：她说得真好！看老师来写一遍。师生共同出错，这样的错误将影响一个班的学生一辈子。

事实上，文字词语句子方面的一般理解错误，多数老师是容易发现的，也是能引起警惕的，但如果涉及科学知识方面的问题，恐怕多数教师会束手无策，或者说自己跟着大家一起犯错。下面我们这个案例就非常典型。

《看云识天气》曾经是人教版初中语文的重点课文，也是一篇典范的说明文，但诸多老师在讲授这篇课文的时候，一般都作如下分析：

课文第3自然段是写晴天的云，有卷云、卷积云、积云、高积云，它们的共同特点是轻、高、薄；第4自然段是写阴雨风雪天气的云，有卷层云、高层云、雨层云、积雨云，它们的共同特点是重、低、厚。

绝大多数老师是这样理解也这样教，但在不自觉中将错误的知识传递给了学生。因为：

这里有两个问题。第一，卷云、卷积云、积云、高积云是晴天的云，但卷层云、高层云、雨层云、积雨云是“阴雨风雪天气的云”吗？不是。他们是“阴雨风雪天气即将来临的云”。正如课文所说，他们是“阴雨风雪天气的预兆”。这里必须使用“阴雨风雪天气即将来临的云”这样一个动态的概念才是准确的，而“阴雨风雪天气的云”这个静态的概念就不准确。如果一定要用静态概念，那应该说它们也是“晴天的云”。可这又有什么意义呢？因为都是晴天的云，又何以“看云识天气”呢？进而，卷云、卷积云、积云、高积云虽然是晴天的云，但我们却不能用“晴天的云”来概括它们，因为如上所说，卷层

云、高层云、雨层云、积雨云也是晴天的云，“晴天的云”这个概念太大，太泛，还是分不清。所以，准确的概念应该是“晴天将持续的云”。正如课文所说，是“晴天的象征”。①

显然，要找出此案例中的问题，必须要有一定的气象知识，同时还需要对文本作反复的细读，否则，只能是“久入鱼肆而不知其臭”了。

还有一种情况，是教科书出现了问题，如果教师缺乏知识辨识力，也容易成为错误知识的传播筒。2013年11月19日，《郑州晚报》报道，彭帮怀老师在当年秋季上市的初中七年级上册语文课本（人教版）中发现30余处“错误”后起诉人教社。“起诉”的做法自然有点过了，但作为一名普通的老师能够认真研读教材，发现教材中的问题，避免错误流传，还是值得广大教师学习的。

3. 写作中的知识错误

对于学生来说，写作中的知识错误实际上多数发生在审题环节，对于命题者提供的材料作错误的解读，是导致学生写作中的离题偏题的重要原因。对于教师来说，写作中的知识错误主要发生在写作指导中，这里面包括写作知识、技巧及其对作文材料的理解等方面的错误。此外，命题教师如果太过自信或粗心，也有可能发生知识错误。

（1）学生审题中的错误

学生审题中的错误主要包括：对于材料中某些关键概念理解的错误；由此导致的对于整篇材料理解的错误；不能正确把握材料特别是题目中的核心词语。

案例：

在习作《那一次，我捡到了快乐的钥匙》中，不少学生把写作重点放在了“快乐”上，写自己所经历的一件快乐的事情，叙写很具体生动，殊不知是篇失败的作文，原因在于没有找到真正的题眼。一般来说，文题的重点是指文题当中揭示意义、体现中心、点明重点或表明感情色彩的词语。这个关键词也叫“题眼”。抓住了题眼，就是抓住了文章的写作重点。②

这个案例告诉我们，学生面对一个结构较为复杂的标题时，是很容易搞错那个重

---

① 转引自吴格明. 逻辑思维与语文教学[M]. 北京：人民教育出版社，2003：37.

② 陈巧. 学生在命题作文审题中常见错误的应对策略[J]. 语数外学习，2013(1)：127.

点(核心)词语的,而学生搞错的重要原因就在于对于关键词语把握不准。上面案例中的学生为什么普遍把重点落实到快乐中,而忽略"钥匙"呢?一则是"快乐"这个概念容易理解,而且他有可能曾经甚至经常写,而"钥匙"这个具有比喻性或象征义的词语,他就觉得无从下手。因此,他会有意识地忽略掉,错误也就因此发生。

(2) 教师指导中的错误

作文教学的两大问题在于:缺乏应有的作文指导;指导有错,成为误导。教师的误导同样是在重点把握、核心词语理解及整个语料的理解上。而教师指导错误将影响一大批学生,因此,它比学生个人对于作文材料的误读要严重得多。

案例:

一教师在执教《谈修改文章》时设计了这样一个导入:大家常常写文章,可什么叫文章呢?《周礼·考工记》说:"画绘之事,青与赤谓之文,赤与白谓之章。"人的脸皮有青有赤亦有白,可见,每个人的脸皮就是一篇天生的"文章"。(笑声)古今中外,许多女同胞都是十分讲究"修改文章"的!(大笑)你看吧:她们每天早晨起来梳妆,对着镜子,用奥琪增白霜反复"揣摩"(涂抹),再用高级胭脂、唇膏精心"润色",还要用特别的眉笔仔细地修改"眉题"。甚至于连标点符号也毫不含糊——非要用手术刀将"单括号"(单眼皮)改为"双括号"(双眼皮)不可!(笑声、掌声)你们看,这是何等严肃认真、高度负责的态度呀?我们每个人都有自己的文章,要想使文章出类拔萃,成为"真由美"(真优美),不在修改上下番苦功夫,行吗?(笑声)何其芳同志说:"修改是写作的一个重要部分。"看来,这是一条至理名言(板书中心句)。[①]

这个案例中,教师设计的导语是极具情趣的,诙谐幽默的,因而能够引得同学阵阵发笑,但是仔细分析,这个导入却是问题多多:无效信息冲淡了教学主题,因而显得啰嗦;有趣味而无意味,即缺少写作知识容量;出现常识性错误,例如写作中根本没有双括号之说。"人的脸皮有青有赤亦有白,可见,每个人的脸皮就是一篇天生的'文章'"也是相当地牵强。

---

① 佚名.教师课堂幽默 辑录[EB/OL]. http://www.360doc.com/content/13/0906/23/1241083_312739060.shtml.

(3) 命题中的知识错误

命题中的错误是经常会发生的，事实上，不要说一般教师的命题，就是集中了语文教学界精英的中、高考命题中也难免发生这样那样的知识错误。有的虽然不是错误，却存在着这样那样令考生、教师或家长不满的问题。例如，2014 年北京高考卷作文题为“老规矩”，大家便吐槽：父母不是北京人的考生如何写北京老规矩。当然好考不好考，能考不能考，对考生来说是致命的，但对命题者来说，似乎也不是硬伤，但一旦出现硬伤，则虽是小错，也会酿成大祸。

案例：

7 日上午浙江高考语文考试结束后，其作文题中引用材料的作家国籍被关注者发现“有误”，“美国作家菲尔丁”应为“英国作家戈尔丁”。浙江省教育考试院 9 日下午召开新闻发布会表示，作文命题中“作家国籍有误”一事属实，特向广大考生真诚致歉。[①]

毫无疑问，这样的错误对于考生答题来说，一点问题都没有，但网民较起真来也是躲不开的，因为，这毕竟是面向数十万考生的大事，于是，一个国籍问题就上升到了出错高考卷的层面，所以最终考试院领导不得不出来致歉。

还有的错误，违反生活逻辑，也在社会引起轩然大波，批评之声不绝于耳。下面是一位老师对 2002 年和 2004 年全国高考语文卷作文题的批评。

案例：

(2002 年全国卷)登山者救人的故事。如果按照生活的常识，在命题者虚构的困境中，两人都活着走出雪地，只是浪漫的幻想。在暴风雪中，既然“深知如果找不到避风之处必死无疑”，怎么还有闲心扒开雪地去看脚下碰到的“一个僵硬的东西”？还要“经过心灵翻江倒海的思量之后”，“给那个冻僵的人全身按摩”？而且救醒后还能“搀扶着走出雪地”？命题者自己拿一些虚假的东西糊弄人，却好意思要求考生的写作“感情真挚”！命题闭门造车，自然有违生活的逻辑；若认葫芦为瓢，缺乏的就是起码的

---

① 新华社. 浙江省教育考试院为高考作文题“瑕疵”致歉[ED/OL]. [2013 - 06 - 09]. http://news.sohu.com/20130609/n378515877.shtml.

常识。

(2004 年全国卷)所供材料是一位哲学家告诉一个富人"镜子多了一层薄薄的白银","便叫你只看到自己而看不到别人"的原因。哲学家的意图显然是讽刺富人眼里只认得钱,但他用的是诡辩术,把"水银"这个概念偷换成了"白银"。试想,哪个人在窗子里看到的不是别人?哪个人在镜子里看到的不是自己?一方面,要求考生在作文中所举事例信而有征,因为事实胜于雄辩;一方面,所供的材料却常常是随手拈来,或寓言、或故事,连起码的生活逻辑都不顾,遑论信度?如果考生运用所供材料,并依此引出结论,岂不大谬?①

这两道作文题,仅分析文字表达是没问题的,但其内容却因虚假,而引起一片否定之声。命题中的内容虚假,其造成的危害,实质要比文字错误严重得多。因此,这种病例必须引起广大教育工作者的重视。

（二）学习方法之"病"

知识之"病"是显性的,明理者一眼就能看出。但学习方法之"病"却是隐性的,多数人看不出,也感觉不到。事实上,在中国,无论是专家学者还是一线名师,大家的注意力基本集中在教学方法上,或者说研究教学方法有很多,即使"病例"也是以教法之"病"为主,但学习方法研究却始终是一个薄弱的环节。其实,调查已经表明,为数不少的教师不但不能有效地指导学生改进学法,创造学法,甚至连自己有些什么学法、学生已有什么学法都未能搞清楚,也就是说,在学法方面,很大一部分教师没能尽责,他们也在喊学法指导,但当你真正问其学法的内涵、价值、类型、特点等,语焉不详者居多。因此,下面我们将从学生学习方法之病和被教师误导之病来谈论。

1. 学生学法之"病"

中小学生中,智力结构、学习经历、发展能力其实是差不多的,差距往往是由学习方法和学习习惯造成的。良好的学习方法,会使人如虎添翼,事半功倍;不良的学习方法,却如崎岖行道,跌跌撞撞。问题是,学生并不能判断自己的学习方法是好是坏,甚至不知道自己掌握了哪些学习方法。此时,除了给予其"学霸"们成功的学习案例外,

① 陈刚. 反思高考作文命题的技术性失误[J]. 新课程研究,2009,167(11):182—184.

还给予其不同的有关学习方法的“病例”，学生通过比较，自然就能明白自身学习方法的优劣，从而扬长避短，形成良性循环。关于成功的学习案例，我们已经列举很多，下面，再列举五个学习方法不当的“病例”。

案例一：沉迷笔记，失落自我

小明上课非常认真，老师的每一道题，每一句话，都努力记录下来。每学期每门课他都会拿出一本令人羡慕的记录工整的听课笔记。然而，他的成绩并不理想，有时甚至倒数。他归因为自己反应慢，脑瓜笨，他的父母、老师也有这样的看法。但科研工作者对其进行智力测试后发现，这位学生智力完全正常。再观察其听课、学习，终于发现了问题的症结：只重视记录，而忽略老师的分析，而其平时也从不翻阅笔记，反而到了期末，他的笔记成为抢手货，成全了同学，自己却一无所获。

很显然，这位学生的学习方法上的问题，在于光记不思，只录不习，在他看来，以为记了课堂上的全部内容就等于学习，殊不知如此一来，却影响了他的听课学习，在笔记中迷失了自己，则无论他记多少，能够入耳入心的其实并不多。虽然说好记性不如烂笔头，但上课记录主要是为了自用——提醒、复习、深思，而不是拿来借的。可以说小明是在笔记中迷失了自我。

案例二：用时混乱，脑用低下

小张的父母一直想不明白，自己的女儿，每天晚上看书做作业都要坚持到凌晨，但她的学习始终不见起色。去医院做了检查，身体也没什么问题。后来班主任上门家访，他们才知道自己的女儿上课经常打瞌睡。再找女儿谈话，她承认，自己一到晚上大脑就特别清醒，但白天就昏昏欲睡，课很难听得进。

用时不是具体的学习方法，但学习时间的安排仍然可以见出一个人学习方法是否妥当。虽然我们知道，每个人的学习风格是有不同的，在学习时间安排上，本来就有百灵鸟和猫头鹰之分。但像小张那样，实际上是在学习用时分配上发生了混乱，结果把主要的学习时间用在大脑调整休息了，大脑使用效率极低，学习成绩自然就不能提升。在中小学校，像小张那样晚上开夜车，白天打瞌睡，恶性循环，难以自拔的学生不在少数。

案例三：自以为是，不求甚解

小王学习很不稳定，好的时候，能考进班级前十，不好的时候，可能会垫底。班主任观察发现，小张有时候听课认真，有时候却相当马虎。作业时交时不交，似乎相当地任性。找其谈话，他的回答是：我都会了，为什么要听？都能做了，为什么要做？那不浪费时间吗？

小王的这种学习态度与方法相当典型。为数不少的中小学生，特别是一些优秀生，学习中容易“自以为是”，课还只听了个皮毛，就以为懂了，就不想再听；题目没认真看，以为能做了，就放弃不做了。而事实上，他们什么概念都没形成，或者只知其一，不知其二。这种满足于表面现象，不求甚解的学习方法，往往会逐步扼杀孩子的发散性思维，影响他们多层次、多角度看问题，有必要及时发现，提前纠正。

案例四：知识散漫，难成系统

笔者曾经到一所被戏称为“第三世界中的第三世界”的民办学校开设公开课，该校老师提醒我，他们的学生水平极差，你只要顺利把要讲的东西讲完就算成功了，不要搞什么对话、互动，否则你会自找难堪的。课前交谈与课中观察，我发现这些孩子学的东西一点都不少，看的书甚至比重点中学的优秀生还多。但他们的问题在于看书很杂，吸收的知识散漫，知识点之间毫无联系，因此，一旦用到某种知识的时候，他们根本想不起来，原来自己的大脑里还储存着这方面的知识。通过我有意识地启发联系，激活学生的知识宝库，学生学习信心大增，此课最终大获成功。该校教师感叹，如果不是在本校上课，我们一定以为你事先已经和这些同学排练好的。

记得当年魏书生曾经整过一棵语文学习“知识树”，他将全部语文知识归为108个知识点，然后将这些知识点分门别类，聚集到“知识树”的特定位置，以利于学生学习。虽然，魏书生的知识树遭到了批判，后来也没有推广出去。但魏书生的想法是对的。因为，任何知识，只有当它整合到一定的知识体系中，才能达到价值的最大化。语文知识点就像散乱的珍珠，如果没有一根丝线将它们串联起来，就难以形成精美的珍珠项链。差生之所以差，往往不是因为他们书读得少，课听得少，知识学得少，而是因为进入到他们知识海洋中的知识，都只是散落在各海滩上的珍珠，无论数量多寡、质量高下，都不可能形成真正有价值的"工艺品"，即有知识而无学习能力，更缺乏思考能力。

案例五：重难无点，死记硬背

笔者的模仿能力比较强，而笔者读中小学的时候，大多为开卷考，因此，我只要照葫芦画瓢，基本都能得个高分。甚至高中以全优成绩毕业。然而毕业当年恢复高考，全变成闭卷了，笔者就束手无策了。先考理科，再考文科，连考两次名落孙山。有一回在家复习，一位阿姨来我家，翻了我的复习用书，说了一句，你的书上怎么全画上红杠杠了啊，全是重难点，不就没重难点了吗？一语点醒梦中人。我终于明白了，自己背得这么苦这么累，原来全是因为没有重难点的缘故啊。从此，改变学法，设法寻找并抓住重难点，变死记硬背为活学活用。第三次参加高考终于获得成功。

与笔者早年学习方法类似的中小学生，同样为数不少。这样的学生，虽然有毅力，爱学习，但由于方法不正确，因此，大量的时间做了无用功。背了一肚子的文章，结果不知道学习目标在哪里，阅读中始终抓不住重点，解决不了难点，不懂得举一反三，眉毛胡子一把抓，似乎该看的都看了，该背的都背了，却仍是挂一漏万，一到考试就捉襟见肘。

2. 被教师误导之"病"

学习者学习方法不当，就需要教学者来帮助纠正。但如前所说，为数不少的教学者，自己对学习方法就了解得很少，甚至自己的学习方法就不对头，以一种错误的方法指导纠正另一种错误的方法，最终得到的仍然是错误的方法。更要命的是，有时候教师不说学生还明白，教师越教，学生反而越糊涂。这就是教师教法指导中所谓的误导。

案例一：有任务布置，无方法指导

课题：《飞向蓝天的恐龙》

任务：资料搜集

过程：

师：昨天老师布置大家回去搜集有关恐龙的资料，谁找到了？

（生纷纷举手）

师：好！下面我们来交流一下你们搜集到的资料。谁先来？

生：恐龙是生活在距今大约2亿3 500万年前至6 500万年前的、能以后肢支撑身体直立行走的一类动物，支配全球陆地生态系统超过1亿6千万年之久。大部分恐龙已经灭绝，但是恐龙的后代——鸟类存活了下来，并繁衍至今。另外在口语中，恐龙指丑女。“恐龙”一词有两个意思：一类指生活在几亿年以前的古动物，现已灭绝；在网络用语中指当代相貌不好的女性。

师：好！谁还愿意将搜集到的资料读给大家听？

（又有一位学生捧着一本专门介绍恐龙的图文并茂的书读起来。）①

教师布置学生课前查找资料，无疑是重要的。然而就案例来看，教师布置了查找资料的任务，但问题在于：查资料的目的是什么？需要查找什么样的资料？从哪里查找？找到以后怎么办？所有这一切，老师都没有交代，如此，学生的资料查找就有可能陷入盲目状态。而案例也让我们看到，学生不过是在课堂上把自己查到的资料拿来照本宣科地读一下，连基本的分析都没有，更不要说师生之间、生生之间的对话交流。结果，这种资料查找活动，只能是走走形式，摆摆样子，最后白白浪费时间。

案例二：抛弃语言，徒生枝蔓

试以我的《荷花淀》教学为例②。我曾从文中极普通的一句话入手，通过点拨调动学生的生活经验，引发了学生的文学审美情感。

“她有时望望淀里，淀里也是一片银白世界。水面笼起一层薄薄透明的雾，风吹过来，带着新鲜的荷叶荷花香。”

许多学生对这样的语句不太关注，其实，一旦教师调动起学生生活经验，这一句极普通的语句也许就会显现出十分丰富的内涵意蕴。请看：

师：请问，读了这句话后有何感觉？

生：挺美的。

师：不错，是挺美的。但你们觉得这位妇女此时是否有心情欣赏眼前这美好的景

---

① 吴秀玲. 小学语文课堂教学病例剖析[J]. 小学语文教学，2013(33)：27—31.

② 何军华. 试论小说教学中的审美教育[D]. 武汉：华中师范大学，2008：24—25.

色呢？

（学生七嘴八舌。有说她在欣赏，也有说她在等丈夫也许没有心情欣赏……）

师：大家想一想，一般情况下等待别人而对方迟迟不到，我们会有怎样的心情？

生：焦急，猜疑，担心……

师：这时，我们一般欣赏眼前的美景吗？

生：好像没有心思。

师：但是，小说中的这位妻子确实在欣赏眼前的美景呀！怎么理解？

（我特地强调了“妻子”，看学生一时没有理解，我又提醒道：“她有时望望淀里”只是为了欣赏夜景吗？学生顿悟。）

生：她丈夫今天到区上开会了，她是在看丈夫回来没有！

师：那么，她丈夫深夜不归，她为什么不着急？这不是不符合人之常情吗？

生：她丈夫是游击组长，平时大概经常外出，她早已习惯了。

生：大概丈夫每次外出，她都像今天一样在院子里一边编席一边等待。

生：她不着急是因为她爱丈夫。

师：（饶有兴趣地）愿闻其详。

生：我觉得在知道等待结果的前提下，等待自己所爱的人是一种真正的幸福。水生嫂现在就处在这种幸福之中。所以，丈夫一时半会儿没回来，她依然是那么幸福地等待着，一点也不着急。我想，她“望望淀里”，丈夫回来了固然好，没回来，眼前的美景也让人赏心悦目。这种等待是一种美丽的等待！

师：（由衷地）这真是诗情画意的理解。①

这个案例是笔者在某大学听课时听到的，当时老师对此案例中教师的教学处理大大叫好，认为是一堂课的点睛之处。后来笔者才发现原来这是一位特级教师的课例。应当承认，执教老师找到容易被学生忽略的一个写景妙句，让学生去分析理解，这个是对的，也很有必要，这是对学生阅读技能提升的一种点拨指导。然而，教师接下去的引导却发生了偏差，他没有引领学生关注句子本身，而是离开语言去做各种推想：等待别人未到的心情；丈夫未归为何还有心情赏景；丈夫晚归为何不着急……学生的一通

① 周成平.中国著名特级教师课堂魅力经典解读[M].南京：江苏人民出版社，2006：252—258，290—302.

联想，始终未能解决此句美在哪里，为何美，语言特点是什么，对我们的表达有什么启迪等。长此以往，学生的文本阅读也会发生类此偏差，不抓要点，不讲目标，任意联想，徒生枝蔓。事实上，对于这段文字的品味理解，教师完全可以作如下引导：为什么用“有时”？“有时望望”与“采菊东篱下，悠然见南山”的意境有何异同？“……望望淀里，淀里也是……”用的是什么修辞手法，这样写有何作用？如果请你在“风”的前面加一个定语（或形容词），你准备用哪个，为什么？

案例三：类比失当，偷换概念

学完秦牧的《画蛋·练功》一课，教师要求学生以《读〈画蛋·练功〉有感》为题作文，可是学生总是突破不了“学习要打好基础”、“干什么工作都要练好基本功”这样常见的思维模式。学生的思维受阻了。

这时，老师给学生讲了一个故事：有位禅师请弟子到房中饮茶，师父给弟子倒茶，杯子满了，他还倒。弟子说：“师傅，不能再倒了，杯子装不下了。”禅师答道：“如果你想接受我的教诲，首先你必须把你心智的杯子空出来。”意思是说，要有能力排除掉已知的，才能创新。如果头脑里塞满了既定答案，就不能思考新问题。比方说，木桶除了装东西外，还可以做什么用？学生思考一下说，可以翻过来当凳子坐；下雨时，可以顶在头上遮雨；水淹时，可以当救生用具；破了以后，还可以当柴烧……由此，学生的心里一亮，从达·芬奇画蛋引出了新观点：①熟能生巧；②千里之行，始于足下；③拳不离手，曲不离口；④要练出一双发现美的慧眼；⑤名师出高徒；⑥反复实践，才能把握事物的本质；⑦运动是绝对的，即使是同一事物在不同角度、不同时间也会有变化……①

这个案例，被很多人当成一个成功的教例来对待。例如，韦志成先生就在这个案例后面评点道：“思维沟通了，学生的思维流畅了，向四方发散，闪耀着创造性的火花。他们的思维成果多么新颖，多么富有独创性！可是，在没有沟通以前，他们竟束手无策，只能在原作固有的观点上打转转。所以，所谓沟通学生的思维障碍，就是让学生跳出原来的思维圈子，冲破思想的牢笼，开拓思维的领域，让他们多一条门径，多一个‘心眼’，‘濯去陈见，以来新意’，久而久之，就会使他们聪明起来。”我们先不管学生后来的

① 韦志成.语文教学艺术论[M].南宁：广西教育出版社，1996：88—89.

七个观点是不是教师启发的结果，我们先来看看教师的启发存在什么问题。首先，教师举的禅师请弟子喝茶的故事，本身就虚假得很，明明前面的茶也是禅师倒的，即心智的杯子是禅师给盛满的，那么又何来“如果你想接受我的教诲，首先你必须把你心智的杯子空出来”。就算这个故事成立，那其主旨和《画蛋·练功》的主旨有何联系呢？第二个关于木桶功用的问题，只是一种权宜的变通，木桶装水的功用始终不会改变。如果当柴烧，那已经回归柴火而不是木桶了。更重要的是学生又怎么能从一故事一提问中得出那些结论呢？如果这也行，那教师说一句话即可：答案是丰富多彩的，从不同的角度看问题就会有不同的答案。何苦花这么多时间来讲这个故事和提这个问题呢？其次，教师原来的作文题是《读〈画蛋·练功〉有感》，但后面却转换成“从达·芬奇画蛋中引出了新观点”，这种概念的偷换是非常糟糕的，会误导学生的文本阅读。而作者从此引出的七个观点，绝大多数是没法作为《读〈画蛋·练功〉有感》的例证。第三，读文本有感和从材料中提炼观点写作文是不同的。如果是文章读后感，那必须得抓住文章的主旨，秦牧文章的主旨是什么呢？恐怕应该是：在阐述了打好基础、苦练基本功的基础上，进而提出“画蛋、练功这样的事情，应该包含在艺术工作者整整一生中”的见解。因此，我们认定，这个教例是典型的“病例”，病症就是：类比失当，难推结论；偷换概念，误导阅读。

第三节　语文教学“病例”的应用

语文教学“病例”类型众多，使用的方法自然也应该有所不同。但为了方便大家阅读参考，我们将之概括提炼为四大方面。

一、认识“病例”，重视“病例”

要能够让广大师生真正用好语文教学“病例”，首先要让大家知道什么是“病例”，“病例”有何功用与价值，从而重视“病例”。例如，我们可以通过有趣的案例，引发学生对于语文教学中知识错误的重视。

1. 引趣

对于大多数人来说，教学病例也许离他们较远，不太容易引起重视，因此，如果我们通过某个故事、实例来讲道理，会使学生对“病例”产生兴趣。例如下面这个案例。

案例：一口钟

电视剧《西游记》中有这样的情节：孙悟空和鹿角大仙斗法。第一个回合是猜红漆柜里的东西是什么。鹿角大仙猜“山河社稷袄，乾坤地理裙”。悟空让唐僧猜“破烂流丢一口钟”。柜子打开，里面正是一口破铜钟。其实，小说《西游记》里的“一口钟”指的是和尚穿的一种无袖衣服。电视剧编者却将其理解为“一口破铜钟”，因而闹了笑话。[①]

这个案例虽然不属于语文教学范畴，但特别有趣，它让广大师生搞清楚了一点，那就是不重视知识的掌握与正确运用，就有可能在社会实践中闹笑话。

2. 明理

要真正让学生重视语文教学“病例”，需要讲清道理，同时要以语文教学实践中的真实案例去引领，使他们切身感受到正确应用“病例”的力量。例如，笔者的学生曾经在课堂上提供了一个案例，这个案例由执教者自叙自评，在执教者看来，这是一个十分成功的教学课例，得意之情溢于言表。确实，在当时的条件下，作者的这种教学处理是有颇有创意的，因此也得到一些编辑的肯定。但现在我们再来看这个案例，我们就会发现其中的不妥之处。然而，如果我们把它当成“病例”在课堂中使用，就必须得让学生明白其中的道理，特别是要让学生通过对案例的修改来达到扬长避短、举一反三的教学目的。

案例叙述：

课本，就是教学的根本。自从使用课本起，教师们都是安分守己的。谁也不曾去改变它的面貌(原文)，另起炉灶而传授给学生。我却不然。从 1991 年底起，我就试图打破陈规，大胆探索，让学生通过改变形式的“课本曲艺”的演唱，把课学得生动活泼，盎然有趣。

我的做法缘于小学时候我学习过的一篇课文——《边学义快板》，我至今还能记得。如果学生在课堂的学习中也能学到点曲艺，岂不更好？

尽管那时还没有提出素质教育，只提出了快乐学习法，但自从我的首篇《大仓老师》于 1992 年 2 月在《辅导员》杂志上发表后，很自然地就受到了广大师生的欢迎，这一做法得到了肯定。另外，多家报刊的转登，也是一个佐证。

近来，基于同一目的，我又改编了《千里跃进大别山》为快板书：

辉煌胜利 47 年，刘邓大军挺进大别山，不怕艰难和险阻，连续行军作战十几天。8 月 23 日那晚上，可与寻常不一般。先头部队十八旅，迅猛地到达汝河的北岸。国民党

---

① 转引自吴格明. 逻辑思维与语文教学[M]. 北京：人民教育出版社，2003：31.

反动派贼心不死更凶恶，在后面集中兵力紧追赶。还又在汝河南岸布置了，一整条几十里长军防线。此前敌人起坏心，拖走砸毁渡口船。河深我军过不去，前后夹击着实危险。肖旅长李政委站在河边商量着，我军的前进问题究竟怎么办？一个参谋跑过来，(白)“刘司令员和邓政委来了！”心情激动言得欢。二人赶紧迎上去，见到纵队首长陪同到跟前。邓政委叫来了参谋长展地图，共同把形势仔细分析一番。情况严重叫人急，眼望刘邓盼改变。(白)“我们要采取进攻的手段，从这里打开一条通路。”你瞧瞧刘司令员扶了扶眼镜后，用手指又在地图上划了一条线，(白)“不管敌人飞机火炮多，我们的战略计划定实现。”刘伯承言罢恐怕别人还不懂，他又对身旁的旅长叮嘱了一番：(白)“‘狭路相逢勇者胜’，要勇，要猛，得记心间。”“狭路相逢勇者胜”，部队很快传个遍。光荣任务令人喜，迅速逐级往下传。杀出血路要一条，勇猛跃进大别山。步枪刺刀都插好，盖儿揭开手榴弹。遇见敌人狠狠打，绝不留下敌据点。漆黑夜里战火亮，冒着炮火奔向前。浮桥搭好猛士勇，拿下个个敌据点。通道打开人人喜？六七里宽真壮观。浩浩荡荡解放军，威武直指向西南。“狭路相逢勇者胜”，千真万确是名言。刘邓大军像钢刀，锋利插进敌心肝！

这样，就可以在课文学习之后让学生说唱，从而巩固所学的知识。

案例评析：

曲艺是我国传统的文化形式之一，它向来都是深受人们喜爱的。当然，小学生也不例外。

通过“课本曲艺”的演唱，他们不但学习了课文，还受到曲艺艺术的熏陶。何况学生的作文中也不乏课文“改写”这一练习呢？

因此，让学生学习点“课本曲艺”，不但会有新鲜的感觉，还会收到特殊的教育效果，更何况它还符合“曲艺必须从少年儿童抓起”的要求啊！①

我知道，在我的指导下，学生经过细读、讨论，应该也能寻找到这个教学案例中的一些问题的，但作为示范，我还是直接告诉同学们，我把这个案例视作“病例”的道理。我首先告诉学生，这个案例之“病”责不在当时的教师，而在于飞速发展的课程改革与

① 史根东，傅道春. 教师创新行为案例与评议[M]. 北京：中国科学技术出版社，1999：121—124.

不断更新的现代教育理念。其次，虽然叶圣陶说过“语文教材无非是个例子”的话，但这个例子不是随便确定的，任何一本优秀的教材都凝聚着无数专家学者与一线名师的智慧，大多数选文具有经典性和示范性。教师任意改编教材选文，再请学生学习，将有可能削弱经典的力量。第三，快板虽然是一种优秀的曲艺，但并不是每个人都喜欢的，教师以曲艺为教材对有的同学来说是强人所难。第四，曲艺是中华民族宝贵的民间艺术样式，而快板又是曲艺中最大众化的一种民间艺术，但它并不等于语文，也不是学生必须掌握的艺术。而编者所谓的“曲艺必须从少年儿童抓起”的要求无从查证。最后，教师的教学处理仍然带着教师中心主义思想的痕迹，学生在课堂上完全是被动的学习者，甚至连教材都变成了教师改编的快板。

指出问题所在及其病因后，我也开出了疗救的“药方”：教师可以利用休息时间，播放一些快板视频，并给学生讲解快板的特点、写作与表演的方法，以激趣增能；教师可以创作，但不能包办代替，教师的创作只应作示范，而真正的二度创作要交给学生；快板创作只是教学活动的一个部分，快板表演才是真正体现学生综合能力的环节，因此，教师必须设计快板的表演与评价环节。此外，通过改编进行的教学，必须注重读写结合规律的把握，更要将改编与原作紧密结合，随时进行比较对照，从而使传统封闭的语文教学能够借此撕开一个口子。

如此一说明，学生恍然大悟，他们不但在一定程度上掌握了教学“病例”分析方法，而且对于教学案例尤其是“病例”的搜集研讨的积极性更高了。

二、收集病例，加强训练

语文教学“病例”，如果是发生在教师身上的，那自然最容易从准教师或新手教师的真实课堂里得到。另外，师范生的微格教学、模拟实践中出现的“病例”会更多，关键是要有时间对他们的课堂实录加以整理，选择典型的病例加以汇编，供师生参考。如果“病症”是发生在中小学生身上的，那就将学生的学习“病例”收集起来，作为教学与训练的材料。如果“病症”是发生在教师身上，那么就有两种情况，如果涉及语文学习的知识与能力，可作为学生训练材料的，就给学生作语文课堂训练；如果涉及到的只是教师的教法或教学活动组织等方面问题，不适宜作中小学生阅读的材料，则专供师范生或参训教师使用。

1. 搜集学生学习中的病例作训练材料

学生各种作业中的病例出现较普遍，学生发现不了，就得由教师出面指导。例如作文教学中，我们可以搜集一些典型性错误，打印后交给学生小组，由他们去寻找、探索问题成因，最终提出解决方案。下面这个作文教学案例，就是通过搜集“病例文”，进行分析诊断，提出可行性策略，来达到教学的目标的。

案例：

“文章是改出来的。”因此，学生写完初稿以后，教师不能包办修改，也不能包办评价，而应该注意引导学生自评自改，培养学生评改作文的能力。那么，如何指导学生自评自改呢？笔者认为，在教师认真准备的前提下，可按“简要总评——逐条引评——综合评价——自己修改——互改交流”这几个环节进行。

教师课前准备：

(1) 印发和抄写“作文目标”。“作文目标”是在“作前指导”时，教师引导学生依据作文审题、立意、选材、构思、表达、修改等一般顺序及要求，分析本次具体习作要求所列出的表格式要求，如义务教育小语第九册《基础训练 5》作文一的“作文目标”(见后面的附表)。“作前指导”时可让学生抄写在作文本上，也可以印发给学生，让其贴在作文前面；以备自评或老师评时参考利用；教师还要放大抄写一份或制成投影片，以备范评时使用。

(2) 浏览学生作文，确定评改重点。将学生的作文初稿浏览一遍或浏览一部分，了解作文初稿情况，根据训练重点和普遍问题确定重点指导评改的方面。

(3) 设计“病例文”和正、反例段。根据评改重点，设计一两篇存在问题的作文——“病例文”，设计一些优秀的或存在问题的片断，以备指导评改时使用。

一、简要总评

这一环节的目的：通过教师对全班作文的简要总评和提示，使学生明确评改重点，集中注意力，以便有针对性地进行评改。

步骤和方法如下：(1)出示“作文目标”，引导学生回顾本次作文要求，使学生迅速进入作文情境。(2)教师简要评价学生作文初稿情况，指出“作文目标”中的哪几条做得好，哪几条有问题。例如义务教育小语第九册《基础训练5》作文一指出，学生习作中易出现问题的方面是“中心”、“条理”、“动、静态”及“抓特点”等。因此，这一步就要提醒学生：他们的作文可能在这些方面出现了问题。这样，学生的注意力就集中在了这些方面，下面的评改也就有的放矢了。

二、逐条引评

这是最重要的一个环节，其目的是：引导学生进一步明确本次作文各方面的要求，发现自己作文各方面存在的问题，学会评改的具体步骤和方法。

这一环节的步骤和方法如下：依据“作文目标”各条排列的先后顺序，对重点条目(“简要总评”时指出存在问题的条目)逐条进行讨论，引导学生一条条评价自己的作文。这个环节应注意以下几点：(1)要一条一条地评。让学生一下子就找出自己作文各方面的问题，是很难做到的。因此，必须引导学生一个方面一个方面地去评价自己的作文，将问题各个击破。例如评价“条理”是否清楚时，就暂不牵扯其他方面的问题，等评价完了“条理”后，再评价其他方面。(2)要依据“作文目标”的顺序评。“作文目标”各条排列的先后顺序，基本反映了作文的程序，也是评改作文应遵循的顺序。依据“作文目标”顺序评改，既可使评改少走弯路，又可避免不知从何处下手，顾此失彼等现象，有利于学生掌握评改方法，提高评改能力。例如，对前例作文易出现问题的几个方面，应按“中心→条理→动、静态→抓特点”这样的顺序去评改。(3)评价每一方面时，都应遵循从“评他”到“评己”，从模仿到独创等规律。可按以下步骤进行：①让学生回顾这一方面的要求。②列举正、反例子(包括“病例文”)，让学生比较评价，并对反面例子(包括“病例文”)进行修改，使学生明确怎样符合要求、怎样不符合要求和怎样修改。对“病例文”的评价，可在出示的大“作文目标”本条后面打上相应的符号(如符合本条要求打“√”，不符合本条要求打“×”等)，以防“综合评价”时忘记对本条的评价。③教师指出学生本次习作中这一方面出现的各类问题，提醒学生“对号入座”，检查自己的作文，让学生说一说这方面做得怎样，并提醒学生也在自己的“作文目标”本条后面打上相应符号。例如评价“动、静态”描写这一方面时，可按以下步骤进行：①引导学生回顾读写例话《事物的静态和动态》，说一说怎样才能写好静态和动态。②回顾课文《鸟的天堂》、《草原》、《镜泊湖奇观》中有关静态描写和动态描写的内容；出示一些学生习作中静态、动态描写成功或不成功的片断及“病例文”，让学生比较分析并讨论修改。

③教师概括指出学生本次习作中没注意静、动态描写的各种表现，提醒学生对照检查自己的作文，让他们说一说是否注意了静、动态描写，并做上记号。这样，学生就真正知道自己的作文在这一方面做得怎样；如果有问题，也就知道怎样修改了。

三、综合评价

这一环节的目的是：使学生从整体上清楚自己作文的优缺点，以便从整体着眼，改好写得不足的部分；学习评价作文的方法，提高评价能力。

步骤和方法是：(1)指导学生综合评价未修改前的“病例文”。要求学生先说优点，再说缺点，优、缺点都要按照“作文目标”的顺序说，引导学生学会综合评价的方法。(2)让学生运用综合评价“病例文”的方法，将“逐条评价”自己作文的情况综合起来，做出“综合评价”；让学生说一说，教师再予以指导。这样，学生从整体上清楚了自己作文的得失，也就能全面而有重点地修改自己的作文了。

四、自己修改

这一环节的目的是：学生通过自我修改的实践，改正作文中的问题，掌握修改的方法，提高自改作文的能力。

方法是：提醒学生依据“作文目标”的顺序，逐条修改自己作文中存在的问题。教师对“差生”予以具体指导。

五、互改交流

这一环节的目的是：使学生相互启发，相互借鉴，相互促进，激发兴趣。

步骤和方法是：(1)互改。让学生同桌，或小组内，或自愿结对子交换评改。(2)交流。让学生谈一下修改情况——怎样修改的和为什么这样改。

当然，学生的发展是不平衡的，教师还要因材施教，使学生人人过关，个个进步。这就需要教师全面掌握学生的情况，对自评自改后仍有问题的作文，还应进行必要的“师评”指点，并要求在“师评”指点后学生再进行自改或互改等，直至人人“过关”。

以上指导评改的方法具有以下特点：

(1) 重视依据“作文目标”进行评改。克服了无序、盲目、片面等现象，使评改有序可循，有法可依，有利于学生建立和完善必要的作文知识结构，提高思维的条理性和全面性，提高评改作文的能力。

(2) 重视以评促进。只有认识到错误，才能改正错误，因此评是改的前提。本方法重视“评”——“逐条评”“综合评”“说一说”等，在会评的前提下去改，使“改”的目的更明确，“改”的行动更自觉。

(3) 遵循由“评他”到“评己”、由模仿到独创等学习规律。充分发挥了教师的主导作用，由扶到放，使作文评改由难变易。

(4) 真正体现学生的主体地位。作文的评改是在教师引导下学生自己进行的，因而主体地位得到了真正体现。

这个案例本身不是“病例”，而是教师通过对学生作文训练中产生的病例文的分析，来提醒学生和教师，应当通过怎样的途径和方法来提升写作水平。这个案例为我们提供了病例处理的一个较为完整的课堂教学过程，展示了行之有效的方法。

2. 收集教师教学中的“病例”作训练材料

我们提到的教学“病例”与其上位概念教学案例一样，大多是针对教师教学中的信息传授、活动组织、内容处理、练习安排、教学评价等而撰写的，因此，像上面那种给中小学生看的是比较少的，而给准教师和教师看的比较多。当然，像下面这个案例，因为还涉及一些知识性的内容，所以给学生读一读也是有益的。但由于其知识未出问题，因此，对学生学习来说，这还称不得“病例”。但就教师教的立场看，问题就比较大。

请同学们推荐两位同学，一位帮老师把课题、作者写在黑板上。(学生推荐，一位学生上台板书)再推荐一位同学把课文读一遍，其他同学看着大屏幕，听一听他读得怎么样。(学生推荐，一位学生配乐读书。投影显示课文及图片)

师：《桃花源记》是一篇文言文，同学们一定会遇到不懂的词语，有哪些办法来解决？

生5：可以看课文的注释。

生6：可以查字典、词典。

生7：可以查资料、问老师。

师：也可以问同学。“三人行必有我师”嘛！在座的同学岂止三位。下面请同学们自由地读课文，画出不懂的词语，先自己想办法解决，实在不会的，待会儿可以问老师，问同学。(学生轻声读书，圈点勾画，查阅资料)还有弄不明白的词语，可以提出来，我们一起来解决。

生8:“缘溪行”的“缘”是什么意思?

师:你打算问谁?

生8:问赵强。

赵强:好像是……“顺着”“沿着”吧?

师:你也拿不准?

赵强:就是“沿着”的意思。

师:很好。

生9:“见渔人,乃大惊”的“乃”是什么意思,我想问谭璐。

谭璐:“乃”就是“竟然”。

生10:“处处志之”的“志”,我只想问老师。(众笑)

师:“志”就是“作标记”。还有问题吗?(环顾教室,没有学生举手)看来词语的意思大家都理解了,那如果给你一个句子,你能用现代汉语说出意思吗?

生(众):能。

师:请看屏幕。(投影显示五个句子)老师找了自认为最难的几个句子,看同学们能不能说出它们的意思,谁来试试,可以抢答。

(学生争着举手,回答基本正确)

师:同学们真不简单,这么难的句子都译得很正确,文言文容易学吗?

生(众):容易。

师:请同学们齐声把课文读一遍。(学生齐读课文)

师:大家读得不错,但有同学有几个字没读准。如文中的“为”字,意思不同,读音也不一样。文中“为”字在“武陵人捕鱼为业”中读“wéi”,在其余各句中都读“wèi”,要注意纠正。①

这个案例是教育硕士从网上找来的。属于课堂教学的第一部分——生字词的认读。教师千方百计调动学生的意识是强的,学生学习的积极性也是高的。但这个案例的教学处理却不符合初中生的学习特点与现代教育理念。《桃花源记》是人教版八年级(上)中的一篇课文,可是教师却问出了只用于初一培养学生学习方法时该问的问

① 王锦起.桃花源记 教学实录[ED/OL]. http://www.docin.com/p-697710564.html.

题:《桃花源记》是一篇文言文,同学们一定会遇到不懂的词语,有哪些办法来解决?教师设计了一个学生有不懂的词语自由选择问谁的环节,表面看起来很新鲜,但实际上是形式主义。因为,这些词语完全可以在阅读的过程中问同学,问老师。而且,由学生来选择问谁其实很盲目,因为被点到的同学也不一定知道词语的意思,这就变得像刁难,易造成同学间的矛盾,并且浪费时间。特别是开始环节,推荐同学上来板书,更是毫无道理:一是推荐的标准是什么?二是学生上来板书课题、作者的目的是什么?显得相当随意。作者设计推荐一位同学上来读,学生自由读,学生集体读,三个不同的"读"的环节,可以使课堂阅读富有变化,但问题是第二次读的目的很明确,是要疏通词语,可是第一次单个学生读和第三次集体读的目的是什么呢?特别是第三次集体朗读后,老师居然又在解决一个"为"的读音问题了。三次"读"的层次感完全消失,给人的感觉是为读而读了。再则,教师说自己找了几个自认为最难的句子让同学们翻译,同学们回答基本正确,于是老师充分肯定"都译得很正确",并问大家文言文容易学吗?得到了老师想要的答案:容易。教师想树立学生学文言的信心,这可以理解,然而,教师的做法却是前后矛盾的:开篇教师特别强调"《桃花源记》是一篇文言文,同学们一定会遇到不懂的词语",实际上强调了文言文学习之难。其次前面说基本正确,接着又说都译得很正确,那到底是"基本"呢?还是"都很"呢?如果说文言学习很容易,那后面还有必要继续学习吗?

可以说,这样的"病例",直接交给学生读没问题,因为它毕竟正确地解决了一些词语的读音与语义的问题,但效果不大,不能直接作为训练材料。但如果交给教师去分析研讨,特别是作为培训训练材料就颇有价值,它能够让教师警惕教学中的形式主义、无逻辑性和无层次性等问题。

三、提醒警示,对比比较

当我们拿到诸多层次、角度不同的语文教学"病例",我们一定要仔细分析一下,哪些可用来提醒学员,引起必要的重视或警惕;哪些可用于案例间的比较、学员间的比较,从而有利于改进学习,提升教力。

1. 引起师生的关注

有些教与学的行为，我们一直那样在做，却从来没有注意到它们原来是错误的，这时候，如果有些病例来提醒一下，可能会引起学生，特别是相关教师的注意。例如下面这篇基于流行语分析的案例。

流行用语一："请用自己喜欢的方式读一读"

教师话音刚落，一时间教室里就人声鼎沸，学生个个读得面红耳赤，场面热闹，教师以为如此一来学生的自主意识就得到了充分的体现，实则不然。静下心来仔细想想，高声朗读就真的是学生心中所爱吗？答案并非完全如此。学生之所以选择高声朗读作为"喜欢"的方式，不能排除有人云亦云的从众心理，部分学生只是要给教师留下认真、勤奋的印象，但是并非真正经过大脑，效果也就可想而知。这种单一的阅读方式何来真正的自主、创新？

其实阅读的方式还有很多，教师应教给学生默读、速读、浏览、朗读、复述、背诵等多种阅读方式，并根据教学的不同层次，分别提出不同要求，建议学生根据不同的文本内容、不同阅读情境、不同阅读需要来选择自己喜欢的阅读方式，独立地阅读课文，如此一来效果肯定比单一的高声朗读更好。

流行用语二："你喜欢哪一段？想先学哪一段？"

语文教学中教师设置"学习超市"，学生纷纷发表自己的意见，然后根据学生的选择进行教学。的确，这样能提高学生学习的主体性，但是，我们不禁要问：难道所有的文章都适用这个教法吗？课文或写人或叙事或状物或说理，结构或并列、或总分，这种选择往往以打乱文本的整体性、连贯性和知识的完整性为代价。语文教学不能远离文本，不能简单将其分割，形式与内容应该相互关联、相互依存、紧密结合、融为一体。

真正的自主选择，重要的不是形式上的主体，而是教师观念、内心深处的主体意识。"过犹不及"，对于学生提出的各种意见，教师须依据教学目标进行筛选。更不可以将自主选择变成是虚晃一枪的"真主意、假商量"。

流行用语三："让我们也学着他的样子来试试看。"

表面上，教师在课堂上尊重了学生学习的选择权，让学生根据自己的选择进行汇报或演示，看似学生成了学习的主人。但是，这只是尊重了部分同学的选择，而将更多学生的要求拒之门外，很多学生"没了"选择。这样的"尊重"是狭隘的"尊重"，换来的可能是更广泛的"伤害"。[1]

之所以称为"流行语"，毫无疑问就代表着他们的某些"主流"身份，属于教学界的"大众话语"，很少有人会想到，原来它们是有问题的。但这篇案例组合式的论文，能够引起准教师们和参训老师的警惕，让他们有豁然开朗之感，从而加强他们的反思意识，加大他们的反思力，能够主动地将之应用于其他的教学流行语的辨析中。

2. 多方对比比较

当我们占有足够多的教学案例的时候，我们就可拿成功的案例与失败的"病例"进行对比，拿"病例"与"病例"作比较；可以拿自己觉得得意的课堂与"病例"进行对比，也可以拿自己觉得糟糕的课堂与"病例"进行比较。经过多方反复的对比比较，学生就能快速把握一些语文教与学的规律，获得扬长避短的资本，最终走向成功的教与学。

四、加强分析，学会反思

前面我们提到的各类教学案例，都有分析反思的成分。甚至可以说分析反思才是案例教学的本质。因此，我们将"病例"应用的重点放在这一部分。那么，我们究竟该如何分析，怎样反思？

（一）"病例"分析

"病例"分析必须按照教育教学的基本规律，依据新课程标准及根据案例发生的各种情况来分析。"病例"分析要把握几个关键词：复读、对照、辩证。

1. 复读

所谓复读，就是反复阅读教学"病例"，而且在程度上要有所变化。一般说来，任何一个教学案例特别是"病例"至少读三遍。第一遍粗读，或称跳读，主要通过直觉判断这个"病例"是否有深究的价值。第二遍细读，或称精读，主要发现这个教学"病例"

---

① 参见李绍燕. 小学语文阅读教学中"流行用语"的悟与思[EB/OL]. http://www.njliaohua.com/lhd_41b469xqt45s23r4ajjy_1.html.

“病”在何处？是何“病”？第三遍研读，或称美读，主要寻找判断“病例”及医治疾病的依据。下面是我的研究生撰写的一个分析特殊的教学案例(原作者作成功教学的案例，我的学生认为是病例)的案例。

案例：

今天我看到了一个教学案例，题目是：“老师，您错了！”——《棉鞋里的阳光》教学片断。粗一看，这是一个关于课堂教师出错的偶然事件，正是我所关注的。案例内容如下：

今天，我在教学生认生字时，把拼音注在生字上。突然，一个学生举起了手，小声地说：“老师，您错了。”

我问：“哪儿错了？”

“‘看’字错了。”学生仍是小声地说。

我回头认真地看了一下“看”字，觉得并不错，就又问：“到底哪儿错了？”

他涨红了脸，鼓起勇气说：“你把‘kàn’写成‘kàng’了。”

我仔细看了看，说：“你说得很对！老师谢谢你的提醒，老师是错了。”

说完，我把‘kàng’改成了‘kàn’。

回头看看那个同学，他得意着呢！

我不知道别人面对学生的批评会怎样想。但我是开心的。我知道，如果教师高高在上，扮演着不可挑战的知识权威的角色，学生就会有压力，就不敢发表自己的见解，他们的创造才能也就不能真正地发挥出来。

粗读感觉这位教师的处理是不错的，值得效仿。于是进入细读，细读过程中，我发现这个案例不能简单视作“正例”，它其实是有问题的。至少我觉得老师不应该犯这么低级的错误，犯错了以后，也不能简单地道个歉，再一改了之。于是，我再次拿起这个案例，进行研读。我在想，教师勇于向学生认错，这体现了学生的主体地位和教育民主思想，但是，从对话教育的理论视之，发现教师的这种简单化的处理，并没有真正形成与学生的对话。学生的得意中，有着对老师的“蔑视”。于是，我想起了教学中的示错法。老师完全可以通过示错的基本步骤来处理，既纠正了自己的错误，又让学生明白这个低级错误发生的原因，及其今后在拼音中需要注意的事项，也能保持教师在学生心目中"师者"的形象。当然，更重要的是必须提醒自己，这种低级错误，不能一犯再犯，否则教师就成了误人子弟的庸师了。

这位学生基本按照我们指导的方式在操作，即通过"三读"来分析把握案例，发现被视作成功教学的案例中存在的问题。

2. 对照

所谓对照，就是拿教学病例与自己的教学、与名师的教学、与一般的教学原理及当下的教育政策与文件(例如课程标准)进行对照，寻找到语文教学"病例"之"病"，从而做到对症下药、药到病除。特别是一些上世纪的教学案例，可能那个时候是正确的案例，但用今天的标准去衡量，就可能成为"病例"，如果不加对照，就很难看得出来。此前我们转引过我们撰写的《体验型语文教学》一书中几个对照性案例，这里再转引一个他人发表的论文中的对照性案例。

案例：

第一次教学《二泉映月》，指导学生理解朗读："渐渐地，渐渐地，他似乎听到了深沉的叹息，伤心的哭泣，激愤的倾诉，倔强的呐喊……"当学生读完后，我便提出："真的是泉水在叹息、在哭泣、在倾诉、在呐喊吗？"学生根据课前搜集的资料照本宣科，我听学生说得头头是道，便以为学生对这部分内容已经理解透彻了。于是，我接着提问："你能把你的感受读出来吗？"学生练习后，我指导学生通过"比赛读"、"配乐读"、"齐读"等形式，让学生把本段内容读"到了位"。但是在接下来的期中考试中，有这样一道填空题："渐渐地，渐渐地，他似乎听到了深沉的______，伤心的______，激愤的______，倔强的______……从这段话我读懂了阿炳的心，他为______而叹息，为______而哭泣，他恨______，他向往______。"结果照原文填空学生一分没失，而后面的填空竟然没有学生能做出来。由此可以看出，在教学本段时，学生对课文内容的理解是多么地"不到位"。

今年再一次教学《二泉映月》时，我汲取了第一次教学的经验和教训。在讲课前，我先认真钻研教材，设计教案，并带领学生一起上网查阅资料、看图片，让学生对阿炳的生活背景和生活状况有一个较全面的了解。在教学时，我先引导学生回忆上网查到的资料，创设情境，把学生带入阿炳当时的生活环境，给学生营造一个想象的空间。当学生沉浸其中的时候，我配乐把这部分内容范读了一遍。接着，教室里学生充满个性化的朗读便此起彼伏。虽然没有过多的指导，但学生却读得很好。读完后，我问："阿炳为什么叹息？为什么哭泣？他想说些什么？他又想喊些什么呢？"结果学生的回答字字感情真切，句句震撼人心，他们已经完全读懂了、理解了课文内容。①

这是作者两次执教同一篇文章而撰写的一个对比性案例，在作者看来，第一次执教是失败的，第二次是成功的，并由此得出三点体会：首先，教学这类课文时，教师必须引导学生深入体会作品的深刻内涵。其次，精读这类课文时，教师应让个性化的朗读开出绚丽的花朵。心理学研究表明，情感依赖于认识。只有让学生亲身体验，置身于真切的情感之中，才能获得生动的形象，激发真实的情思。在此基础上，个性朗读才会水到渠成。新课程改革日新月异，而我的教学方法与新课程、新理念还有一定的距离。因此，我必须刻苦钻研，不断地进行探索研究，以促进教学方法的优化与教学水平的提高。

首先，我们要肯定作者这种对比性的写法，将"病例"突出，使经验更具价值和可操作性。其次，我们要对照两篇案例，发现其异同点，分析其与作者的认知是否一致。例如，前后两个案例作者都进行了必要的朗读指导，都请学生提前查找了资料，都请学生反复诵读，都提出问题让学生思考。不同点在于前者学生未能答对自由填空题，后者学生正确回答了老师的提问。接下来，我们要将两个案例与相关理论与实践对照，我们可以问一下，两个案例究竟哪个更符合新课程改革的要求。第一个案例，教师特别注意指导学生的朗读，注意问题的设计，而且学生能够根据找到的资料加以回答，最后老师还让学生读出感受，并采用了多种朗读形式。这一切都是符合新课程标准的。第二个案例增加了体验环节，但如何创设情境，如何让学生获得体验没谈；另外增加了教师的范读，但没有采取第一个案例那样多的朗读形式。可以说，两个案例所表现出来的教学处理各有千秋，难分伯仲。那么，为何作者自认为前者是"病例"后者是成功的"范例"呢？原来前者的问题不出在教师的教上，而出在考题上，"他为______而叹息，为______而哭泣，他恨______，他向往______。"这种填空是很不明确的，例如第一空，既可以填某人，也可以填某物，还可以填事，填心情，填原因，填结果，学生自然无所适从了。而第二例教师在课堂上提出的四个问题就明确多了，加上学生刚反复读完课

① 陈丹丹. 一篇课文　两种教法　三点体会[J]. 教育科研论坛，2008，389(1)：38.

文，自然就能轻松回答了。这样对照分析后，我们可得出结论：第一个案例确实是个“病例”，但“病”不在教师的课堂教学，而在命题者命制的题目。

将案例进行对照分析，是师范课程或教师培训课程中最常用也是最有效的方法之一，下面就是我在专业学位教育硕士课堂中，引领学生对两个教学案例进行对照的一个案例。

案例背景：

新课程改革的一个重大突破就是口语交际教学真正成为中小学语文课程的重要组成部分，但能搞好口语交际教学课程的老师并不多，对于专业学位教育硕士来说，更需要补上这一课。因此，有必要通过对相关课例的分析来提升学生开展口语交际教学的意识，为此，引导学生自己去寻找合适的案例，并在课上作分析研讨，本案例是对《接电话》的口语交际教学两个案例进行比较。

案例主题：

在交际中学会交际——《接电话》案例诊断[①]

案例描述：

案例A：

教学目标：通过读一读，演一演，学习接电话；学会接电话时的文明礼貌。

教学过程：

一、导入激趣

同学们，你们家里都装了电话吗？你接过电话吗？今天我们这节口语交际课就让大家来练一练怎样接电话，好不好？

二、读课文，思考

刘辰接到了谁的电话？王叔叔打电话到刘辰家想干什么？刘辰是怎么做的？王叔叔为什么夸刘辰懂事？

---

① 张文质，窦桂梅. 小学语文名师课堂成败探究[M]. 上海：华东师范大学出版社，2008：94.

三、讨论思考题

分组讨论;集体讨论。

四、表演

示范表演。老师扮演王叔叔,请一名同学扮演刘辰,师生合作表演打电话;

同桌练习。

分四人小组练习。

指名上台表演。

评议表演情况。

五、课堂小结

案例B:

教学目标:学习接电话时能听清楚对方的话,能把回答对方的话说得简要明白,并能使用文明礼貌用语;学习接电话时可能出现的几种情况,训练学生交际时的应对能力。

教学过程:

一、设置情境,进入生活

先放一段录音:电话铃响的声音,接着是有人接电话。再让学生想一想:听了录音,你知道了什么?

二、表演课本,再现生活

自学课本,按课文内容同桌分角色表演刘辰与王叔叔的对话。

同桌互换角色再一次表演。

指名上台表演,并说明自己的体会。

集体评议。引导学生在口语交际中使用文明礼貌用语。对口语交际的语气、表情、声音、动作等进行评议。

三、设想情境,激活生活

联系生活实际,设想几种接电话的情况。如打错号码、有急事求救、接听人不在家、接听人不是本人、恶意电话、电话没人接而号码通过来电显示显示在话机上……

思考讨论,遇到这些情况时,我们应该如何接听电话。

选择合作伙伴,选择自己可能遇到的情况,讨论解决方法,分角色表演。

互换角色表演。

就每一种可能出现的情况集体交流，并指导评议。

四、课后延伸，拓展生活

同学互留电话号码，根据需要互相电话联系。

回到家后，准备一个电话记录本，记录几个接听的电话。根据课堂所学，找出自己接听电话时的优缺点。

下面是专业学位学生对案例的评点：

生1：两则案例相比，前者教学目标过于简单，后者相对全面，而且，案例B将教学目标进行了细化，而不是停留在笼统的层面上。

生2：正是因为案例A的教学目标过于简单，从而体现出这样的口语交际教学是不具教学意义的。课堂教学的真正目的是让学生学习到新的知识和技能，接电话是学生在生活中可以自然习得的，简单地将生活中的接电话放在课堂中再现一遍没有体现“教”的成分和意义。这一点，案例B做得相对较好。除了练习课文中的接电话，还将生活中接电话时出现的几种情况拿到课堂中让学生练习，很具有实用性。

生3：《普通高中语文课程标准(实验)》中关于课程的基本理念指出：“语文是实践性很强的课程，应该着重培养学生的语文实践能力，而培养这种能力的主要途径也应是语文实践。”《接电话》这一口语交际教学案例的主题是“在交际中学会交际”，就强调要在具体的实践中学习。然而课堂受时间和空间的限制，进行实践性活动的难度相对较大，但是，可以灵活地在课堂中创设口语交际的情境，在模拟真实的交际场合中学习口语交际。案例A在创设情境这点中没有案例B做得出色。

生4：新课标强调体现学生的主体地位，教师也要转变自身角色定位，成为良好的引导者。案例B中的老师“设想情境，激活生活”这一环节中，让学生自己选择合作的伙伴，选择自己可能在打电话时遇到的情况，并让他们分角色扮演，很好地体现了新课标的相关精神，让学生能积极参与课堂，主动配合，发挥合作精神。

生5：口语交际最本质的特征是“交际”，因此一个优秀的口语交际教学案例，也必须体现出交际性。

说明：课堂讨论结束，笔者经检索，发现原课例出自《语文教学通讯》2003年Z1期，作者为周仁洋、王伏香、苗文化、张柏书四位老师，题为《让口语交际走近生活——

〈接电话〉案例诊断》。原文是对陈老师一堂口语交际课的教案的诊断，先由陈老师说课，然后四位老师进行评课，最后陈老师根据大家的意见对教案重新进行设计。因此，上面的两个案例实际上是陈老师修改前后的两个教案。但比较学生的发言与四位老师的点评，之间还是有诸多不同的。至少学生的发言具有对比性，而原文四位老师只对教案A作了点评。虽然学生的点评，没有四位老师那么深刻，但由于学生评点是对比性的，因此更具启迪性和可操作性，尽管大家都使用课程标准的理论来支撑，但学生通过正反对比后结合得更严密了。当然，重要的是通过这样的对比分析，学生对于口语交际教学有了更真切的体验、更科学的认知，对于他们未来很好地驾驭课堂奠定了基础。下面我们将四位老师的点评附录于下，供读者分析参考。

附录：

王伏香老师：针对这份教案，我感觉首先是教学目标设置偏低，脱离了学生实际的认知和能力发展水平。还是先看看《语文课程标准》对三、四年级段学生在口语交际方面的要求："在交谈中能认真倾听，并能就不理解的地方向人请教，就不同的意见与人商讨。听人说话能把握主要内容，并能简要转述。能清楚明白地讲述见闻，并说出自己的感受和想法。"四年级的学生接电话的经历比较丰富了，学习接电话不是在这时才学的。接听电话时使用文明礼貌用语是对的，但应在其原有要求的基础上有所提高，故可以改为"继续巩固在接电话时使用文明礼貌用语"。而这一目标是非常基本的，对四年级的学生来讲，培养学生在接电话中解决生活实际问题的能力也是必要的，而不是还简单地停留在"学习接电话，学会在接电话时使用文明礼貌用语"这一低层次的要求上。建议从导语入手，让学生明确本节课的教学目标。

其次，我感觉这篇教案在设计上没有突出口语交际课双向互动的特点。所谓口语交际课，就是在教师的指导下，通过具体生动的交际情境，交际活动的设置和开展，培养学生交际能力及口语表达水平的一种课型。口语交际课最显著的特点是双向互动。而此教案教学过程的前三个环节都是按照一般阅读教学的模式来设计的，没有摆脱阅读课分析课文的味道，而口语交际重在交际，不是分析、理解课文。第三个环节明为讨论，其实还停留在回答问题的层面，没有交际的情境可言。学生的回答问题决不能等同于口语交际。只有第四个表演的环节体现了交际性，但从分量上来看，明显地感觉教学设计避重就轻。

苗文化老师：我同意王老师的意见，我也觉得一些教学环节的设计有无病呻吟之状，缺乏实效性。上课伊始，老师以导入语来激发学生的兴趣，只是设计了如“你们家都装了电话了吗?”“你接过电话吗?”“今天我们这节口语交际课就来让大家练练怎样接电话，好不好?”这一连串了无生趣、简单乏味的问话，丝毫起不到激发学生兴趣的作用，让人觉得只是例行公事罢了。我们常说，良好的开端是成功的一半，上课之始能采取恰当的方式调动学生的注意力和积极性是至关重要的。在此建议如下：

老师上课开始进行一段简短的开场白：401 班有位同学叫刘辰，一天，刘辰放学回到家，正要拿出书本做功课，“铃，铃……”电话铃响了……教师稍做停顿，请同学们认真听听到底发生了什么事？然后由师生两人进行情境表演。这样老师抛出一个具有悬念的问题以引起学生的注意，再通过表演将学生引入情境，让学生在具体的情境中去倾听、思考和感悟，真正激发了学生的兴趣，使他们兴致盎然地进入学习、口语交际状态。

在学生读课文后，老师布置了思考题，针对四年级学生的表述能力，设计这样琐碎而且思维含量不高的思考题，显然不符合学情。因为任何一个教学细节都应注重学生的实际情况，关注学生的独特体验，在这个环节中应力求抓住重点，组织学生进行思考，可设计两个问题：(1)你们听懂了这是怎么样的一件事？(2)你们觉得刘辰哪里做得好？设计第一个问题的目的是检测学生是否认真倾听，在听的基础上让学生清楚地表述出来。因为听说是口语交际的基础，只有听明白、讲清楚，才能与人进行准确、和谐的口语交际。第二个问题的设计目的在于调动学生的感官，以他们自己的体验、感悟对接电话的人的语言、表情、声音、动作、态度及说话的语气等方面进行评说，使学生在评说中不知不觉地学到与人交际的方法。

王伏香老师：教案设计缺乏灵活多样的情境创设。而上好口语交际课的关键是创设情境，良好的交际情境的创设能激发学生说话的欲望，让学生无拘无束自由地表达。此篇教案无疑在创设情境方面显得太平面化，单一化。其实接电话的内容可以是多种多样的，仅对课文进行简单地表演，等于是一个舞台的平移，学生不能和自己的生活实际相结合，进行创造性的交际。这种表演只能是对课文内容的简单模仿，缺乏内容的丰富性和交际的层次性。

张柏书老师：接电话既是日常生活中典型的口语交际活动，又是体现人际关系的极好事例，学生的合作意识和能力可以得到较好的培养。设计时要紧密联系生活实际创设情境，积极营造共同学习、探索、研究、提高的环境氛围，让学生在充满合作机会的个体与群体中学会尊重，学会沟通，学会互助；互通有无，取长补短，共同提高。

主持人：设计要贴近生活、贴近实际，以学生的主体活动作为中心，巧妙创设情境，形成双向互动，提高学生的日常生活口语交际能力。

苗文化老师：所以我也觉得这份教案没能联系学生的生活实际，不能很好地解决生活中的问题。口语交际训练的最终目的是为学生进入社会后，与他人进行成功交际的。而仅以这样一个教材内容为重点是远远达不到预期目标的。其实，教材内容只是一个引子，还需要老师挖掘学生生活中的内容，根据学生的实际，了解他们切实想说的内容，激发兴趣，从而真正提高学生的口语交际能力。建议在进行本教材内容训练之后，进一步拓展内容，让学生根据生活实际，说说自己都接过什么样的电话，又是如何处理的。然后老师帮助学生罗列出生活中多种接电话的情况，如：打错号码的、同学相约去玩的、询问作业等等，最后由学生自己先确定交际的内容和方式，再自由组合进行演练，指导学生在汇报过程中边实践边评说。这样就引出了学生在生活中交流的兴趣，也必然会反映出生活的丰富性、多样性和灵活性，在提高学生的口语交际能力的同时，也帮助他们解决生活中的问题。

主持人：是的，我们注重学生创新学习，在创设情境，学会最基本的接电话方法后，老师可引导学生设想生活中接电话时可能出现的几种不同的情况，设置对话障碍，加大口语交际的难度，进一步培养学生多渠道解决问题的能力，训练学习的创新思维和口语交际的灵活性。

张柏书老师：我想这个教案没有注意到在交际中培养学生的综合素养。《语文课程标准》要求在实施中“重视口语交际的文明态度和语言修养”、“与人交流能尊重、理解对方”。广义上说，交际中情感态度、价值观、习惯、方法、礼仪等等，都可以说是非言语交际的内容。课程目标是根据知识和能力、过程和方法、情感态度和价值观三个维度设计的。我们在实施中当然应培养学生的综合素养，不仅让学生知道说什么，更应让学生知道怎么说，怎么说才是最好。在评价中也要重视综合素养。“评价学生的口语交际能力，应重视考察学生的参与意识和情意态度。

主持人：口语交际能力的培养还应突出在实践中运用。《语文课程标准》关于课程的基本理念中指出："语文是实践性很强的课程，应着重培养学生的语文实践能力，而培养这种能力的主要途径也应是语文实践。"本着学以致用的原则，我们培养学生口语交际能力的目的是为了更好地应用于口语交际实际中。可以说口语交际的学习资源和实践机会无处不在，无时不有。我们既可以将口语交际教学活动安排在具体的交际情境中进行，更要在各种实践中来培养。在对学生口语中非言语交际评价时必须"在具体的交际情境中进行，让学生承担有实际意义的交际任务，以反映学生真实的口语交际水平"。

另外，不管什么样的课堂都要突出学生在活动中的主体地位。显然在这份教案中学生的主体性没有能得到很好的体现，我想根据我们几位老师的意见，结合陈老师本人的思考，一定会设计出一份较为满意的教案的。①

3. 辩证

所谓辩证是指教师要以一分为二的观点来分析任何一个教学案例，既要发现教学"病例"之"病"，也要看到教学"病理"中合理的因素，或者说，有的"病例"的发生与社会、环境、制度等各方面有关，并非教师个人之"病"，或教师"病"之必然，需要通过综合治理，方有可能纠正。

（1）辩证分析正例中的问题

前面我们已经提到过，有些教学案例从总体上看，是正向的，能够积极引导学生正确处理教学，提升教学力的。但它们也不可避免在某些细节或某个层面上出现这样那样的问题。或者，从一个角度看是正向的，但换个角度考察，有可能是负向的。正如教育家们指出的那样："教育在任何时候和任何地方都不是什么已经完成和完善的东西。"②因此，在案例分析中，必须辩证对待每一个案例，特别是正向案例中的负面成分。例如下面这个案例③：

---

① 周仁洋等. 让口语交际走近生活——《接电话》案例诊断[J]. 语文教学通讯，2003(Z1)：33—35.

② (美)弟斯多惠，张焕庭编译. 西方资产阶级教育论著选[M]. 北京：人民教育出版社，1964.

③ 参见程予东微信《不守信用的渔人是可爱的》，栏目为笔者所加。微信地址：http://mp.weixin.qq.com/s?_biz=MzIxMDI4ODkxOA==&mid=2651970518&idx=1&sn=07b58e296ce949eea5edbc62f3c3ea7e&scene=1&srcid=0902E5dAubZE1RfABjmYQd0T#rd.

案例背景：

陶渊明的《桃花源记》虽然是一个虚构的故事，但在当时具有鲜明的社会现实意义，并且千百年来一直吸引着人们。这个故事为什么具有长久的魅力？臆测和不守信用的渔人有着某种隐秘关系。

案例陈述：

和学生一起学习《桃花源记》过程中，有学生提出了这样一个问题：渔人出了桃源之后处处做下了记号，复寻却找不到通往桃花源的路，是不是因为他不守信用所以得到了这样的惩罚？按照我们的约定，依然是大家一起参与这样的探讨。

“我想不排除这样的可能。”

“他是做了记号的，谁给他惩罚了？难不成是桃花源里的人觉得这个渔人不靠谱，所以有人从桃源出来把渔人留下的记号统统毁掉了。”

嘿，这样的理解真是新奇，可是他说的不无道理啊。

我提示道：“即使是桃花源里面的人把记号消除，但是如果真有桃花源这个地方，它会因为渔人不守信用而消失吗？”

“大概是不会的。看来复寻不到桃花源的理由只有一个，那就是桃花源是一个子虚乌有的地方。”他的理解赢得不少同学的赞同。

顺着学生的提问，我也提了一个问题：渔人离开桃源的时候，村人叮咛渔人不要对桃花源外的人讲起桃源里面的情况，可是渔人却在出来的时候处处做下记号，他的意图很明显，就是想顺着这些记号再返回，而且他在做记号的时候，心里就想好了一定要把这事告诉给太守，不然他不会“及郡下，诣太守”，请问渔人为什么不把这事偷偷告诉自己的家人或者自己交好的朋友，偏偏要选择太守其人，他这样做的目的是什么？

话题一抛出，就有不少学生举手。

“我想着他是一个打鱼的人，肯定贫困无依，告诉太守，是想发点小财，借此来改变自己的生活。”一学生讲。

他的话音一落，点头同意的同学不在少数。我肯定了他们相对合理的推想，但是如果是此种理解，渔人不仅要背负不守信用的恶名，而且还有贪图财利之嫌，这显然不该是陶渊明的意图。心里这样想着，而且学生不可能只有一种理解的方式，于是提议道："那么我们再听听其他同学是何想法。"

"我认为渔人这样做的目的只有一个，那就是觉得改变这个黑暗而混乱的社会现实的人不可能是像自己这样的普通人，而应是有能力影响社会的人物，谁可以呢？无疑是那些为官者，他迫不及待地告诉太守，是希望太守能够从桃花源中学到些什么从政思想，从而太守在自己管辖的地方做出一些政绩来，这样不但能够实现政治理想，而且还会得到皇帝的赏识。"

听完他的发言，我着实为这个孩子有此认识而感到欣慰，可这只是他个人的解读啊。两种理解思路哪种更贴近课文的原意呢？阅读本是学生的个性化行为，老师要珍视学生独特的感受、体验和理解，不应以自己的分析来代替学生的阅读实践。但是当不同的声音出来之后，我们不能仅仅尊重学生的独到思考就完事了，还应该重视语文的熏陶感染作用，注重教学内容的价值取向。这个时候，需要你的适时引导，而引导需要适切的理据。

我想到了这个问题的突破点："桃花源中的美好生活是谁的理想追求？"

学生异口同声："陶渊明的追求啊。"

"那么作者笔下的渔人该是担着怎样的角色呢？"

"渔人该是陶渊明理想社会的感受者，或者说是在渔人的身上有他自己的影子。"

我顺势补充了陶渊明在《五柳先生》中假托黔娄妻之言表达出的自己的品格追求："不戚戚于贫贱，不汲汲于富贵。"学生一下就理解渔人告诉太守的目的不是得到财利上的赏赐，由此他们对第二种理解给予了支持。

"不守信用的渔人是可爱的啊。"最后一个男同学如是说，大家纷纷赞许。

是的啊，正因为桃源里外给人的反差太大了，生活在黑暗动乱不堪的社会中的人们迫切需要改变自身的处境，所以渔人不守信用之说不但被学生淡化了，而且还觉得他是可爱的。

"渔人如此可爱，为何复寻不到桃花源？难道是上天对他不守信的惩罚？"

学生面面相觑，随后有一学生示意："那是一个乌托邦，是不存在的地方，是陶渊明心中的理想啊。越是这样，越增加了它的神秘性。"

这是一个多么可爱的声音！其实这个问题在《桃花源诗》里已经作了回答，那就是

“淳薄既异源”，意思是说，世俗生活的浅薄与桃花源中的民风淳朴，是格格不入的，是截然不同的。果有此地，也是不能善存的。不能善存是社会现实的残酷决定的。东晋末年，战乱频繁，徭役繁重，民不聊生。陶渊明把桃花源的生活情景写得那么平和恬静、富足安然，是对残酷现实的否定。陶渊明深知，这样的社会理想是不可能实现的，渔人复寻不见桃花源暗含了陶渊明对社会现实的无奈和失望。

案例反思：

教学不但要充分深入文本本身，还要熟悉与文本相关的内容，此外还要兼顾到新课标精神理念，更要考虑到学情。本着这样的教学思路行进，当学生对文本做出自己的解读时，我们对话的空间才会扩展。不然，当学生的解读出现价值观的偏颇时，我们将难以在教学中珍视尊重学生个性化的感受和理解，引领他们情感、态度、价值观的培养或许会显得遥远。

应当说，从作者反思的角度来评价这个案例是相当成功的，确实教师在整个引导过程中十分重视对学生情感、态度与价值观的培养，符合语文的人文性特点。而且，教师也十分尊重学生的体验感悟，努力做到与学生一起在阅读中成长。但是，仔细分析这个案例，我们会发现它其实也存在着诸多不足。从辩证的立场来审视这个案例，我们可以提出问题的：

问题1：尊重学生的感悟体验是正确的，可是学生的感悟体验应该从哪里出来，是从文本还是任意的猜想？在整个案例中，师生的对话尤其是学生的发言基本是脱离原文本的，这样的对话是否为阅读教学的本源？

问题2：本案例的核心是“不守信用的渔人是可爱的”，讨论的出发点也是“是不是因为他（渔人）不守信用所以得到了这样的惩罚”，可是渔人有给过桃花源百姓承诺吗？原文有此中人语云：“不足为外人道也。”却无渔人的任何回应，因此，最多只能说渔人不听此中人告诫而不能说他不守信用。因此，整个立论是错的，讨论也就成伪教学活动了。

问题3：众所周知，《桃花源记》产生的背景是：陶渊明对刘裕政权和对现实社会严重不满甚至憎恨，但他自觉无力改变、也不愿干预这种现状，只好借助创作来浇心头之块垒，寄托对理想社会的憧憬，因而塑造了一个乌托邦式的美好世界。因此，当学生说“我认为渔人这样做的目的只有一个，那就是觉得改变这个黑暗而混乱的社会现实的人不可能是像自己这样的普通人，而应是有能力影响社会的人物，谁可以呢？无疑是那些为官者，他迫不及待地告诉太守，是希望太守能够从桃花源中学到些什么从政思想，从而太守在自己管辖的地方做出一些政绩来，这样不但能够实现政治理想，而且还会得到皇帝的赏识”时，教师应该判断其出现了明显的背景认知错误，应立即予以纠正，为何教师不但不指正，反而将字体加粗并予以充分的肯定呢？是否教师对于本文的写作背景也存在盲点呢？

(2) 辩证分析“病例”中的亮点

“病例”其实有三种类型：从内容到形式，完全错误，绝大多数教师都不可能犯的低级错误，毫无参考价值；存在较大问题，且错误具有典型性，毫无争议；是否属于“病例”有争议。这里我们主要探讨后两类。

首先来看一个教学问题较为严重的“病例”。

【病例呈现】

师：(课件出示“良、缩、遥、寻、食、泣、健、康、操”9 个要求认识的字)请同学们开火车读一读这些生字。

(学生开火车认读)

师：谁来说说你是怎么记住这些字的？

(学生逐字分析字形，师适时小结“加一加”、“减一减”、“换一换”等识字方法)

师：谁能用这些字组词？

【病例剖析】

问题 1：识字的要求是什么？课标提出识字要坚持“先识后写，识写分开”的原则，实验教材将生字分为“要求认识的字”和“要求学会的字”两类。“要求认识的字”只要求达到“一会”，即能准确读出字音；“要求学会的字”要求达到“四会”，即读准字音、认识字形、了解字义、逐步会用。刚刚初读了课文，学生能识字已经很了不起了，他们对字义并不了解，而组词必须建立在基本理解字义的基础上，否则就会出现同音字替代混淆的现象。教师要求学生用“会认字”组词，既不符合教学要求，又有悖于学习规律，还挤占了教学时间，增加了学生负担，其做法适得其反。

问题 2：识字的基本规律和原则是什么？对于小学生而言，识字最好的方法就是多见面，反复见面，整体识记。对“会认字”字字分析，费时费力效率低。低年级还要坚持在语言环境中识字的原则。刚与生字见面时，不宜将生字单独列出来，应以词语或句子的形式出现，以降低难度。①

“病例”撰写者明确指出了其中的两大问题，概括起来说就是：超纲增负，脱离环境，不合学情。毫无疑问，教师的处理违背了教育的基本规律和新课标的要求，估计难以达到预设的教学效果。但这个“病例”中的教学方法，也有值得我们关注的地方，例如：配合课件，以常见的教学活动(开火车)认字；相信学生，鼓励学生总结规律。如果老师能对九个生字加以分类，分别对待，“病例”有可能成为正例。

下面再来看一个有争议的案例。这个案例是笔者的研究生找来的“病例”。为让学生能够科学辩证地分析教学“病例”，笔者在案例教学课上，要求每个学生通过各种途径寻找“病例”，分析并讨论“病例”，提出修改意见。结果一位研究生找了北京求实中学的杨兰玲老师撰写的数字案例，内容是她为广告设计专业学生上的一堂《荷塘月色》。

案例背景：

《荷塘月色》是中国现代作家朱自清的散文名篇，以文学艺术手法，启迪学生进行美术创作，是这堂课的教学重点，授课过程就是调动学生形象思维，引导学生构图绘画的过程。

案例叙事：

1. 求真。通过对课文中状物手法、语言运用的点拨，启发学生用美术手法如实地勾画出荷塘的外形。让学生在画纸上抄写刻画荷塘、荷叶外形的句子，并配上画。强调注意体味“亭亭的舞女的裙”的喻意。

2. 求神。分析课文如何通过景物描写表达作者的内在情绪。抄写刻画荷花情态的句子，画出荷花的情态。品味“袅娜”、“羞涩”及作者“颇不宁静”的心态。

---

① 吴秀玲. 小学语文课堂教学病例剖析[J]. 小学语文教学，2013(33)：27—31.

3. 创造意境。分析课文物（景）我（情）同化为一体的意境，注意“朗照”，月色是“朦胧的月色”，还有“这无边的荷香”。《荷塘月色》已不是单写景，也不是单抒情，它是从作者心里流出来的诗，景与情融为一体，这就是意境——恬静、幽美、朦胧。

最后，让学生每人画一幅朦胧月色下的荷塘。①

此案例在原书中是由执教者自述，是作为一个成功的案例入选案例评点集中的，北京市朝阳区教育局世泉老师给出的评点是：“杨老师的教学活动针对教育对象，有的放矢地创造新方法，使职高语文教学与专业课得以有机结合。求真、求神、创造意境，是《荷塘月色》鲜明的艺术特色，这与美术创作的艺术要求相一致。求真，是美术创作的基本功；求神，是美术创作表达作者思想情感的体现；创造意境，是美术创作源于生活、高于生活的结果，这种教学法别有特色。”世泉老师的评点是从学生身份的角度入手来评价的，强调课堂教学与美术创造的艺术要求相一致。

但我的研究生认为这是一个“病例”，其理由是：新课标要求语文教师更多地把课堂还给学生，让他们进行自主、合作、探究性学习，尊重学生的元初体验。但是，并不是说要把语文课堂的本质丢掉，不是要丢掉语言、丢掉文学常识、丢掉文章笔法。而杨老师这节课顾及到了语文的人文性、体验性一面，却丢了语文的根本，这应当是她对语文本质理解产生偏差的结果。语文课堂还是应该“以教师为主导，以学生为主体，以教材为主源，以问题为主轴，以训练为主线”。但杨老师在语文教学的主导性上显然不足，几乎没有解决任何语文的“问题”。虽然杨老师所教的班是广告设计专业，但并不表示这些学生可以在画画的同时，体味出朱自清借由朦胧月色下的荷塘所要表达出的内心情感，并学会借景抒情，把景和情融为一体。可以说这堂语文课只是完成了他们应该在美术专业课上要训练的部分内容。

必须承认，学生的分析是有道理的，作为一堂语文课，执教者在注意到语文教学的活动性、体验性、情趣性的同时，却忽略了语文教学的言语表达、情感传递，忽略了作者可供学习的文章笔法。因此，从这个角度来说，此案例即使称不得“病例”，也确实是存在问题的。但案例中的问题是否达到可以全盘否定教师的教学设计了呢？或者说该教师的教学处理是否真的一无是处了呢，显然也不是。更重要的是对于案例特别是

① 史根东，傅道春. 教师创新行为案例与评议[M]. 中国科学技术出版社，1999：113—115.

“病例”的辩证分析，应该成为我们对待案例的要旨。因此，我引导他们从“病例”中寻找除世泉老师肯定之外的亮点，从而能够得出更为辩证的结论。经过反复的比较，大家最终达成共识：该案例表现较为复杂，它瑕瑜互见，且优点与缺点同样显著。除了前面大家分析得出的问题外，其存在的亮点也是不能忽略的：首先，课的上法决定于授课对象的专长，这堂语文课的对象是广告设计专业的学生，文学创作与评论不是他们追求的目标。因此，将语文与美术结合起来，可以充分满足他们的兴趣与需求，或者说在语文学习中得到绘画专业技能的提升，这将极大地调动他们学语文的积极性。其次，“求真”、“求神”、“创造意境”的设计，层级清晰，重点突出，构思新颖，富有创意，它引领学生逐步深入课文的精髓，虽然力有不逮，但意识甚佳。第三，教师充分尊重学生的主体地位，注重教学的跨界整合，让学生尽情发挥聪明才智，通过充分展示才能，帮助他们获得成功体验。

总之，通过上述这样辩证的分析，学生不但能够汲取教案的精华，而且在辨明错误、剔除糟粕的同时，增强了教育防病抗病能力。

后 记

完成书稿，如释重负。相较此前的《语文学科案例教学法：教学案例的撰写》一书，仅文字量而言，此书似乎要轻一半，但事实上，所耗时间远高于前者。毕竟前者可通过广泛的资料分析，坐在书斋里就能完成；而后者除了积累分析资料，还必须通过一定的课堂实践，在实践中比对总结，才能写出有质感的文字来。因此，五年多时间，我除了开设教育硕士教学案例分析的必修课程外，还经常深入一线，通过听课、观课、说课、议课、评课等途径掌握第一手的教学案例，并在各级各类教学活动中，亲自执教初高中课堂，将优质教学案例的理念与方法高效地应用于中学课堂，而这种通过实践验证的案例再应用于师范课程与培训课程中，更具科学性与针对性。下面讲述笔者的一个真实的教学故事加以证明。

2016 年 10 月 19 日，我在义乌中学为第八届全国新语文教学尖峰论坛开设了一堂题为《你也能成为神嘴钟山——新闻评论从“说”开始》的课，现场反响不错，我自我感觉也挺好的。于是，在接下来的专业学位教育硕士（语文方向）必修课程《语文案例教学与教学设计》的教学中，我便结合这堂公开课的录像，讲解了教学案例的两个最重要的特点：必须隐含一定的教学理论；必须或隐或现地提出教学问题及其解决问题的方法。看着专硕们一丝不苟地记录着我的一字一词，我突然有了些不安。难道我所讲解的内容特别是我的课堂教学实例是绝对正确的吗？值得每位学生如此耗费时间精力去记录？这里是不是存在着我利用了学生对我的尊重而导致的话语霸权呢？我的一丝不苟、苦口婆心的阐述是否在无意中误导了缺乏教学经验的学生？

学生们越是认真越发引起我的焦虑，我知道了过去课堂沉闷的缘由了——我太想让专硕们一举成才，恨不得替他们学习，以至于不断地灌输我的想法、建议与经验，而结果却适得其反。我觉得再也不能这样继续下去了。尤其是案例教学课程的课堂上，没有学生自己的主动介入，就不可能有真实的体验，没有学生的主体地位，又如何期待学生有真正的专业成长呢？因此，我决定这堂课要采取"让学"的方法——让学生自己学和让位（时间和空间）给学生——无论哪一种，我都要真正发挥主导作用，即想法给予一个支点，引发他们去思考，并勇敢地站出来，发表他们真实的想法。而这个支点，就是我的课堂录像。虽然三节课过去了一节，但还有两节课我要努力实验一下，我决定放弃预设的教学内容，用一节课的时间，让学生完整看完我的课堂录像，第三节课让学生来复原我的课堂教学设计，分析我的教学处理的利弊，摸索教学的规律与技能。

播录像前，我先与专硕们商量，是听我继续讲案例理论呢，还是看我的课堂录像。他们几乎异口同声地要看我的课堂录像。于是我趁机提出要求：看完录像，每位同学都要谈感受。看完后，同学们像往常一样学做进曹营的徐庶，大家已经养成了等待指令的习惯。但这一次我不再言语，专硕们看着我，我也盯着他们，意思是我已经完成了你们的心愿，该是你们兑现承诺的时候了。一阵压抑的大眼瞪小眼后，在我眼里特别内向的程畅灿站了出来，打破了沉默。一开始她还有些紧张，但渐渐地便有些放开了，她是从我的导入着手分析的。

> 这节课的课堂导入貌似平淡，却充满穿透力。以朋友的关系进行课堂导入，使课堂教学社会化、生活化。用朋友的口吻在师生轻松愉快的交谈中，拉近了师生间的距离。遵循了课堂导入的导控性原则，在一开始就把握住了学生学习的心理状态，不仅让学生在开心的心理状态下学习，而且利于老师开展之后的教学。

虽然有些重复啰嗦，但还是给了我惊喜，一个以往很少发言的女孩，却成了关键"首炮"。于是，我不吝赞美之辞，肯定了她第一个主动发言的勇气与仔细观察基础上所作的较为周全的分析。我想有了第一个，而且是相当内秀的一个，那么后面就应该不成问题了，但结果再次出乎我的意料，同学们仍然似茫然似无助又似麻木地望着我，我终于知道习惯的力量。我强抑内心的烦闷，努力装出轻松愉快的样子。

同学们，都说重赏之下必有勇夫，老师没重赏，但有虽小却是精神物质双重的奖励——我写的书和期末成绩加分。

本来我也只是想调剂下气氛，随口说说的，但显然“赠书”和“加分”激励了专硕们，他们一个接一个不断地给我惊喜。

张佳龄：在猜课题的环节中，老师只用 ppt 提示了三个关键短语，设置了悬念，调动了学生的兴趣和好奇心，同时也吸引住了学生的注意力，让他们在不断思考中学习。在出示第二个关键短语时，学生沉默，在“不知道钟山是谁”的情况下，老师并没有一语道破，而是因势利导，将话语转接到了“是因为没有电视看，学生才不知道钟山这个人的”。这里老师发挥了教学机智，以幽默的语言善意地为学生“不知道钟山”打圆场，同时学生会心一笑，也营造了和谐的课堂氛围，巧妙地将不利因素化为有利因素。

韦娜：“传话筒”可以说是这堂课课堂教学的一条线索和主线，老师以“传话筒”的特殊形式替代了传统课堂上老师提问的方式，这种游戏教学法富有竞赛性，让每个学生都积极地参与到课堂教学中，这样他们都有机会敢于说，敢于表达，并且这也与教学内容紧密地契合。在时间、内容、形式上，学生都乐于接受这种充满趣味性的教学方式，它能集中学生的注意力、激发学生的竞争意识。

钱芳：对于韦娜说的我还想再补充一点，我认为“传话筒”的形式还体现了教学民主观和学生主体观的特点。在每一次传话筒的时候，老师都会仔细观察接到话筒的那位同学动作、神态、心理活动，老师总会给予他们适当的鼓励和支持，这样这堂课不仅是师生集体智慧的结晶，而且也激发了学生的潜能、鼓励了学生的课堂积极性，在某种程度上维护了学生的地位和尊严。

同学们的发言将我的课堂优点全面揭示出来，其中有不少甚至连我自己都没想到过的。但我能推测他们是碍于我导师的身份，所以尽量往好的方面挖掘。这显然不利于学生辩证思维的形成与发展。于是我开玩笑地说：“同学们，你们确实向我开炮了，可是你们开的都是糖衣炮弹，太多的糖衣炮弹，不但不利于老师正确地自我认知，也会影响你们的思维发展。老师需要一些真正的‘炮火’洗礼。”

接下来黄燕同学的发言，仍然是甜蜜的“糖衣炮弹”，但在结尾的时候，她也努力地想放点真炮实弹，可惜整体甜度太大，仍然缺乏应有的批判精神。

黄燕：我觉得老师在讲新闻评论时，能列举山西长治屯留一中南校区部分教师AA聚餐被处分的事件，退休电台记者扩大报道城管治安事件，在很大程度上克服了作文课枯燥、乏味的特点，很大程度上增加了作文课堂的生动性和感染性。而且老师在讲课过程中，以学生为课堂主体，课堂气氛活跃，大力增强了课堂的灵动性，师生在一种轻松愉快的氛围中进行写作的学习。但是在这次教学过程中，学生显得不太主动，回答问题不太积极，可能是因为高三和第一次上课的缘故，学生显得比较腼腆和害羞，但是课堂总体感染力还是不错的。

而接下去几位同学的发言，却把黄燕刚刚形成的一点质疑氛围淹没了。

应慧敏：我很赞同黄燕的发言，除此之外，我认为老师的课堂语言比较生活化，很接地气，也很贴近学生的生活。在一定程度上活跃了课堂气氛，这样课堂就不会显得很死板。

惠晨：我认为黄燕和慧敏的回答都表现出对老师课堂教学艺术的赞同。无论是老师的提问还是对学生所提问答的回答，都特别突出一个“情”字。就像老师在自己专著中提到的“艺术化语文教学的显著特征就在于它不是死板的，而是充满激情的，它不是浮躁的，而是蕴含深情的”。面对一群陌生的孩子，老师关注的并不只是在于知识的无情传授，而是慢慢走进学生当中，拉近彼此的距离。当老师把自己充分融入学生当中，而不是站在局外对学生“指手画脚”时，情动于衷而溢于言表。所以整节课慷慨激昂，妙语连珠。从这里，我们看到了老师对语文课堂和所教学生倾注的满腔深情。

王雨恬：我觉得老师选取的“钟山说事”这个平台是串联整个课堂的一大亮点。在学生不敢说、没话说的学情之下，先向学生展示“钟山”是如何“说”的，从而让学生尝试自己开口“说”。这种观察学习的形式，让学生在课堂上经历了注意、保持、复制和动机的不同过程。嗯……通过“钟山说事”给学生提供良好的榜样，能引导学生的习得行为，让学生认清自己前进的方向，看得到出路。学生在头脑中储存榜样“钟山”说事的行为，而后老师借势带领学生进行研究性学习，整合归纳学生发言内容，总结规律抓要点，之后又提供尝试再现榜样行为的机会，并对学生良好的行为一一给予及时的表扬鼓励，学生受到鼓励变得主动起来，所学技能得到了巩固。我觉得这种模式是值得我们往后教学实践中推敲借鉴的。

同学们的分析不能说没道理，甚至对于我的研究有很大的帮助。但这些溢美之词也令我有些沮丧。显然，在一个多月的接触中，学生并没有感受到我的课堂的宽容度，或者说，我并没有给他们营造一个安全的课堂，专硕们还没有真的把我当成可以说知心话的朋友。当应慧敏和韦娜同学再次站起来的时候，我激动了，我想好戏终于要上演了。谁知她们一开口，再次让我陷入甜蜜的失望中。

应慧敏：我觉得本课的教学过程也体现了建构主义理论。建构主义学习观认为学习不是由教师把知识简单地传递给学生，而是由学生自己建构知识的过程。课例中的教师的语言如"我也给你们一点我的看法，但不是强制认可，而是用你的思想来考查我的说法"体现了这点。另外，建构主义定义教师要成为学生建构知识的积极帮助者和引导者，应当激发学生的学习兴趣，引发和保持学生的学习动机。在课堂上，不断激发学生说的欲望，在学生语言的卡顿处逐步耐心地施加引导，这也很好地体现了教师教学过程中的角色意识。

韦娜：此次的教学导入以"朋友"、"电视"等话题为主，引导学生自觉有趣而情绪高涨地进入学习状态，促进学生有意义学习活动的开展。以"2012 年高考相关新闻"为例，让学生学习怎么评价新闻。它不仅是一种增长知识的学习，更是一种与每个人各部分经验都融合在一起的学习，对学生未来的生活和学习都具有一定的指导性和启迪性。人本主义教学的目标正是促进学习，而此次的课堂教学避免了传统上以填鸭式严格强迫学生学习的行为，而是以学生的身心发展为主充分调动了学生学习的积极性、趣味性和主动性。接下来又有几位同学表发自己的观点，都能进行深入的思考。

虽然两位同学的发言要比前面几位显得更有常理，他们已经有意识地使用教育理论来分析我的课例。但这种进步还不够，我还需要听到他们对于导师的大胆质疑。因为我知道，我在组织召开这次大型活动过程中消耗了大量的时间和精力，这堂课因为没有充分的时间和精力准备，其实是漏洞百出的。但为何她们就是避而不谈？他们并不是没有发现的“眼睛”，而是没有公布发现的勇气。如果我不能激发他们质疑的信心和勇气，那么，这堂课仍然算不得成功。虽然这也在一定程度上表现出他们对于导师的尊重，但在课堂上，在学术中，这种尊重不是我所需要的。因此，我语重心长地说：“生活中需要发现美的眼睛，更需要发现问题的心灵和敢于揭示问题的勇气。古希腊哲学家亚里士多德曾说吾爱吾师，但吾更爱真理。同学们今天对我的爱我已经充分领略了，但遗憾的是我没有看到大家对于真理的追求。难道你们真的认为老师这堂课天衣无缝？真的认为老师这堂课可列为经典？老师需要你们的肯定，需要你们对于老师课例中美的发现。但老师更希望听到你们批评的声音，因为，只有你们帮助老师发现问题，老师才有改进的可能，这是真正意义上的爱老师帮老师。你们要放弃糖衣，大胆地向我开炮。”

也许是我的真诚感动了学生，专硕们终于抛弃了一切的束缚，亮出了自己的真实思想。其间有质疑，有辩护，有探讨，这样的思想碰撞，让我第一次感受到案例教学课原来可以如此精彩纷呈，如此充满思考的张力。

李莉莉首先提出了质疑：我觉得在分析钟山评高考这部分中，老师的追问显得过于吃紧了，老师连续抛出了 5 个问句，留给学生思考的时间过少，可能学生还没听清楚，还来不及思考，问题就已经过去了，使得之后学生的回答略显迟疑。

韦娜对李莉莉的批评提出反驳：在本次课堂教学中类似于这种连续追问的情况有很多，但是它都是属于同一个范畴，而不是不同的问题，这种提问方式不是没有给学生足够的思考时间，它恰恰相反，以连续的追问触发学生思维的敏捷点和紧张度，让学生尽快地投入到教学过程中，提高了学生思维的深度和广度，使整个课堂气氛活跃度极高甚至达到高潮。

程畅灿则站在了李莉莉的立场上进一步质疑：我没觉得这样的追问达到了韦娜同学所说的那样的效果，相反，我认为如老师在追问中说“你觉得真的这么重要，对不对啊？还是并非如此”，提出了与该学生观点相左的另一种看法，在一定程度上会干扰学生的回答，受到老师的影响，也会使学生对自己原本的回答不自信。

在三位同学激烈的争辩中，我未发一言，因为我觉得此时我任何的话语都是多余的。听着他们你来我往，各抒己见，不但引起了班里绝大多数同学思想的碰撞，同时，也使我感觉到教学思想在成熟在膨胀。等到辩论平复后，我对课堂中追问这个环节作了如下的小结：

追问作为一种提问技巧，它是在前面提问的基础上加以拓展和延伸，也是为了让学生更快、更容易地弄懂、理通某一个知识点或者某一问题，在一问之后又再次加以补充、深化、穷追不舍，直到学生能够正确地理解和解答。但是对同一问题重复得过多，会有拖延时间之嫌，所以啊，你们日后在课堂教学中要把握好提问的度，注意提问的适时性和适度性。

我话音刚落，高雅同学又提出了自己的“发现”：

我统计了这节课老师使用的“啊”字，大概出现100次左右，“呢”字出现了40余次，“吗”字出现了30余次。虽然语气助词能使句子增加一定的附加意义、拉近说话者与受话者的距离和关系，老师可能会觉得这些只是口头禅，但是语气助词较高频率地出现难免会给人一种语言赘述的印象。

同学们听完之后，哄堂大笑。虽然场面略显尴尬，但同学们的勇敢开炮，却越来越令我兴奋。更令我高兴的是一直唯我是从的课代表惠晨也终于开炮了：

教学中出现了教学设备故障的问题，我认为若教学内容中含有音频和视频等文件，应当在课前抽出时间及时检查是否有属性不兼容的问题，以及音量和光度的控制比例，充分做好课前的准备工作，从而避免课堂中不必要的突发事件。

惠晨没说完，参加了现场听课的应慧敏提出了辩护意见：

虽然教学中出现了教学设备故障的问题，但是老师能够安抚在场的听课老师和学生的心情。在视频和声音只能二选一的情况下，还能够及时征求学生的意见，并且以一句幽默的话语“看到形象没声音，听到声音没形象，这样开心吗?”放松心情，营造氛围，这从学生学习的高涨情绪中可以看出来。这是教学智慧的高度体现，不但化解了尴尬，而且巧妙地将这种不利条件转化为可利用的教学资源。这些是我们在以后的教学中是很值得学习的。

应慧敏的发言确实揭示了我课堂教学应变能力强，生成性突出的特点，但我觉得对于即将成为人民教师的专硕们来说，一定要让他们明白教学准备的重要性。因此，我在感谢应慧敏的同时，表扬了惠晨，同时强调：

> 这堂课出现的教学设备故障问题，虽然主要是因为留给我教学的时间不够造成的，但也与我头脑里缺乏“认真准备，周全考虑”这根弦有关。同学们一定要记住我这课堂的教训，课前一定要反复检查，确保消除每一个隐患，总之，成功是留给有准备的人的。

从来没感觉到，课如此快就结束了。今天这节课的四十分钟，在我感受上好像只有四分钟。我想，今天的课虽然并不能证明什么，或许它还存在着诸多的问题。但有几点收获是必须加以强调的：

1. 学生的潜能是难以估量的，他们的前经验亦非空白。关键在于教师如何对待学生，如果能够真正相信学生，尊重学生的体验，他们的创造潜能就有可能被激发。

2. 教师不但要放下架子，放弃话语霸权，而且要大胆引导学生怀疑权威，质疑教师，不唯书是信，唯师是从，真正在学习思考中寻找到自己，并能正确地表达自己。

3. 教师要尊重学生的主体地位，但也决不能放弃自己的主导责任，教师正确的做法是从教师中心主义或放羊主义两个极端，回归到主导地位，做到导而弗牵，强而弗抑。

4. 在上述基础上，教师要积极给学生创造自由言说的平台，及时发现学生主体性生成，并将之介入课堂教学中，使课堂变得更具针对性和实用性。

总之，当我们在课堂上给学生以机会或空间，学生就一定能以其主动地参与还我们N个惊喜。

故事讲完了。读者诸君应该能够感受到，这个故事其实就是一个关于教学案例应用的教学案例。我之所以违反后记写作的规范在后记中讲故事，目的就是希望以自己的教学实践来展示自己的案例教学理念与方法，从而有助于读者更深刻地理解本书，帮助各级各类语文教师通过案例教学加强教学反思，开展课堂教学创新，提升课堂教学效益。

蔡　伟

2017 年 6 月

图书在版编目(CIP)数据

语文学科案例教学法：教学案例的应用/蔡伟著. —上海：华东师范大学出版社，2017
ISBN 978-7-5675-6355-1

Ⅰ.①语… Ⅱ.①蔡… Ⅲ.①语文课—教案(教育)—中小学 Ⅳ.①G633.302

中国版本图书馆 CIP 数据核字(2017)第 066896 号

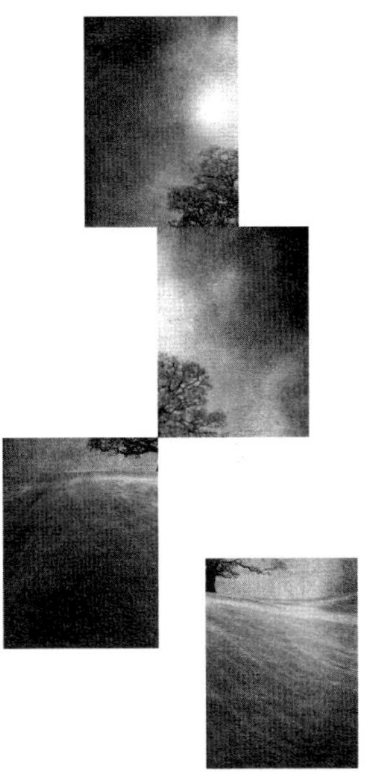

语文学科案例教学法
教学案例的应用

著　　者　蔡　伟
责任编辑　刘　佳
特约审读　高淑贤
责任校对　邱红穗
装帧设计　卢晓红

出版发行　华东师范大学出版社
社　　址　上海市中山北路 3663 号　邮编 200062
网　　址　www.ecnupress.com.cn
电　　话　021-60821666　行政传真 021-62572105
客服电话　021-62865537　门市(邮购)电话 021-62869887
地　　址　上海市中山北路 3663 号华东师范大学校内先锋路口
网　　店　http://hdsdcbs.tmall.com

印 刷 者　浙江省临安市曙光印务有限公司
开　　本　787×1092　16 开
印　　张　18.25
字　　数　289 千字
版　　次　2017 年 7 月第 1 版
印　　次　2017 年 7 月第 1 次
书　　号　ISBN 978-7-5675-6355-1/G·10283
定　　价　48.00 元

出 版 人　王　焰